海上人身伤亡赔偿法比较研究

刘焕省 著

法律出版社
LAW PRESS · CHINA

目录

前　言

21世纪以来，随着海洋工程技术的提高和利用，人类开发海洋的广度和深度不断扩大，海洋产业不断丰富发展、日益多元化，海上人身伤亡事故也呈现频发、领域多元化、利益主体更加复杂和多元化等特点。事故发生后，相关主体之间利益如何协调在很大程度上依赖于海上人身伤亡赔偿制度的发展和完善程度。海上人身伤亡赔偿与普通人身伤亡赔偿相比，具有赔偿的巨额性、归责原则的复杂性以及涉及赔偿权利主体和义务主体的多方性与复杂性等特点。传统涉海活动主要是海上运输，而海上人身伤亡事故主要发生在船舶碰撞以及海上旅客运输过程中，利益相关主体也比较单一。随着21世纪人类开发海洋活动的繁荣和发展，海洋产业不断丰富，海上人身伤亡事故发生领域也从单一的海上运输过程中发展到包括海上及海底资源开发、海上工程建设等海上生产作业领域，归责原则从单纯的过错归责原则到逐渐多元化，从对船东利益过多保护的单一的价值取向到逐渐接受了其他社会价值，海洋产业利益相关主体从单一的加害人、受害人发展到包括加害人、受害人、转承责任承担人等主体，逐渐呈现出更加复杂化和多元化的趋向。正是从这个意义上讲，海洋开发战略对海商法的影响，不仅体现在海商法调整领域的开拓和延伸，更重要的是体现在传统海商法领域内的制度创新。而我国关于海上人身伤亡赔偿制度的立法严重滞后,存在很多立法空白,对内和涉外海上人身伤亡赔偿存在两套体制机制,进一步加剧了社会的不公,背离了法律的公平价值的理念。正是在这种背景下,以海上人身伤亡赔偿制度作为选题进行研究在理论上具有重要的意义:其一,填补了海上人身伤亡赔偿制度系统研究之空白。海上人身伤亡赔偿制度作为一种特殊的人身伤亡赔偿制度,具有自身独特的一套归责原则、适用事故范围以及赔偿责任社会化机制,对该制度的研究丰富发展了人身伤亡赔偿理论。其二,丰富发展了海商法律制度。海上人身伤亡赔偿制度也是海商法领域的一种制度,对该制度的研究对于发展海商法理论具有重要的理论意义。其三,为我国海上人身伤亡赔偿制度之完善发展提供了理论依据。前已述及,我国海上人身伤亡赔偿制度立法层次低,实行内外有别的赔偿体制,并且在赔偿范围和赔偿数额计算等方面背离了该制度应体现的公平价值理念。海上人身伤亡赔偿制度研究在实践方面也具有重要价值:其一,为海上产业繁荣发展提供了制度上的支持。海上产业的繁荣发展离不开安定和谐的海上生产经营秩序。海上人身伤亡赔偿制度的构建和发展为海上人身伤亡赔偿纠纷的快速、高效解决提供了依据和标准,有效协调了各相关主体之间的利益,维持了稳定和谐的海上生产经营秩序。可以说,海上人身伤亡赔偿制度的研究是海上生产繁荣发展实践的需要。其二,由于现存赔偿依据互相矛盾冲突,我国司法机关在处理海上人身伤亡赔偿纠纷时存在法律适用混乱和无所适从的现象,海上人身伤亡赔偿制度的系统研究统一了依据和标准,对司法实践具有重要的现实意义。其三,是适应海上人身伤亡赔偿制度国际统一化的需要。海上生产经营的国际化决定了海上人身伤亡赔偿的国际化,目前关于船舶碰撞、国际旅客运输等方面的赔偿制度逐步实现了国际统一化。随着海上生产经营的国际化趋势,海上人身伤亡赔偿制度的国际化程度会越来越高,对该制度的研究也是适应海上人身伤亡赔偿国际化实践的需要。

本书综合采用比较研究法、规范实证分析法、法理学方法以及案例分析法研究了海上人身伤亡赔偿制度的基本理论问题、所适用事故范围、归责原则、责任主体和权利主体、赔偿范围、法律适用以及其独特的责任社会化承担机制等理论问题,并展望了海上人身伤亡赔偿制度的发展趋势,检讨了我国相关制度之缺陷,在海上生产经营安全秩序价值和公平效益价值统一及公平价值应为首要价值取向的基础上,寻求国内相关法律规定的完善和赔偿制度体制机制上的创新,进一步扩大赔偿权利人范围和义务主体范围,扩大无过错归责原则适用范围和赔偿损失范围,建立逐步提高赔偿责任限额的体制机制,强化海上人身伤亡赔偿责任的分散和社会化程度,力求最大限度地给予海上人身伤亡受害人更多的保护和满足海上生产经营行业的发展利益。

第一章　海上人身伤亡赔偿制度基本理论

第一节　海上人身伤亡赔偿

一、海上人身伤亡赔偿概念

关于何为海上人身伤亡赔偿，首先要界定海上人身伤亡的含义。笔者通过梳理有关著作发现，关于海上人身伤亡的含义主要有以下几种观点：第一种观点是以国际法学者徐孝先为代表的三元素论，他主要从主体、原因以及发生区域三个方面来界定海上人身伤亡。[1] 这种界定方法虽然内涵比较丰富，但定义略显冗长，不够简略、概括。第二种观点是以国际私法学者韩立新为代表的二元素论，他主要从空间范围和侵权两个角度来界定

---

〔1〕 徐孝先将海上人身伤亡的主体界定为从事海上经营活动的各类企业主体、雇主、雇员、工作人员、货物托运人、旅客及与海上航行营运有关的其他人员，认为导致伤亡原因是责任事故、意外事故、不可抗力等原因，发生区域界定为船舶、港口、海上设施、浮动装置及与海或可航水域岸边。参见徐孝先：《论海上人身伤亡事故赔偿》，载司玉琢主编：《海商法专题研究》，大连海事大学出版社2002年版，第34页。

海上人身伤亡。[2] 这个定义主要从“空间范围”和“侵权”两个角度来界定海上人身伤亡。第三种观点主要是以大连海事大学的郭萍教授为代表的船舶相关论，侧重于强调海上事故发生在船舶营运中。[3] 该定义的缺陷在于：一是着重强调人身伤亡的原因是海上事故，排除其他原因诸如违约行为以及侵权行为，并且将事故限定在船舶营运过程中发生的，对造成人员伤亡的原因限制过多、内涵单薄、范围狭窄；二是对发生人身伤亡的人员的规定模糊，该定义认为海上人身伤亡包括船运、旅客的人身伤亡，也包括其他人员，对其他人员的范围没有具体规定，显得模糊，不够具体，造成在司法实践中难以操作。第四种观点：我国《海商法》修改建议稿第十一章海上人身伤亡损害赔偿第254条规定，依该观点，海上人身伤亡主要是指在船舶上发生的人员伤亡或与船舶营运、救助作业直接相关的侵权行为引起的人身伤亡，对所致人员伤亡的原因规定范围过窄，如海上勘探等海上作业以及港口作业引起的人员伤亡也属于海上人身伤亡，因此，这种观点的内涵也比较单薄。[4]

---

[2] 这些学者将其定义为：“指在海上或与海相通的可航水域发生的因侵权等违反法律规定的行为，侵害他人的生命健康权而导致的伤亡结果。其中的海上人员广泛，包括船长、船员、旅客、代理、理货、装卸作业人员以及与海上运输或船舶有关的其他海上人员，比如引航、海关、商检、检疫等人员。”参见韩立新编著：《海事国际私法》，大连海事大学出版社2001年版，第221页。这类定义存在一定的局限性：一方面，将海上界定为海上或与海相通的可航水域，过分突出了海上人身伤亡发生地域这一形式因素，而没有正确把握其本质内涵。将导致人身伤亡的原因限定于侵权等违反法律规定的行为，强调了导致人身伤亡的“行为”的“非法性”，对导致海上人身伤亡的原因的认识过于狭隘、不够全面。由于海上活动存在复杂性、危险性，因而导致人身伤亡的因素也多种多样，并非都属于“侵权等违反法律规定之行为”。如港口作业伤亡就是例外，由于违约行为、义务帮工、不可抗力等原因造成的人身伤亡都属于例外情况。

[3] 如有的学者将其定义为：“船舶在营运过程中，由于碰撞、触礁、火灾、搁浅、爆炸或其他原因等海上事故而引起的人身伤亡。它包括船员、旅客的人身伤亡，也包括其他人员遭受的人身伤亡。”参见郭萍：《海上人身伤亡损害赔偿法律问题研究》，载司玉琢主编：《海商法专题研究》，大连海事大学出版社2002年版，第347页。

[4] 该条规定：“本章适用于在船舶上发生的或者与船舶营运、救助作业直接相关的因侵权行为引起的人身伤亡的损害赔偿。除本法另有规定外，海上运输旅客在承运人责任期间、船员或者船上其他工作人员在服务期间，因承运人或者船舶所有人的侵权行为发生人身伤亡，其损害赔偿适用本章的规定。”参见司玉琢、胡正良主编：《中华人民共和国海商法修改建议稿条文、参考立法例、说明》，大连海事大学出版社2003年版，第47页。

除学术界存在以上不同观点外，在我国司法实践中也存在不一致的规定，如1991年最高人民法院颁布的《关于审理涉外海上人身伤亡损害赔偿案件的具体规定（试行）》、[5]2001年最高人民法院颁布的《关于海事法院受理案件范围的规定》（以下简称2001年《海事法院受案范围》）[6]第1条第8款规定和2003年《关于审理人身损害赔偿案件适用法律若干问题的解释》第1条规定[7]在范围大小问题上也不统一，造成司法中法律适用的混乱。

通过研究国内学界对海上人身伤亡概念的几种观点，笔者认为，上述几种观点主要存在以下几个方面的不足：首先是内涵单薄，比如，对人身伤亡原因的理解过于狭隘，有的把导致人身伤亡的原因理解成是侵权等非法行为，如上述第二种观点；有的将导致人身伤亡的原因理解成是海上事故；等等，对原因因素的把握不够全面具体。其次是对概念所下的定义过长，失去了下定义的意义，定义一方面要有一定的概括性，涵盖内涵所涉及的所有事物；另一方面不能过于简略，否则就会造成理解上的不统一，容易产生争议，如上述第三种观点中对人员范围的理解过于模糊。最后就是在对海上人身伤亡内涵的理解上不能拘泥于文字表面，应该深刻把握其实质，这样才能真正理解其含义。在本章第二节中通过论述海上人身伤亡赔偿制度所适用的事故范围，将对海上人身伤亡内涵和外延有一个比较清晰的认识。

---

〔5〕 该规定第1条规定："涉外海上人身伤亡损害赔偿案件，是指案件的主体、客体和法律事实具有涉外因素的，在海上（含通海水域）和港口作业过程中因受害人的生命、健康受到侵害所引起的海事赔偿案件。"参见法释〔1992〕16号，1991年11月8日最高人民法院审判委员会第521次会议通过。

〔6〕 "海事法院的受案范围包括船舶在海上或者与海相通的水域进行航运、作业，或者港口作业过程中的人身伤亡事故引起的损害赔偿纠纷案件。"参见法释〔2001〕27号，2001年8月9日最高人民法院审判委员会第1187次会议通过。

〔7〕 "因生命、健康、身体遭受侵害请求赔偿义务人赔偿财产损失和精神损害的，人民法院应予受理。"参见法释〔2003〕20号，2003年12月4日最高人民法院审判委员会第1299次会议通过。

二、海上人身伤亡赔偿特殊性

海上人身伤亡赔偿本质上属于人身伤亡赔偿范畴，具有人身伤亡赔偿的一般属性和特征，但作为特殊的人身伤亡赔偿也具有其自身的法律特征，主要表现在：

（一）诉由的可选择性

根据我们对海上人身伤亡概念的界定及其赔偿的分类来看，导致海上人身伤亡的事故原因既有侵权行为，也有基于合同的违约行为，而从目前司法实践来看，索赔主体既可以选择基于侵权要求赔偿，也可以选择基于违约而提起索赔。在侵权责任和违约责任竞合的情况下，在学理上主要有法条竞合说、请求权竞合说、请求权二重构造说、请求权规范竞合说几种学说。〔8〕而受害方在这种情况下一般会选择提起侵权之诉，因为通常情况下侵权之诉与合同之诉相比在责任轻重以及举证责任大小方面都有优势。如在责任大小方面，合同责任的赔偿范围一般限于财产赔偿，而侵权责任的赔偿范围则包括财产损失、人身伤亡赔偿以及精神损害赔偿，等等。

（二）适用领域的牵连性或广泛性

海上人身伤亡事故发生的领域具有广泛性，对其发生空间的理解也不仅仅限于“海上”字面意思，而是根据是否与海损事故具有直接牵连关系来判断一项人身伤亡事故是否属于海上人身伤亡范围。所谓适用领域的牵连性或广泛性，是指海上人身伤亡事故领域不仅包括在海上或与海相通的可航水域内，还包括那些虽然伤亡结果的发生不在海上，但是人身伤亡结果发生在与海损事故具有直接原因的陆地上，如港口装卸工在装卸作业中发生伤亡事故等情况。对海上人身伤亡赔偿适用事故的特点将在下面一节中详细论述。

---

〔8〕 曾兴隆：《现代损害赔偿法论》，台北，泽华彩色印刷事业有限公司 1988 年版，第 16 ~ 18 页；王泽鉴：《民法学说与判例研究》（第 1 册），中国政法大学出版社 2005 年版，第 402 ~ 406 页。

(三)赔偿请求人的不特定性

如上所述,海上人身伤亡的受害人可能是在航运、港口、捕捞、养殖等海上行业的经营和管理活动中的旅客或者工作、作业人员,也可能是在海上履行职务的海事、海关、检疫、边防、商检、渔监、环保等行政管理机关工作人员,这些人员的人身伤亡都属于海上人身伤亡赔偿的范畴,都有提起索赔请求的资格。

(四)赔偿被请求人的相对复杂性

通常情况下赔偿被请求人就是造成他人人身伤亡的人。然而,在海事法律中,“很多行为人可能因不同的职责而涉入其中,如船的所有者,货物所有人,承租人(其中有几种类型),拖船的船员,港口行政,码头工作人员等”。[9] 但是在某些情况下,海上人身伤亡赔偿中也会出现赔偿责任主体与行为主体的分离,如由雇主承担雇员的赔偿责任,船东互保协会、保险公司等承担转承责任。在这种情况下,雇主、船东互保协会、保险公司也成为了赔偿被请求人。

除上述法律特征外,海上人身伤亡赔偿还存在索赔数额的高额性等特征,这主要是由于海上人身伤亡事故一旦发生通常影响面大,造成伤亡人数多,因此,一旦提起索赔请求,索赔数额一般较大。在美国这个特征表现得尤为突出。

三、海上人身伤亡赔偿类型

(一)以是否具有涉外因素为标准

通常按照是否具有涉外因素可以将海上人身伤亡赔偿分为国内的和涉外的海上人身伤亡赔偿。之所以要将海上人身伤亡赔偿分为国内的和涉外的,其意义在于我国目前有关法律规定,国内的和涉外的海上人身伤

---

〔9〕 Pfennigstorf, *Personal injury compensation: a comparative analysis of the major European jurisdictions*, Lloyd's of London Press, 1993, p. 12.

亡赔偿在赔偿标准、数额以及限额方面具有不同的标准,按照这些不同的标准和依据人民法院作出的判决结果也不同。具体判断一项海上人身伤亡赔偿是涉外的还是国内的,关键在于确定是否具有涉外因素。关于涉外因素的确定,我国大部分著作都认为,只要受侵害主体、客体以及法律事实中的一项具有涉外因素,就可以认定该项海上人身伤亡赔偿属于涉外海上人身伤亡赔偿。例如,1991 年 11 月 8 日我国最高人民法院审判委员会第 521 次会议通过的《关于审理涉外海上人身伤亡案件损害赔偿的具体规定(试行)》对这个问题作出了明确的认定,其第 1 条规定:“涉外海上人身伤亡的损害赔偿,是指损害的主体、客体和法律事实中,只要有一项具有涉外因素的,在海上(含通海水域)和港口作业过程中因受害人的生命、健康受到侵害所引起的海事赔偿。”

(二)以受偿主体提起的诉由为标准

前已述及,造成海上人身伤亡的原因有很多,主要包括海上侵权、海上违约、义务帮工行为、无因管理行为、意外事故、不可抗力以及其他原因。那么权利人主张赔偿,其提起的诉由也不同,按照这个标准可以将海上人身伤亡赔偿分为三个大类:第一大类是海上侵权型人身伤亡赔偿,这一类主要是指因发生在海上或者与海相通的可航水域、港口等涉及船舶、航运、生产、作业的非合同关系而导致的海上人身伤亡事故,主要指两类,即事故性的侵权和破坏海洋环境及资源类的侵权。第二大类是海上合同违约型人身伤亡赔偿。第三大类是其他海上人身伤亡赔偿,造成这类赔偿的损害原因主要包括海上义务帮工行为、无因管理行为、意外事故、不可抗力以及其他原因。权利人提起的诉由不同,赔偿范围和归责原则也不同,在下面归责原则一章将对不同类型的海上人身伤亡赔偿所适用的归责原则具体论述。

(三)以责任主体与行为主体是否分离为依据

依据意思自治原则和本人责任原则,谁造成他人人身伤亡就应该由谁承担赔偿的不利后果,但是在某些情况下,海上人身伤亡赔偿中也会出现责任主体与行为主体的分离,即特殊情况下的责任转承,由与行为主体有某种特殊关联的主体承担责任,比如雇主对雇员责任的转承和海上责任保险人对加害人责任的转承。以责任主体与行为主体是否分离为标准,可以将海上人身伤亡赔偿分为责任转承型海上人身伤亡赔偿和直接责任型海上人身伤亡赔偿。责任转承型海上人身伤亡赔偿还可以分为雇主承担转承责任的海上人身伤亡赔偿、保险团体(如船东互保协会、保险公司等)承担转承责任的海上人身伤亡赔偿以及其他主体承担转承责任的海上人身伤亡赔偿。雇主承担转承责任是指因受雇人完成工作过程中造成的人身伤亡后果由雇主承担人身伤亡赔偿责任,这里体现的是雇主的替代性责任,这类海上人身伤亡赔偿比较常见,因为海上生产、作业以及航运等行为通常是由受雇人完成的。

(四)以受侵害人身份及当事人之间不同法律关系为标准

在海上人身伤亡赔偿中,受侵害人身份不同,进行赔偿时适用的归责原则以及赔偿依据在一定程度上也存在差别。在当事人之间不同的法律关系中根据受侵害人身份不同,可以将海上人身伤亡赔偿分为不同类型,如在客运关系中分为旅客人身伤亡赔偿和非旅客人身伤亡赔偿;在海上货运关系中分为船员人身伤亡赔偿和非船员人身伤亡赔偿,其中的船员人身伤亡赔偿又可分为劳动关系下的人身伤亡赔偿和劳务关系下的人身伤亡赔偿、海上合伙人或非合伙人或雇员的人身伤亡赔偿;甚至有义务帮工人的人身伤亡赔偿和无因管理人(维护他人利益)人身伤亡赔偿。

(五)其他分类标准

除以上四种分类标准和依据外,还可以根据其他标准将海上人身伤亡的受害人分成不同的类型,如依据受侵害人所从事工作与海上经营、管理、服务活动的紧密程度,可以将海上人身伤亡分成两类:一类是直接从事海上经营、管理和服务或者接受服务的人员,这些人员包括海员、引航员、海上勘探人员、船舶修理人员、救助人员以及接受运送服务的旅客等；另一类是没有直接从事海上经营、管理和服务或接受服务的人员，这些人员的伤亡通常是由海上生产作业、活动或海事事故造成的，如船舶碰撞导致港口上无辜群众的伤亡等。

另外，上海海运学院《海商法》修改课题组在《关于修改海商法的意见建议》中，依据海上事故发生的原因，将海上人身伤亡赔偿分成四类：一是船舶碰撞事故导致的海上人身伤亡赔偿。“船舶碰撞是指在两船或多船之间发生的（即使没有实际接触）导致灭失或损坏的任何事故。”[10]这种船舶碰撞事故包括商船与渔船之间、商船与商船之间、渔船与渔船之间发生的碰撞事故。二是港口作业造成的人身伤亡引起的损害赔偿。“具有船舶进出、停泊、靠泊、旅客上下，货物装卸、驳运、储存等功能，具有相应的码头设施，由一定范围的水域和陆域组成的区域。”[11]“港口经营包括码头和其他港口设施的经营，港口旅客运输服务经营，在港区内从事货物的装卸、驳运、仓储的经营和港口拖轮经营等。”[12]三是海上生产、运输、作业发生的人身伤亡引起的损害赔偿。四是船舶修理期间，修理工作人员发生的人身伤亡事故引起的损害赔偿。

第二节　适用海上人身伤亡赔偿制度的事故范围

要正确研究海上人身伤亡赔偿制度，首先就要准确把握其所适用的赔偿事故的范围，具体来说就是在什么地域发生、什么时间、针对什么人的伤亡、何为伤亡及伤亡程度、伤亡原因及实质相关因素。

---

〔10〕 国际海事委员会 Risbon 规则中关于船舶碰撞的定义。

〔11〕 我国《港口法》第 3 条。

〔12〕 我国《港口法》第 22 条。

一、事故发生空间

事故发生空间指的是发生在哪些空间地域的人身伤亡事件才适用海上人身伤亡赔偿制度,也就是“海上”概念的界定。

有人认为“海上人身伤亡”顾名思义就是仅仅指“海”而言,不包括江河湖泊等通航水域内发生的人身伤亡事件,这其实是一种误解,这里所谓的“海”是指在海的基础上与海相通的水域,包括江河湖泊等内河以及海外的洋。甚至,当陆域内发生的人身伤亡事件与海上人身伤亡事件直接牵连的时候,陆域内发生的人身伤亡事件也属于海上人身伤亡的范畴。可见,这里我们对“海上”的界定采取了扩大性解释,注重事件的牵连性,有人称之为牵连性事故领域。还有人认为,在界定“海上”范围时应该考虑相关性因素,即海上人身伤亡之所以特殊,就是因为它更加强调人身伤亡与“海上运输与船舶作业”的直接关联性。它要求事件对海商活动具有“潜在的破坏性”,并且原因行为的一般特征须与传统的海商行为间有实质性的关系。[13] 具体来讲,海上概念的界定应该包括以下几个方面:

(一)公海以及一国的内水、领海、毗连区、专属经济区

公海以及一国的内水、[14]领海、毗连区、专属经济区,具体分为海面以上和海面以下。

海面以上是指在海上停泊、行驶或作业的船上、停泊的水上飞机内、移动式钻井平台等其他与海水面直接接触的靠海水的浮力进行移动的装置和浮动设施上。能够纳入“海面以上”范畴的场所应该是指与海水面有直接接触的装置、设施上在海水面以上的部分,海上的设施一旦脱离海面,比如空中飞机等工具上就不属于这里的海面以上。

---

[13] Hans-Christian Albrecht, Roger Heward, *Maritime law handbook*, Kluwer Law and Taxation Publishers, 2007, p. 855.

[14] 此处的内水是指狭义上的概念,仅仅指领海基线向陆地一侧至海岸线的海域。有时称为内海。参见我国《海域使用管理法》第2条。

结合海事实践,海面以上主要是在海面上停泊或运行的船舶及其他设施上,正确理解和把握船舶的概念对“海面以上”的把握至关重要。

关于“船舶”的法律概念,因各国海商法采用广义或狭义之不同学说而有别。大多数国家的海商法都将船限于航海用途。如英国1894年的《商航法》将船定义为“包括各种用于航海的船舶”。《日本商法典》规定,船舶是指以“商行为”为目的供航海使用的船舶,但“端舟”和其他仅仅以“橹棹”为主进行运转的船不适用海商法的规定。〔15〕《菲律宾商法典》规定,船舶即为商船,是指从事从一港到另一港以货物或旅客运送为主业的船舶。〔16〕也有的国家将船舶限定在一定吨位之上,如希腊将船舶限定在10吨净登记吨位以上。〔17〕在英美海事法中,正在建造的船舶在物权上为船舶,沉船在导致航行船舶损害时,也是法律上的船舶。〔18〕苏联对船舶采用最广泛的概念,包括除军舰以外的所有机动和非机动的浮动装置。〔19〕我国《海商法》第3条规定:“本法所称船舶,是指海船和其他海上移动式装置,但是用于军事的、政府公务的船舶和20总吨以下的小型船艇除外。前款所称船舶,包括船舶属具。”我国《海上交通安全法》第50条和《内河交通安

〔15〕《日本商法典》第684条规定:“端舟指桥船、灯船、仓库船”。参见邓瑞平:《船舶侵权行为法基础理论问题研究》,法律出版社1999年版,第21页。

〔16〕参见《菲律宾商法》第573条。

〔17〕参见《希腊海事国际司法》第1条规定:“本法中的船舶是指利用自身推进方式以航海为目的且净登记吨位不少于10吨的任何运输工具。”

〔18〕在美国,当军用与民用船舶发生碰撞时,军用船舶侵权责任受海事法调整。如在The Southern Ry. Co. V U. S. 案中[(1910)45Ct. Cl. 322.],加害船舶就是陆军运输船和潜艇。参见邓瑞平:《船舶侵权行为法基础理论问题研究》,法律出版社1999年版,第23页。

〔19〕苏联1968年《海商法典》第9条规定:“船舶是指机动和非机动的浮动装置,主要用于:(1)运送货物、旅客和邮件、捕鱼或其他海上捕捞、开才矿场、救助海上遇难船舶、拖带其他船舶和浮动装置、水利工程施工,或打捞沉没海中的物件;(2)执行特种勤务(守护渔场、卫生和检疫等);(3)科学教育和文化活动;(4)体育运动;(5)其他用途。”其第11条规定:“本法典的规定适用于:在海洋、河流、湖泊、水库和其他水道上航行的海船,但以专门立法或苏联同另一国签订的协定未作另外规定者为限;内河船舶—当其在海洋、河流、湖泊、水库和其他水道上航行并为进行运输而需要靠泊外国港口时以及本法第252条和第260条规定的场合。”其第252条是有关海船间、海船与内河船间在海上或其他水域碰撞的规定,第260条为有关救助遇难海船和海船救助内河船或任何装置或拖带装置的规定。参见邓瑞平:《船舶侵权行为法基础理论问题研究》,法律出版社1999年版,第9页。

全管理条例》第52条规定的船舶含义则是：各类排水或非排水船、伐、水上飞机、潜水器和移动式平台，军用船舶和公安船舶包括在内。1995年最高人民法院《关于审理船舶碰撞和触碰案件财产损害赔偿的规定》第16条规定："'船舶'是指所有用作或者能够用作水上运输工具的各类水上船筏，包括非排水船舶和水上飞机。但是用于军事和政府公务的船舶除外。"可见，我国法律对船舶的定义在公法和私法上采用了不同的解释方法。

通过比较分析以上中外法律对船舶的定义并结合海事实践，笔者认为，海面以上范围中船舶的概念应该比以上关于船舶的概念更宽，应该包括在水上或水中能够载运人员的一切船舶。首先，船舶的范围不限制吨位，无论是20吨位以下的还是20吨位以上的；其次，是不限制用途，无论是生产船、军用或公务用船，还是个人与家庭自用的船舶；最后，在航行动力装置上，包括机动船和非机动船。

海面以下是指海水面以下，包括在海水面以下停泊或航行的潜艇等设施内以及在海水内，位置距离海水面具体深度不受限制。海水面以下的活动包括海面下生产作业和安全事故。海面下的生产作业活动包括海底石油、天然气勘探、开发和海洋水下工程建设等。海面以下安全事故主要是指在海水面以下发生的触碰、搁浅、救助等活动中发生的人身伤亡事故。

(二)与海相通的可通航水域

"可通航水域，又称通海水域，是指船舶可以沿水流航至海上的江河等内河水域。"[20]将与海相通的可航水域纳入海上人身伤亡赔偿制度调整范围是基于海事客观需要，在内河也会发生诸多与"海上"相同的人身伤亡事件，在解决方法和途径上与"海上"人身伤亡赔偿相同，因此，不能仅仅从海上人身伤亡的字面理解而排除对内陆水域的适用，否则会犯形而上学的错误。另外，从现有立法看，一些国家公约和我国《海商法》已经存在对"海

[20] 雷旭辉：《关于海事法院受理案件范围司法解释的理解和适用》，载《人民司法》2001年第10期。

上”的范围界定时“实大于名”的实例。如《1972 年国际海上避碰规则》,名称虽然是“国际海上”,但其适用范围中规定适用于“公海和连接公海而可供海船航行的一切水域”。[21]《统一提单的若干法律规定的国际公约》(以下简称《海牙规则》)规定:“不论是承运人或船舶,由于海上或其他通航水域的灾难,危险和意外事故所引起的灭失和损害均不承担责任。”[22]我国《海商法》对海上运输进行调整时,实际包括了海江之间、江海之间的直达运输。[23]

可见,这里的可通航水域当然包括一国领海和内河,例如,巴拿马运河、苏伊士运河,我国雷州半岛和海南岛之间的琼州海峡、山东蓬莱和辽宁旅顺之间的庙岛海峡等。这些水域由于地理位置的特殊性,所属国开放供各国船舶航行通过,在这些水域发生的人身伤亡事件也当属海上人身伤亡之范畴。凡与海相通的江河湖泊都属于海的范畴,除非这个国家对该国沿海、内河航运有特别规定。这里的特别规定指的是所属国对该国沿海、内河航运给予限制性规定。因此,内陆封闭水域并不包括在海上人身伤亡赔偿制度调整范围之内,这主要是因为“内陆封闭水域中的运输活动虽然也用船进行,但自然条件、船舶条件以及水上活动与沿海和与海相通的内河都有本质上的区别”。[24] 将海上人身伤亡赔偿制度适用范围扩大到内陆封闭水域是不恰当的。

(三)有关的陆域场所

“海上”还包括与海上运输、捕捞、建设、勘探开发等活动密切相关的陆域场所,主要包括为海上作业提供服务、条件和工具的经营管理场所,如为船舶提供停靠服务的港口、码头,提供造船、修船服务的造船厂、修船厂等

〔21〕《1972 年国际海上避碰规则》第 1 条第 1 款。

〔22〕《海牙规则》第 4 条第 2 项第 c 款。

〔23〕参见我国《海商法》第 2 条。

〔24〕胡正良:《〈海商法〉修改的必要性、应遵循的原则和要点之研究》,载《海事司法论坛》2002 年第 4 期。

处所。“港口,是指具有船舶进出、停泊、靠泊,旅客上下,货物装卸、驳运,储存等功能和具有相应的码头设施,由一定范围的水域和陆域组成的区域。港口可以由一个或多个港区组成。”[25]在这些处所发生的人员伤亡事件,尽管人身伤亡结果是发生在陆域而不在海上,但由于其与海密切相关,与航运、捕捞、勘探等海上作业活动具有直接牵连关系,将其纳入海上人身伤亡赔偿范围,更有利于对受害人人身权的保护。这些场所和海上作业活动相关主要体现在业务上,一般是海上航运、捕捞、建设、勘探、开发等作业活动的附属业务,主要提供服务和条件的场所。但并非在这些场所发生的所有人身伤亡事件都属于海上人身伤亡赔偿的范围,只有在从事与海上作业业务直接相关的活动中发生的人身伤亡事件才属于海上人身伤亡赔偿的范畴。如在修船厂从事修船业务中、在造船厂从事造船业务中以及在港口等经营管理场所从事港口作业等经营管理活动中发生的工伤事件属于海上人身伤亡赔偿范畴,但在同样的经营管理场所,如果人身伤亡事件的发生与经营管理业务无关,则不属于海上人身伤亡赔偿的范围。如在修船厂,非经营管理工作人员之间的互殴导致的人身伤亡就不属于海上人身伤亡赔偿的范畴。

二、事故发生时间

在什么时间发生的伤亡事故才属于“海上人身伤亡”并纳入海上人身伤亡赔偿范畴呢？在前面的部分中,我们已经对海上人身伤亡赔偿制度适用的空间进行了详细具体的分析研究,总体来说,能够纳入海上人身伤亡赔偿制度进行赔偿的人身伤亡事件主要发生在三个场所,即海面以上和海面以下、与海相通的通航水域以及其他为海上作业活动提供服务和条件的陆域经营管理场所。但在这些场所发生的人身伤亡事件并非一定都能够

---

〔25〕 我国《港口法》第3条。

纳入海上人身伤亡赔偿范畴,这对事件发生的时间也有一定的要求。时间要素要求这些人身伤亡事件发生在航运、港口、养殖、捕捞、勘探、开发等海上行业的经营和管理活动中。经营活动也不仅是一个动态的概念,同时也是一种过程。如船舶的停运、系泊、抛锚、搁置、坞修等活动,尽管船舶没有在进行运输、作业,其仍然属于经营活动的环节之一,当然也是经营活动。所以在辨别一项活动是否属于经营活动时,首先要分辨该项活动是否为从事海上行业、作业所必须。管理活动则只能限于海域或与海相通的可航水域。海上管理机关或涉海企业、组织的陆上管理活动中人身伤亡不属于海上人身伤亡范畴。但海事、海关、检疫、商检、边防、环保、渔监、引航、代理、理货、打捞、救助、勘探等人员,当在海上履行职务时,是在海上管理或服务活动期间内发生的人身伤亡,则应该属于海上人身伤亡。

三、事故造成伤亡的主体

本部分主要是研究哪些人员的伤亡属于海上人员伤亡直接受害人的范围,也就是正确界定、把握"海上人员"的概念。因此,本部分不涉及赔偿责任人范围的研究。

"海商法中的民事法律关系的主体主要是自然人、法人、国家和国际组织。"〔26〕这是对海商法调整的民事法律关系主体的概括性总结,笔者也认同这种观点。但海上人身伤亡的受害人应该是非特定的、有生命特征的自然人。他们是因为海上航运、船舶、勘探、开发等经营管理活动而造成生命、身体和健康权等损害,这些特定的主体可能是旅客、船员、引航员、海上勘探人员、岸上工人、船舶修理人员、救助人员、港口船舶行政管理机关工作人员,也可能是与海上经营、管理和服务有关的其他人员。简单来说,可以将海上人身伤亡的受害人分成两个类型:一类是其职业性质与海事法关

〔26〕 司玉琢主编:《海商法》,法律出版社2003年版,第89页。

联程度更密切的人员，主要是直接从事海上经营、管理和服务或者接受服务的人员，如海员、引航员、海上勘探人员、船舶修理人员、救助人员以及接受运送服务的旅客等；另一类人员虽然没有直接从事海上经营、管理和服务，但由于其人身伤亡是由海上生产作业、活动或海事事故造成的，尤其是其伤亡地点属于海事法调整之地域，如船舶碰撞中导致港口上无辜群众的伤亡等。"伤亡地点也是侵权案例中确定管辖的传统依据。"[27]

四、事故所侵害的客体

海上人身伤亡是人身伤亡的一种特殊情况。人身伤亡是指民事主体的生命权、健康权、身体权受到不法伤害，造成伤残或死亡的后果。其概念的界定包括侵害的客体，即他人的生命权、身体权、健康权（包括精神层面的健康权），和伤害的严重程度，通常包括一般伤害、致残、致死三种情况。

（一）生命权

生命是生物体具有活动能力的基础。法律意义上的生命仅指自然人的生命，是人体维持其生存的基本的物质活动能力。生命权是以自然人的性命维持和安全利益为内容的人格权，我国相关法律法规，如我国《民法通则》将其作为特别的人格权而予以保护。[28] 生命对于人的根本利益性，反映在具体的法律制度上，便是确认和维护自然人的生命权，保障生命不受非法剥夺，在受到各种威胁时能得到积极的维护，从而维持人生命活动的延续，保障公民最高人格利益。

生命权作为自然人的一项根本的人格权，是一个自然人享有其他人格权的前提和基础。公民的各项人格权均以公民的生存为前提，如果一个公民连自己的生命权都无法得到保障，那么也就谈不上享有其他人格权的问

---

〔27〕 在英国法中，依据船舶作为判断海事法管辖人身伤亡的工具。Hans-Christian Albrecht, Roger Heward, *Maritime law handbook*, Kluwer Law and Taxation Publishers, 2007, p. 850.

〔28〕 如我国《民法通则》第98条规定："公民享有生命健康权"，这里的生命健康权，实际上是生命权、健康权与身体权的总称。

题。保障自然人的生命权理应成为海上人身伤亡赔偿制度的价值取向。海上人身伤亡赔偿制度对自然人生命权的保护主要体现在其具体的制度设计上(如具体的归责原则、经济赔偿),生命权的侵害主要体现在自然人生命的消亡,具体可以分为生物性消亡和制度性消亡两种。

所谓生命的生物性消亡,是指自然人的生命由于外来因素或者自然规律导致的生命特征的彻底消失,比如,老死,因船舶碰撞、海事事故等外力因素导致自然人生命特征的消失。制度性消亡,也叫推定死亡,是指因出现法律、法规规定的情形而认定自然人生命消失的一种方式,如在海难中失踪、船舶碰撞中下落不明一定期限以及其他没有证据证明继续生存的情况下,法律规定可以认定该自然人生命消亡。如我国《民法通则》第 167 条规定:“公民下落不明满四年,或者因意外事故下落不明满二年,或者因意外事故下落不明,经有关机关证明该公民不可能生存,利害关系人申请宣告其死亡的,向下落不明人住所地基层人民法院提出。”可见,我国对制度性死亡规定主要存在两种方式,一是自然人自从下落不明之日起满四年,所谓下落不明是指自然人在一定期间毫无音信,包括没有和亲人、朋友、同事等常交往对象进行交往,这些常来往对象无法和其进行联系。在美国,自然人需要下落不明满七年尚可推定该自然人生命消亡。二是出现其他意外事件,该事件发生之日起满二年或者经过有关权威机关证明,该事件的发生导致该自然人的生存成为不可能。在这种情况下,相对于一般的下落不明可以提前认定该自然人的生存状态。

无论是自然人生命的生物性消亡还是由于制度规定推定该自然人生命的消亡,都客观上侵害了自然人生命权,都属于海上人身伤亡赔偿制度中自然人死亡的范畴。

(二)身体权

关于身体权,主要存在以下观点:一种观点认为,身体权是自然人拥有的一种完整保持权和支配权;[29]还有人认为是单纯的支配权;[30]另一种观点认为,“身体权是不为他人而妨碍,而就身体安全、享受利益之权利”。[31]

本书支持第一种观点,身体是生命的物质载体,是生命得以产生和延续的最基本条件。身体权是自然人对其先天具有以及后天安装构成的器官的完整性和可支配性所具有权利内容的权利,它与生命权和健康权在权利保护内容以及权利性质方面具有本质的区别。生命权以自然人对其生命延续为权利内容,而健康权则以自然人组织器官功能正常发挥为权利内容。

对身体权的保护方式主要有三种:首先,赋予自然人一种绝对权,禁止他人一切非法侵犯行为;其次,自由行使其身体权,可以捐献身体器官,如无偿献血以及器官捐献等;[32]最后,身体权受侵害后的受偿权。身体权作为自然人重要的权利,在受到损害后也一样享有受偿权。[33]对自然人身体权的损害主要体现在破坏其身体组织的完整性,如导致自然人的一般伤害和人体致残。一般伤害是指自然人身体受到侵害后经过治疗能够恢复其器官、身体组织的原有功能,并不会造成全部或部分丧失劳动能力的轻度伤害。一般伤害一般以人体造成伤害为起点,以伤害治愈为临界点,这区别于自然人的人体致残。人体致残是指受害人的器官、肢体及身体的其他重要组成部分受到严重伤害后经医治不能恢复而丧失生理功能,导致受害人部分或全部丧失劳动能力。人体致残体现在身体受伤害后虽经治疗仍

---

〔29〕“身体权是指自然人保持其身体组织完整并支配其肢体、器官和其他身体组织的权利”。参见杨立新:《论公民身体权及其民法保护》,载《法律科学》1994年第6期。

〔30〕“身体权是自然人对其肢体、器官及其他组织的支配权”。参见张俊浩主编:《民法学原理》,中国政法大学出版社1991年版,第144页。

〔31〕何孝元:《损害赔偿之研究》,台北,商务印书馆1982年版,第184页。

〔32〕传统民法理论否定了身体权对身体组织的支配,随着现代医学的发展,传统伦理观念也发生了变化,身体权的内容也慢慢丰富。

〔33〕如我国《民法通则》第119条明确规定:“侵害公民身体造成伤害的,应当赔偿医疗费、因误工减少的收入、残废者生活补助费等费用。”

不能恢复原有功能,与致伤、致死相区别。

（三）健康权

健康权是指自然人依法享有的保持其身体机能正常和维护健康利益的权利。身心健康是民事主体所应享有的基本权利,属于人格权范畴。对民事主体器质健康、生理健康、心理健康的侵害均构成对公民健康权的侵害。我国法学界一般对健康的含义理解有如下两种观点,即单一性的生理健康说和复合性的生理心理健康说。生理健康说只承认自然人之生理健康为健康权之权利内容,而生理心理健康说不但承认自然人之生理健康,还承认自然人心理状态的良好健康。笔者支持第二种观点,人类健康权不但包括生理层面的健康,即身体机能正常发挥,同时也包括心理层面的健康,包括能和人进行正常沟通、交流,正常表达自己的情感等。具体来说,健康的含义应包括三个方面的内容:第一,生物体层面的健康,即躯体健康,这是最基本层面的健康要求,这个层面的健康要求自然人身体机能正常运转;第二,状态层面的健康,即躯体、精神和社会适应能力的良好状态,这个层面的健康要求自然人能进行正常的社会交往,体现为积极的社会交往状态;第三,动态层面的健康,要求通过个人健康意识的提高和积极努力能够提高自己的健康水平。

健康权的根本内容和利益体现在维护人体机能的完善性,从而维持人体的正常生命活动,其权利内容包括三项最基本的内容:第一,健康维护权;第二,劳动能力;第三,健康支配权。健康维护权就是自然人保持自己健康的权利。由此可见,健康维护权是绝对权、对世权,权利主体以外的其他人负有不得侵害的义务。现代人权观念认为,健康权是人权的基本内容之一,是人类发展自己、完善自己的最重要目标。1978 年国际初级卫生保健大会《阿拉木图宣言》宣称:“健康是基本人权,达到尽可能的健康水平,是世界范围内的一项重要社会性目标。”

劳动能力也是健康权的内容之一,关于劳动能力的性质,曾存在两种不同的认识。一种观点认为劳动能力是人格权,是指自然人以其脑力体力功能利益为内容的物质性人格权;另一种观点认为是人格利益,既不是身体权的内容,也不是健康权的内容,而是一项独立的人格利益。事实上,劳动能力既不是独立的人格权,也不是独立的人格利益,而是健康权的基本内容。

健康权是人的基本人身权利。尊重人首先应当尊重人的健康,它具有支配权的性质。国际社会一直没有停止过对人类健康权的保护。[34] 我国也一直很重视保护公民的健康权,对健康权的保护涉及多个法律部门,如我国《宪法》第 21 条、[35] 第 26 条、[36] 第 42 条、[37] 第 45 条[38] 的规定等。我国民事法律在保护公民健康权方面主要存在以下特点:首先,针对性强,通过规范民事主体的经济活动加强对自然人健康权的保护;其次,以矫正侵权行为为重点;再次,符合民法契约自由之法律理念,给双方当事人充分的自由处分权;复次,以被动救济为主,被侵害者如果不起诉就难以得到民法的保护;最后,以采用事后的经济赔偿的方式为主。

---

〔34〕 1948 年联合国《世界人权宣言》第 25(1)条规定:“人人有权享受为维持他本人和家属的健康和福利所需的生活水准,包括食物、衣着、住房、医疗和必要的社会服务;在遭到失业、疾病、残废、守寡、衰老或者在其他不能控制的情况下丧失谋生能力时,有权享受保障”。参见高颖、吕国民:《国际法资料选编》,中信出版社 2004 年版,第 145 页。20 世纪 60 年代,联合国又出台了两部有关人权的国际公约,即《公民权利和政治权利国际公约》(以下简称 ICCPR)和《经济、社会及文化权利国际公约》(以下简称 ICESCR)。ICESCR 第 12 条规定了健康权:“人人有权享有能达到的最高的体质和心理健康的标准。”WHO 宪章将健康权利的“权”视为“可达到最高健康标准”,并将健康权中的“健康”视为不仅仅是指没有病症或者疾病,而且是指体质、心理和社会交往各方面都表现出良好的一种状态。国际社会也进行着其他形式的人权与健康权保障实践活动。许多西方民主国家和一些发展中国家在其宪法中明确确认了健康权。虽然美国联邦宪法没有规定健康权,但是美国许多州的宪法明确确认了健康权。例如,阿拉斯加州宪法规定:“立法机关必须出台法律促进和保护健康权。”夏威夷州宪法规定:“州政府必须要促进和保护健康权。”

〔35〕 我国《宪法》第 21 条规定:“国家发展医疗卫生事业……开展群众性的卫生活动,保护人民健康。”

〔36〕 我国《宪法》第 26 条规定:“国家保护和改善生活环境和生态环境,防治污染和其他公害。”

〔37〕 我国《宪法》第 42 条规定:“……国家加强劳动保护,改善劳动条件……”

〔38〕 我国《宪法》第 45 条规定:“中华人民共和国公民在年老、疾病或者丧失劳动能力的情况下,有从国家和社会获得物质帮助的权利。”

一个国家对精神层面的健康权保护程度与该国的社会民主程度和国民法制意识进步程度具有密切联系。我国法制对精神健康权的保护经历了从不认可到逐步的承认和确认。最高人民法院发布的《关于确定民事侵权精神损害赔偿责任若干问题的解释》就是一个很好的例证。精神损害赔偿问题比较复杂,其赔偿数额的确定需要依据损害程度、后果等一系列复杂问题的评定,需要法学专业人士和医学专业人士充分的沟通交流,在此基础上才能给予双方当事人公平的对待。本书的赔偿范围一章对此将有专门论述。

五、事故造成伤亡的原因

根据海事实践,在海上发生的人身伤亡事件既可能是因海上侵权行为造成的,也有可能是因对海上合同关系的违反而导致的,还有可能是海上意外事故造成的,甚至有时候人身伤亡的原因不明。

(一)海上侵权行为

何谓海上侵权行为?对这个概念的界定不论在学术界[39]还是在司法实践[40]当中,都存在以具体的海上侵权行为代替海上侵权行为的界定,或

---

〔39〕 学术界关于海上侵权行为的理解的各种观点和论述可以参见以下著作和作品:刘兴莉:《论我国海事侵权及船舶碰撞的法律适用——兼论我国〈海商法〉第 273 条的不足和完善》,载《学术研究》2000 年第 12 期;雷旭晖:《关于海事法院受理案件范围的司法解释的理解和适用》,载《人民司法》2001 年第 10 期;司玉琢主编:《海商法大辞典》,人民交通出版社 1998 年版,第 689 页。

〔40〕 我国最高人民法院出台的《关于海事法院受理案件范围的若干规定》(已失效),将海上侵权纠纷案件分为 10 类,分别是:"船舶碰撞损害赔偿案件,包括浪损等间接碰撞的损害赔偿纠纷案件;船舶触碰海上、通海水域、港口及其岸上的设施或者其他财产的损害赔偿纠纷案件,其中包括船舶触碰码头、方波提、栈桥、船闸、桥梁以及触碰航标设施助航和其他海上设施的损害赔偿纠纷案件;船舶损坏在空中架设或者在海底、通海水域水下铺设的设施或者其他财产的损害赔偿纠纷案件;船舶排放、泄漏、倾倒油类、污水或者其他船、货物及其他财产损失的损害赔偿纠纷案件;海上或通海水域的航运、生产、作业或者船舶建造、修理、拆解或者港口作业、建设,造成水域污染、滩涂污染或者其他船、货物及其他财产损失的损害赔偿纠纷案件;船舶的航行或者作业损害捕捞、养殖设施、水产养殖物的赔偿纠纷案件;航道中的沉船沉物及其残荷、废弃物、海上或者船舶、货物及其他财产损失的损害赔偿纠纷案件;船舶在海水或者通海水域进行航运、作业,或者港口作业过程中的人身伤亡事故引起的损害赔偿纠纷案件;非法留置船舶、船载货物和船舶物料、备品纠纷案件;其他海事侵权纠纷案件。"因此,我国法律将海上侵权行为主要分为两大类,即事故性侵权和污染或破坏海洋环境及资源性侵权。

者仅仅从海上侵权行为的特征着手加以阐述的问题，要么以船舶侵权代替海上侵权，没有完全包括所有海上侵权行为。存在这种情况的原因在于认为海上侵权必与船舶有关的偏见。笔者认为，海上侵权行为不仅限于涉及船舶关系或者海上运输关系的侵权行为，这种单一性的侵权行为应该属于广义的海事侵权，[41]或者说是传统海上侵权的表现形式。随着海上经营业务的繁荣发展，海上生产作业的范围更加宽泛，传统的以单一性的海上船舶运输作业的状态逐渐多元化，海上侵权行为包括的范围也更加宽广。就海上人身伤亡赔偿来看，海上侵权行为不但包括上述广义的海事侵权行为，还应该包括：在海底采矿（包括海上勘探、转运、加工提炼等），海上油气勘探开发过程中造成人身伤亡的侵权行为；其他涉及海上、通海水域或港口的航运、生产、作业的侵权行为；通海水域、港口排污及其他海岸工程建设[42]过程中造成人身伤亡的侵权行为。

（二）海上违约行为

因违约导致海上人身伤亡的前提是受害人与赔偿责任人之间存在有偿提供劳务服务性的合同或协议，如海上旅客运输合同、海上劳动合同、海上承揽合同、海上雇佣合同、海上合伙协议等。根据契约法律精神，接受劳务服务的一方有创造条件和环境来保护提供劳务服务的人员人身不受侵害的义务，如果违反该义务导致提供劳务服务的人员人身安全受到侵害，基于合同，提供劳务服务的一方人员可以要求赔偿。

“海上旅客运输合同，是指承运人以适合运送旅客的船舶经海路将旅客及其行李从一港运至另一港，由旅客支付票款的合同。”[43]在海上旅客运输过程中，承运人应该积极履行义务确保旅客人身安全。如我国《合同法》第302条规定：“承运人应当对运输过程中旅客的伤亡承担损害赔偿责

[41] 司玉琢等编著：《新编海商法学》，大连海事大学出版社1999年版，第3页。

[42] 根据《防治海岸工程建设项目污染损害海洋环境管理条例》第2条对海岸工程建设项目的解释，港口、码头、造船厂、岸边的油库、化工造纸、钢铁企业等建设都名列其中。

[43] 我国《海商法》第107条。

任,但伤亡是旅客自身健康原因造成的或者承运人证明伤亡是旅客故意、重大过失造成的除外。”[44]我国《海商法》第114条规定:“在本法第一百一十一条规定的旅客及其行李的运送期间,因承运人或者承运人的受雇人、代理人在受雇或者受委托的范围内过失引起事故,造成旅客人身伤亡或者行李灭失、损坏的,承运人应当负赔偿责任。”[45]我国《合同法》第301条规定:“承运人在运输过程中,应当尽力救助患有急病、分娩、遇险的旅客。”[46]根据这一规定,承运人对特定的旅客负有救助的义务。这里的“特定的旅客”包括受到第三人侵害的旅客。“遇险”所指遭遇到的险情不但包含来自自然界的险情还包括来自第三人对乘客人身财产的伤害。

(三)其他情形

除了以上因海上侵权行为、海上违约行为导致海上人身伤亡事故以外,实践当中还存在当事人双方对海上人身伤亡事故的发生均没有过错的情形,如海上见义勇为行为、海上义务帮工行为以及海上紧急避险行为等。

六、事故界定的实质相关性

上述所论述的海上人身伤亡赔偿制度适用事故的发生时间、地域、造成伤亡的主体等都是在某一方面对适用事故形式上的条件,但是有时候即使满足以上形式上的要件,却不属于赔偿适用事故,因此,就需要对适用事故范围的实质要件进行界定。在 Jeff Gruver v. Lesman Fisheries Inc. etal. 案中,法院认为:“本案中双方当事人之间的欠付工资和人身伤害纠纷,就其事实而已,本质上与对应的陆上类似纠纷没有实质区别,不属于传统的

---

〔44〕 我国《合同法》第302条。

〔45〕 我国《海商法》第114条。

〔46〕 我国《合同法》第301条。

海商行为,也不应该按照海事赔偿法进行解决。”〔47〕在 John Baizley Iron Works v. Span 案中,麦克雷诺兹法官认为:“维修一艘停泊在海面的轮船的行为与航海存在直接的密切联系”。〔48〕基于此,法庭认定船舶维修人员之伤亡属于海上伤亡赔偿之范围。从这两个判例我们可以受到一些启示:事故发生的时空条件、主体条件等,仅仅是一种形式要件;要想从本质上确定海上人身伤亡赔偿制度适用的事故范围,必须把握海上人身伤亡赔偿制度适用事故范围的本质或实质要件。在 Corrigan v. Harry 案中,作为原告的一名海员主张其受到另一艘船上的船员的伤害,并主张依据海事赔偿标准进行伤害赔偿,但是该主张没有得到法院的支持,法院认为,两名船员之间的人身伤害行为与海上行为并没有实质上的联系,该事故与陆上的普通伤害行为没有区别。〔49〕从该案件我们可以看出,实质相关性要素,即与海商活动的相关性,可以界定为“导致事故的行为与传统的海商行为之间存在着这样那样的实质关联性”。〔50〕具体来讲:

(一)导致伤亡事故的活动在关联性上的要求

并非所有发生在海上的人身伤亡事故属于海上人身伤亡赔偿的范围,海上人身伤亡只包括海上航运、作业、生产过程中发生的,并与这些海上生产经营活动〔51〕具有特殊关联性的活动造成的人身伤亡。此处的“关联性”,是指与海上生产作业活动的经营性质以及其所具有的特殊的风险性

---

〔47〕 一名渔船上的船员与船东由于劳资纠纷在船上发生争执,并造成了人身伤害。该船员向法院提起诉讼,在审理过程中,被告主张原告关于人身伤害的赔偿请求不属于海事审判的管辖范围 Robert M. Jarvis, William D. Henslee, Sara Vlajcic, *Careers in admiralty and maritime law*, American Bar Association, 1993, p. 107。

〔48〕 Hough, “Admiralty Jurisdiction of Late Years”, *Harvard Law Review.*, January, 1924, p. 25.

〔49〕 See Robertson, David W., Judge Rubin’s Maritime Tort Decisions, *Louisinana Law Review*, March, 1921, p. 94.

〔50〕 李琳:《论海上人身伤害的民事责任》,上海海事大学 2006 年硕士学位论文,第 7 页。

〔51〕 海上生产作业活动包括内河、沿海、远洋运输、救助、拖带、渔业捕捞、水产养殖、海洋工程、海洋开发利用、海洋倾废等。此处海洋倾废是指广义的倾废,不局限于利用专用器具的倾倒,包括利用专用器具向海洋倾废、船舶废、海洋勘探开发中的废弃物倾倒。参见司玉琢主编:《国际海事立法趋势及对策研究》,法律出版社 2002 年版,第 278 页。

质具有密切关联性,其判断标准可以依据该活动与海上生产经营活动的经营性、业务性关联程度以及与当事人职业活动关联程度,或者伤亡赔偿责任分配对海上生产作业的影响等。例如,船上人员斗殴导致人身伤亡,由于双方出现伤亡后果与双方职业没有太大关联,因此该赔偿不适用海商法有关海上人身伤亡赔偿制度的规定。[52]

(二)伤亡事故结果对海上经营秩序的破坏性

并非所有在海上发生的人身伤亡事故都可纳入海上人身伤亡制度进行受偿,能够纳入赔偿范围的这些事故最典型的特征在于对海上生产经营秩序具有某种程度的破坏性。这些破坏性主要表现在事故发生后,其最终风险由海上生产作业主承担,给海上生产作业经济实体带来较大的直接或间接的经济损失。反之,则不适用海上人身伤亡赔偿制度,如对一名在海水中游泳的游客溺水而亡的赔偿等。维护安定和谐的海上生产经营秩序理应是海上人身伤亡赔偿制度的基本理念,其实现途径之一就是通过对破坏和威胁海上经营秩序的不法行为进行严厉打击和制裁,并对受害人遭受的损害进行及时全面的补偿来规范正常的海上经营秩序。

(三)事故相关利益主体对海洋资源的天然依赖性

这一点主要体现在能够纳入海上人身伤亡范围的事件中,侵害人、责任人或受害人至少有一方的生产或生活在某种程度上依赖海上经营业务或资源,如从事海上运输业务的主体从根本上依赖海运,海上工程建设和海底石油和天然气资源的开发活动都以海洋资源为经营之根本和基础,从事海上以及港口码头作业的雇工以海上生产服务工作作为自己生活之基本来源,等等。

基于以上对海上人身伤亡赔偿制度适用范围的论述,可以给海上人身伤亡如此定义:在海上、与海相通的可航水域及与海上生产经营管理活动

---

〔52〕 See Stevens, Theodore F., "Erie R. R. v. Tompkins and the Uniform General Maritime Law", *Harvard. Law Review*, March, 1950, p. 246.

密切相关的其他处所的与海上航运、生产作业的特殊性质和特殊风险相关的一系列活动中，因海上侵权行为、违约、义务帮工行为、无因管理行为、意外事故、不可抗力或者其他原因造成对包括旅客或海上生产作业或港口作业的受雇者以及其他相关人员的生命权、健康权、身体权的损害。

第三节　海上人身伤亡赔偿制度的价值取向

"价值"这个词是在表达一个客体（能够满足我们需要的客体）与我们人之间关系的意义上被使用的，也就是说，当一个事物能够满足我们的需要，那这个事物就是"有价值的"。价值的大小跟客体与评价者生活水平关系紧密相连。一个有利于个人生命发展的客体，对他的生命存在及发展就是有价值的。在这种情况下，客体对主体及评价者要么具有吸引力，要么具有有害的排斥力，这种力与人相遇就会引起精神反应，使人意识到有利或有害。根据这种作用的程度，我们评价这种力，就把它叫作价值。[53] 弗莱堡学派哲学家文德尔班认为："价值只是诸事物之间关系和联系的总和，归根结底无非是一个形式与秩序，精神或心理的过程。"[54] 马克思主义哲学认为，"价值是人们所利用的并表现为对人的需要关系的物的属性"或"是物的对人有用性或使人愉快、满足等的属性"。[55]

关于何为法律价值，存在主义法学家芮克森斯认为，"法律价值是一个非存在于空间和时间之中，理应获得可观和先验的效力之理想客体。他们不是通过经验或感官可以得到的，而是通过直觉过程接触的"。[56] 日本学者川岛武宜认为："法律所保障的或值得法律保障的价值，我们将其成称为

---

〔53〕 参见［日］牧口常三郎：《价值哲学》，马俊峰、江畅译，中国人民大学出版社 1989 年版，第 89 页。

〔54〕 李连科：《价值哲学引论》，商务印书馆 1999 年版，第 34～35 页。

〔55〕 《马克思恩格斯全集》（第 26 卷），中共中央马克思恩格斯列宁斯大林著作编译局译，人民出版社 1973 年版，第 139 页。

〔56〕 张文显：《二十世纪西方法哲学思潮研究》，法律出版社 1996 年版，第 324～325 页。

法律价值。"[57]我国学者孙国华认为，法律价值是标志着法律与人关系的一个范畴，这种关系就是法律对人的意义、作用或效用，以及人对这种效用的评价。[58] 严存生认为："法律价值是法这个客体对满足个人、群众、阶级、社会需求的积极意义。"[59]卓泽渊认为："法价值是以法对于人的需要的满足，也是人关于法的绝对超越指向。"[60]

价值取向(value orientation)是一定主体基于自己的价值观在面对或处理各种矛盾、冲突、关系时所持的基本价值立场、态度和判断。它体现的是国家设立制度的内在动因和对其社会效用的总体期待，其直接影响制度功能实现的程度，其突出作用是决定、支配主体的价值选择。价值取向的合理化是进步人类的信念。"法的价值一方面体现在主体与作为客体的法律之间需要和满足的对应关系，另一方面体现在法本身所具有的可以满足主体某种需要的功能与属性。"[61]海上人身伤亡赔偿制度的价值取向是指该制度的价值观和所追求的价值目标，即人们对海上人身伤亡赔偿制度的期待或其应当对社会所产生的实际效应。

一、海上安全与秩序价值

秩序是法的基本价值之一。任何社会都不会无视其成员之间经常发生的由于人身侵犯引起的各类纠纷。社会对赔偿法律制度的一个最直接的要求便是维持社会秩序，法对于社会的首要意义就在于建立并维护其正常秩序，使各种利益关系平衡并保持共存。海上各类生产作业都依赖海上资源和良好的海上经济活动秩序。一旦经济活动陷入无序状态，其正常的海上生产、作业及运输活动都将受到干扰甚至陷入停顿状态。海上人身伤

---

〔57〕 孙国华：《法理学》，国家开放大学出版社 2011 年版，第 27 页。

〔58〕 严存生：《法理学》，中国政法大学出版社 2009 年版，第 91 页。

〔59〕 孙国华主编：《法理学教程》，中国人民大学出版社 1994 年版，第 94 页。

〔60〕 卓泽渊：《法的价值论》，法律出版社 1999 年版，第 10 页。

〔61〕 张文显：《法理学》，法律出版社 1997 年版，第 251 页。

亡赔偿制度追求的秩序是海上经济活动中各种经济利益的平衡与协调所产生的秩序利益。海上经济活动的正常秩序的维持最基本的要求就是安全,主要体现在海上人身安全的保障。海上安全是构成秩序的重要因素,是人们生存价值和发展价值在社会冲突和忧患背景下的集中体现和重要要求。霍布斯认为,“人的安全是至高无上的法律”,[62]这足以彰显安全对人及社会之重要以及人们对法最基础的价值期待。

海上人身伤亡赔偿制度对海上安全价值的追求集中体现在对人身安全的保障与人身伤亡的救济制度中。对人身安全的保障制度主要体现在各国和国际社会制定的大量关于船舶航行安全的规则,包括船舶质量标准规则、船舶避碰规则等。关于人身伤亡的救济制度对海上安全价值的追求,主要体现在人身伤亡赔偿在船舶优先权项目中优先于财产赔偿;在海事赔偿限制制度中,人身伤亡索赔额未全部受偿情况下可以与财产索赔并列按比例受偿;海上污染侵权导致人身伤亡采取无过错归责原则并建立特殊赔偿机制使人身伤亡得到全面赔偿等。[63]

二、公平价值

公平价值与观念始终是法律所追求的主要目标之一,它指导并决定法律对权利义务的分配状况,促进法律的进步,并使法律从不公平、低级公平到逐渐公平和高级公平发展。[64] 法律正义或法律公平要求享有权利和承担义务相对称,即法律主体的获得应该与他所承担的责任和作出的贡献相一致。海上人身伤亡赔偿的公平价值也是其追求的一个永恒目标,其具体内容也随着时代变迁而不断更新,其基本意义在于保障海上生产、运输、作

---

〔62〕 王卫国:《过错责任原则:第三次勃兴》,中国法制出版社 2000 年版,第 236 页。

〔63〕 关于海上污染侵权导致人身伤亡赔偿的特殊赔偿机制集中体现在:国际海事组织与有关民间组织在相关国际公约和国际民间协定中规定双层赔偿制度,通过强制保险或财务担保和货主设立的赔偿基金相结合的机制达到尽可能多赔偿因有毒有害物质运输造成的环境污染致人身伤亡。

〔64〕 参见邓瑞平:《船舶侵权行为法基础理论问题研究》,法律出版社 1999 年版,第 35 页。

业经营秩序的稳定和谐。

法律的公平价值取向首先是要求立法上的公平和法律实施结果的公平。立法上的公平要求主体间的权利和义务对应并具有横向可比性，对不同条件的同类主体实行合理的差别待遇，对非同类主体间权利义务的公平分配以可比性作为衡量标准。海上人身伤亡赔偿制度与普通民法的人身伤亡赔偿法律规则相比，无论是其对公平价值的关注，还是合乎公平理念的规则都要低得多、少得多。该制度更多的是偏向船东，维护船方利益，其根本原因在于海上产业的脆弱性、对自然因素的依赖性以及所具有的巨大风险性，更多的是体现国家的海事政策立法目的。

海上人身伤亡赔偿制度的公平价值取向在制度设计上集中体现在海上人身伤亡归责原则制度的设计上：海上过错责任制度体现了赔偿制度的矫正正义和对加害人的责难性；船东转承责任制度采用无过错归责原则，确保受害人得到及时受偿，体现了给予受害人法律上救济的公平价值取向；在雇佣关系中，雇主对雇员的人身伤亡采用无过错归责原则，体现了法律对无论是在经济实力，还是在对海上生产经营作业收益大小以及诉讼能力等各个方面都处于弱势群体的雇员人身权利保护的公平价值取向；海上人身伤亡赔偿公平归责原则的适用，体现了在双方对事故发生均无可责难性的情况下，对受害人权利保护的公平价值取向。

海上人身伤亡赔偿制度在追求公平价值理念的过程中逐渐完善发展。19 世纪末至 20 世纪初的海上人身伤亡赔偿体现的是自由资本主义时期和垄断资本主义时期的公平价值，该公平价值以纠正正义作为其基础。在国内法律上体现在更注重船东及海上生产作业业主利益的保护，强调海上产业利益的保护；在国际法律中体现为维护航运发达国家利益，忽视航运不发达国家利益；在具体制度设计上，体现为以过错责任为基础。随着世界人权运动的蓬勃兴起和人权保护理念的日趋成熟与完善，人身权保护的立法获得了空前的发展。这主要体现在国家和国际层面大量人身保护法律的出台。在国家层面,各国宪法包括我国宪法都确立了对人身权特殊优先保护的理念;在国际公约层面,为保障人命安全制定了大量的公约。如《国际海上人命安全公约》(SOLAS 公约)从 1965 年生效后,共修订了 13 次,其中在 1972 年做了一次大修订确立了航海人员在海上航行时救助海上遇难人员和各个沿海国救助遇难船舶以及海上人员的国际公法。另外,世界航运技术的提高和海上产业的日益成熟、发展壮大,海上作业所具备的特殊风险系数也大大减小。在这种情况下,海上人身伤亡赔偿责任制度也逐渐演变,从以过错归责为主演变成无过错归责制度的大量适用,这种进化的目的是使更多的受害人获得赔偿,法律公平价值的内涵也从传统的纠正正义逐渐过渡到分配正义,更加注重和强调对受害人合法权益的保护。

公平价值取向在法律实施结果上的要求最终体现在实际结果的公平,主要是海上人身伤亡赔偿制度设计要符合这样的要求:首先,对同类受害人实行同等待遇,即所享有赔偿额只与其受伤害程度相关,赔偿范围和计算标准不因其是本国人还是外国人而实行差别待遇;其次,对受害人的赔偿范围不但要包括直接经济损失,还应该包括未来收入损失、非经济性损害补偿、死亡受害人亲属精神损害以及索赔权利人为索赔所支付的必要的诉讼成本等;再次,对赔偿法律依据适用上的统一性,取消国内与涉外海上人身伤亡赔偿制度依据的两分法体制;最后,随着海上产业业主经济实力、承受风险能力的提高及海上产业的发达,逐步提高赔偿限额直至取消。

三、效益价值

关于何为效益?《辞海》中认为:“效益就是利益与效果。效,是效果;益是增长。”[65]不管说法如何,但其基本内涵即是最小的成本保证最大的产出。

---

〔65〕 辞海编辑委员会主编:《辞海》,上海辞书出版社 1989 年版,第 1656 页。

海上人身伤亡赔偿制度的效益价值取向是指人们对该制度在促进和追求效益目标上的要求以及该制度对人们要求所产生的效应。它具体包括促进海上生产经营作业繁荣发展的经济效益和海上人身伤亡赔偿纠纷解决机制的效益。

促进海上生产经营作业繁荣发展的经济效益要求海上事业的经营者以最小的投入、最少的费用支出获得最大的产出。其具体体现在各国法律和国际条约中促进和保护航运、维护船东利益的各种具体制度和规定,最具代表性的是归责原则制度设计和赔偿范围规定。按照效益价值取向要求,海上人身伤亡赔偿制度应该在归责原则制度设计上,免除船东及其他海上生产作业业主的非过错行为,如对于自然灾害、意外事故以及战争行为等造成的人身伤亡责任免于承担。在赔偿范围上,严格限制甚至取消惩罚性赔偿,实行严格的海上人身伤亡赔偿限额制度,进一步缩小赔偿范围,对无形损害或身心创伤等非经济性损失不予赔偿或实行严格责任限制等。海上人身伤亡赔偿纠纷解决机制的效益价值要求海上人身伤亡赔偿纠纷双方以最低的时间成本和经济费用成本快速、公正地解决纠纷,其具体包括争议双方举证低成本和争议解决机构判定赔偿责任的低成本高效率两个方面。能够实现的制度集中体现在海上人身伤亡的无过错归责原则及公平归责制度上。这两种归责制度与过错归责原则制度相比,其举证成本和裁判机构的判定成本都相对低很多。

四、公平与效益价值的冲突与协调

公平价值与效益价值作为法律追求的两种不同价值形式,它们所要达到的目标和趋向是不同的,在价值体系中是矛盾统一体的两个方面。根据上述分析可以看出,公平价值与效益价值在一些方面不存在严重的冲突,但在赔偿责任基本制度上的要求却存在比较严重的冲突。其本质主要是两个群体即受害人群体和责任人群体之间利益的冲突和促进社会公平与发展社会效益之间的选择冲突。这些冲突主要体现在赔偿归责原则选择的冲突、赔偿责任是否进行限制的冲突、受偿机会是否均等的冲突等。

公平与效益作为海上人身伤亡赔偿制度的两个价值取向,当二者处于协调状态时能够互相促进各自价值目标的实现,反之,则必须进行选择。传统观点将二者对立起来,现代理论对于如何解决二者之间的冲突,主要存在着公平优先说、效益优先说和协调说三种观点。公平优先说认为效益与公平价值在发生冲突时应该首选公平,而效益优先说则认为首选效益,协调说认为应该尽最大努力促使二者协调。本书认为,在公平价值和效益价值取向发生冲突时,应该以保障和促进公平作为海上人身伤亡赔偿制度的价值目标,加强体制机制创新,寻求新的法律制度以促使公平价值实现,同时,进一步实现其效益价值目标。

小　　结

海上人身伤亡赔偿制度是特殊的人身伤亡赔偿制度,它的特殊性主要体现在其所适用的伤亡事故的特殊性,这些伤亡事故在时间、空间尤其是在灾难性方面具有普通人身伤亡事故所没有的特征。这些伤亡事故最本质的要求就是要满足与海上生产经营活动具有关联性、对海上经营秩序具有破坏性、事故的利益相关主体具有对海洋资源的依赖性三个条件。也正是海上产业承受的特殊经营风险和海上人身伤亡事故对海上生产作业的巨大影响与破坏性,要求海上人身伤亡赔偿制度对海上产业进行额外保护。随着世界人权运动和海上人命安全价值理念的深入人心,公平价值成为海上人身伤亡赔偿制度的海上安全与秩序价值、公平价值和效益价值统一协调基础上的首要价值取向。

第二章　海上人身伤亡赔偿归责原则

海上人身伤亡赔偿的归责原则是指在发生海上人身伤亡事故后确定是否需要承担赔偿责任、谁承担赔偿责任以及赔偿责任比例等问题的规则。它体现了法律的价值判断,直接体现了立法者关于损害赔偿的立法趋向,同时又集中表现了损害赔偿法的规范功能。要解决海上人身伤亡赔偿问题,必须准确把握各类海上人身伤亡的归责原则,因为它关系到承担责任的主体、举证责任的分配和免责事由等重要内容。〔66〕 并且,赔偿责任的承担形式、承担责任的范围也是以此为前提的。因此,对何种赔偿责任应该采用何种归责原则就成为追究赔偿责任的关键。

第一节　海上人身伤亡赔偿归责原则概述

一、海上人身伤亡赔偿归责原则概念

"归责"也就是法律责任的归结。海上人身伤亡赔偿制度归责原则就

---

〔66〕 我国台湾地区学者认为:"在法律规范原理上,使遭受损害之权益,与促使损害发生之原因者结合,将损害因而转嫁由原因者承担之法律价值判断因素,即为'归责'意义之核心"。参见陈锦虹:《海上侵权行为法归责原则研究》,大连海事大学2004年硕士学位论文,第36页。

是指海上人身伤亡事故发生后，对该赔偿责任的归咎，[67]通俗来说就是指法律对海上人身伤亡事故发生后应该由受害人自己承担损害后果，还是由行为人或致害物件所有人承担损害责任的一种法律判断的“理由”。海上人身伤亡赔偿归责原则是立法者对海上人身伤亡事故赔偿制度的基本价值取向和理念的集中体现。海上人身伤亡赔偿制度由于其适用范围的特殊性，具有不同于一般人身伤亡赔偿的特点，因此，海上人身伤亡赔偿归责原则也具有不同于一般人身伤亡赔偿归责原则的特点。这些特点集中体现在归责原则适用范围的特殊性。

二、海上人身伤亡赔偿归责原则体系

海上人身伤亡赔偿归责原则体系不是单个海上人身伤亡赔偿归责原则的简单加总，它是一个具有周延性和完整性等特点的一个系统。在这个系统中各个归责原则除了要发挥各自作用外，还要互相配合协作，这样才能更有效地指导海上人身伤亡赔偿的责任判定，实现海上人身伤亡赔偿制度的调整功能。

海上人身伤亡事故类型复杂，与此相对应，海上人身伤亡赔偿归责原则也不可能是单一的，除了过错责任原则以外，笔者认为还包括无过错责任原则、公平责任原则。

第二节　海上人身伤亡赔偿过错责任原则

一、海上人身伤亡赔偿过错责任原则的基本含义

过错责任原则，在有些著作中被称为“过失责任原则”，顾名思义即依据行为主体对行为之后果是否存在过错作为判断其应否承担责任之“根本

〔67〕 法学家 Holmes 说过：“良好的政策应该让损失保留在其所发生之处，除非有特别理由存在。”See Oliver Wendell Holmess, *The Common Law*, Macmillan Press, 1891, p. 50.

要素和归责要件”。[68] 它是大陆法系民法中最古老、最基本的归责制度。在欧洲大陆国家的侵权法中,都有专门规定。[69] 古罗马《阿奎利亚法》[70]以及查士丁尼主持的《国法大全》[71]的问世标志着过错责任原则取得了私法学上的主导地位。19世纪随着欧洲大陆法典化进程的进行,过错责任原则迅速发展。1804年的《法国民法典》第1382条、第1383条[72]以及《德国民法典》第275条、第823条、[73]第824条、第825条、第826条、第839条等多处条款都规定了基于过错的责任原则。此后在大陆法系的其他国家,如1912年的《瑞士债务法》第41条和《日本民法典》第709条也采用了同样原则。过错责任原则之所以具有如此强大的生命力,在于它的价值取向和法律功能:首先,能够维护行为自由,尊重个人尊严。[74] 过错责任原则的价值取向在于将过错作为承担责任的标准,认可个人抉择和区别是非的能力。人们对其行为承担责任的基础在于有主观上之过错,从而避免了在社

---

〔68〕 王利明主编:《民法典·侵权责任法研究》,人民法院出版社2003年版,第29页。

〔69〕 大陆法系国家的民法典在对“侵权”进行定义的时候也就规定了它的主要归责原则——过错责任原则。例如,《日本民法典》专门在侵权行为一章中第709条阐明“侵权行为的要件”——“因故意或过失侵害他人权利而产生损害的赔偿责任”。《意大利民法典》第2043条规定:“任何故意或者过失给他人造成不法损害的行为,行为实施者要承担损害赔偿的责任。”

〔70〕 公元前287年,罗马平民会议通过了保民官阿奎利乌斯提交的一项法案,即《阿奎利亚法》。在这部法典中,明确规定了过错责任的内容,确定了“对偶然事件谁也不负责任”和“无过错则不受处罚”等原则。此后,在《阿奎利亚法》规定的基础上,通过法学家的学术解释和裁判官的判例,罗马法形成了较为系统和完备的主观归责体系。

〔71〕 《国法大全》也叫《民法大全》,是罗马法发达的代表,标志着罗马法已经发展到最发达、最完善的阶段。《国法大全》包括《查士丁尼法典》《查士丁尼法学总论》《查士丁尼学说汇纂》《查士丁尼新律》四个部分。

〔72〕 《法国民法典》第1382条第1款规定:“任何行为人致他人受到损害时,因其过错致行为发生之人,应对该他人负赔偿之责任。”第1383条规定:“任何人不仅对因其行为造成的损害负赔偿责任,而且还对因其懈怠或疏忽大意造成的损害负赔偿责任。”

〔73〕 《德国民法典》第823条第1款规定:“故意或者过失不法侵害他人的生命、身体、健康、自由、所有权或其他权利的人,对他人负有赔偿由此而发生损害的义务。”第2款规定:“违背以保护他人为目的的法律的人,负有相同的义务,依法律内容,即使无过失仍可能违背此种法律的,只有在过失的情形,才发生赔偿的义务。”

〔74〕 正如曾隆兴先生所说:“若对所有损害皆负责,则有碍于人类活动及经济之发展,例如商业上竞争活动,无法避免损害同业竞争人,但不能谓应对因商业竞争活动失败而受损失之人给予赔偿。又如医疗事故,亦不能谓病人因病死亡,医师即应负赔偿责任。”参见曾隆兴:《现代损害赔偿法论》,三民书局2000年版,第546页。

会生活中动辄得咎,维护了行为自由;[75]同时,人们在行为前就可以预测到行为的法律后果,从而可以权衡利弊,谨慎选择,尽到应有的注意义务,避免行为人因自己无法预料的结果而承担责任。其次,通过警示作用,减少损害,维护社会安全。通过对有过错的行为人施以责任,从而警示其他潜在的行为人,达到阻止他们从事不法行为的目的。[76]

过错责任原则在海上人身伤亡赔偿领域具有以下几个特点:第一,判断行为人是否具有过错以及过错程度依据的标准和尺度更加易于掌握和衡量。[77] 由于人的心理状态无法通过法律直接被感知,所以只能通过行为人内心意志的外在表现来进行评价。基于此,世界各国普遍采取法律拟制人的方法解决评价标准问题。[78] 由于海上情况变幻莫测,自然条件异常恶劣,海上生产作业等活动的高风险性、专有技术性以及涉及人的生命、健康

---

〔75〕 关于过错概念的理解与阐释在学界主要存在主观说、客观说以及主观客观统一说。关于主观说的论述参见王家福主编:《中国民法学·民法债权》,法律出版社 1991 年版,第 457 页;[苏联]马特维也夫:《苏维埃民法中的过错》,彭望雍等译,法律出版社 1958 年版,第 186 页;[苏联]格里巴诺夫:《苏联民法》,中国社会科学院译,法律出版社 1986 年版,第 398 页;佟柔主编:《民法原理》,法律出版社 1983 年版,第 226 页;王作堂:《民法教程》,北京大学出版社 1983 年版,第 114 页;史尚宽:《债法总论》,中国政法大学出版社 1954 年版,第 111 ~ 112 页。关于客观说的论述参见[法]安德烈·蒂克:《过错在现代侵权行为法中的地位》,载《法学译丛》1991 年第 4 期;王卫国:《过错责任原则:第三次勃兴》,浙江人民出版社 1987 年版,第 186 页;王家福:《中国民法学·民法债权》,法律出版社 1991 年版,第 458 页;A. M. Tettenboen, *An Inrtoduction to the Law of Obligations*, Butterworths Press, 1984, pp. 198 – 199。关于主客观统一说的著作参见张新宝:《中国侵权行为法》,中国社会科学出版社 1998 年版,第 22 页;王利明:《民法·侵权行为法》,中国人民大学出版社 1993 年版,第 154 页;王利明、方流芳、郭明瑞编著:《民法新论》,中国政法大学出版社 1988 年版,第 471 页。

〔76〕 法国学者丹克指出:法律不能防止人们不出任何偏差,但能够阻止有偏差的活动继续,最轻微的责任也能够给侵权行为人某种有用的警告,使其意识到自己活动的危险性。See Frederick Pollock, *The genius of the common law*, Colombia Univercity Press, 1921, p. 345.

〔77〕 无论是英美法系国家还是大陆法系国家,法定义务是检验过错是否存在的基本标准。而检验违反法定义务的基本标准是行为人是否违反注意义务,对于一般注意义务依据一般法产生,而特殊义务依据特别法产生,如航运法中的航行规则、避碰规则、危险货物运输规则等。一般注意义务的衡量标准与尺度为“足够的谨慎与勤勉”,其确定的法律规则主要有不伤害邻居规则和理性人规则。See Nicholas J. McBride, Roderick Bagshaw, *Tort Law*, Pearson Education Limited, 2008, p. 652.

〔78〕 最先采用拟制人标准的是罗马法。该法规定,过失是指应加注意而怠于注意,将注意分成“疏忽之人”可有的注意和“良家父”可有的注意。参见邓瑞平:《船舶侵权行为法基础理论问题研究》,法律出版社 1999 年版,第 95 页。

和重大公共安全,因此,为了确保海上人命安全,对从事海上生产作业的各类工作人员(如船员等)在技术熟练程度和类别方面都有更加具体和专业的要求。为此,各国以及国际组织也根据实际情况制定了相应的安全操作规程以及相关职业技能认定等制度,对从事这些作业的工作人员操作规程、航行船舶适航标准等都规定了具体客观的标准,违反这些规程则视为有过错。[79] 例如,《国际航行船舶航行安全公约》《1974年国际海上人命安全公约》《中华人民共和国船舶安全检查规则》等都制定了具体的参考标准和依据。我国《海上交通安全法》《非机动船舶海上安全航行暂行规则》《内河交通安全管理条例》及我国农牧渔业部、各级渔业主管机关制定的有关渔业安全作业的规定等,都规定了各种类型的船舶所有人在安全作业方面的保障义务。这些义务主要包括:从事海上运输、作业的船舶的所有人及经营人应当按照有关规定使船舶适航,配齐装卸、消防、救生等设施设备并使之处于良好状态;在船舶航行、作业过程中应遵守安全航行的有关规定,并采取一切有效措施避免海损事故的发生;从事捕捞、养殖等作业的船舶应遵守有关渔业安全生产的规定,例如不得超航区、超抗风等级作业,遇到相应风力时必须立即停止作业并采取有效的抗风、避风措施等。如果各类船舶的所有人、经营人未履行上述义务造成人身伤亡的,即应该认定存在过错。第二,适用范围较小。过错责任原则在海上人身伤亡赔偿中主要适用于通过行为人合理谨慎行为能够避免的人身伤亡事故,由于海上活动与陆上活动相比具有更大的危险性,仅仅依据过错或推定过错来赔偿,显然对受害者利益的保护力度远远不够。这样一来,过错责任原则在海上人身伤亡赔偿中的适用范围相对来说较小。第三,更多适用过错推定。有学

---

[79] 例如,在"李某某诉中波轮船股份有限公司拖带作业撇缆时未打招呼致其人身伤害赔偿案"的二审中,二审法院认为:被上诉人作为拖轮水手,依大连港轮驳公司现行的《船舶作业指导书》进行拖带作业、解系缆操作,没有违章行为,不存在过错。上诉人水手在"李白"轮拖带作业过程中,违反港航界拖带作业"撇缆前应先观察好周围情况,并向现场人员打招呼,以免撇缆头伤人"的规章,致被上诉人受到伤害,应依过错承担全部民事责任。参见关正义主编:《海事审判实务研究》,大连海事大学出版社2006年版,第97页。

者认为，过错推定原则和过错责任原则是两个并列的归责原则，笔者认为，过错推定原则本质上还是依据“过错”来认定赔偿责任的，归责事由仍然是过错，无非是在举证责任分配上的灵活运用。过错推定方法的运用主要是为了更好地保障举证责任分配的公平，给予受害人利益以必要保护。其主要适用于受害人举证能力受限制的情况，如证据被侵害人持有保管等。由于海上生产、作业活动具有非常高的专业性，非专业人员以及经营人和其雇用的专业人员一般很难了解到事故的真正原因，加上海上自然环境的特殊性，由受害人承担举证责任显然不利于体现实质公平。

二、海上人身伤亡赔偿过错责任原则的适用

（一）海上旅客运输中旅客伤亡对承运人责任的适用

海上旅客运输是指承运人与旅客之间约定的以承运人承担将旅客及其随身行李安全送达目的港，旅客支付一定金钱的运输方式。根据运送区域的不同可以将海上旅客运输划分为国内海上旅客运输和国际海上旅客运输。《1974 年海上旅客及其行李运输雅典公约》（以下简称《1974 年雅典公约》）第 1 条第 9 款规定，“‘国际运输’系指按照运输合同，其起运地和到达地位于两个不同的国家之内，或虽位于同一国家之内，但根据运输合同或船期表，中途停靠港在另一国家之内的任何运输”。从《1974 年雅典公约》的规定我们可以看出，国内海上旅客运输的起运港和目的港均在一国之内；国际海上旅客运输之起运港和目的港处在不同国家或地区，或者虽然起运港和目的港处在同一个国家，但是中途停靠港位于另一个国家。国际海上旅客运输与船舶、承运人的国籍没有任何关联，其国际性主要体现在船舶的起运地、目的地、经停地的跨国性。承运人对旅客在运送期间出现人身伤亡的赔偿责任，世界各国法律和有关的国际公约对其归责的规定具有普遍性和一致性，即完全或者纯粹的过错责任原则和在一定范围内采取过错推定原则。

1. 海上旅客运输致旅客伤亡对承运人赔偿责任的过错责任原则

关于海上旅客运输过程中导致旅客伤亡的赔偿责任归责问题,《1974年雅典公约》第2条、[80]第11条[81]都作了相应规定。根据第2条第2款之规定,所有海上旅客以及行李运输纠纷,无论是合同纠纷还是其他纠纷都应当适用公约规定。该公约的规定对因旅客死亡或人身伤亡赔偿向承运人及实际承运人提起的赔偿之诉的适用是强制性的。第14条规定:"索赔的根据:除依据本公约外,不得向承运人或实际承运人提起因旅客死亡或人身伤害或行李灭失或损坏而引起的损害赔偿金的诉讼。"

《1974年雅典公约》第3条规定了承运人对旅客伤亡的赔偿责任,其需要满足的条件主要是承运人或其雇用人及代理人对该事故存在过错,但必须由索赔人承担举证责任。[82]

我国于1994年加入了《1974年雅典公约》和其1976年议定书,[83]国内有关立法也主要依据该公约制定,对国际和国内海上旅客运输,在承运

---

〔80〕 该条第1款规定:"本公约适用于下列条件的任何国际运输:(a)船舶悬挂本公约某一当事国的国旗或在其国内登记,或(b)运输合同在本公约某一当事国内订立,或(c)按照运输合同,起运地或到达地位于本公约某一当事国内。"

〔81〕 该条规定:"承运人的雇用人的抗辩和责任限额　如就本公约规定的损失向承运人或实际承运人的雇用人或代理人提起诉讼,这些雇用人或代理人如证明他是在其职务范围内行事,便有权获得援用承运人或实际承运人依照本公约有援用的抗辩和责任限额。"由于承运人的雇用人或代理人与旅客之间不存在合同关系,因此,旅客向承运人的雇用人或代理人索赔,只能提起侵权之诉。公约如此规定主要是将承运人的抗辩和责任限制的规定适用于对承运人的受雇人或代理人提起的侵权之诉。

〔82〕 《1974年雅典公约》第3条第1款规定:"承运人责任　对因旅客死亡或人身伤害和行李灭失或损坏造成的损失,如造成此种损失的事故发生在运输期间,而且是因承运人或其在职务范围内行事的雇用人或代理人的过失或疏忽所致,则承运人负有责任。"第2款规定:"对于造成灭失或损坏的事故发生在运输期间及灭失或损坏的程度,索赔人应负举证之责。"

〔83〕 我国已于1994年6月1日递交了关于加入《1974年海上旅客及其行李运输雅典公约》及其1976年议定书的文件。国际海事组织秘书长致函我国,确认其已收悉,并公告该公约及其1976年议定书将于1994年8月30日对我国生效。

人的归责原则上,统一适用我国《海商法》规定的过错原则。[84]

2. 过错责任原则下对承运人过错的推定和抗辩

若旅客伤亡是由于船舶沉没、爆炸等事故造成的,则承运人对旅客之伤亡承担过错责任主要适用推定方法来分配举证责任,这主要是由旅客和船方在信息以及技术占有上的不平等地位所决定的。船舶的操作专业性非常强,作为非专业人员的受害人要想证明船方对造成旅客伤亡存在操作上失误谈何容易。基于此,《1974 年雅典公约》第 3 条第 3 款[85]和我国《海商法》第 114 条第 3 款[86]都规定,对旅客伤亡赔偿责任实行举证责任倒置。按照《1974 年雅典公约》第 6 条之规定,承运人责任的抗辩理由或者是豁免理由,即旅客对其自身伤亡存在过错,由承运人承担举证责任。[87]我国《海商法》第 115 条作了与此相同的规定。这也是海上人身伤亡赔偿制度之公平价值在举证责任领域的体现。

3. 海上旅客运输致旅客伤亡承运人归责原则的新发展及对我国相关规定的思考

《2002 年雅典公约》与《1974 年雅典公约》相比,在归责原则方面具有

---

[84] 如我国《海商法》第 114 条第 1 款规定:"在本法第一百一十一条规定的旅客及其行李的运送期间,因承运人或者承运人的受雇人、代理人在受雇或者受委托的范围内的过失引起事故,造成旅客人身伤亡或者行李灭失、损坏的,承运人应当负赔偿责任。"根据该条规定,我国《海商法》对海上旅客运输人身伤亡赔偿基本上是实行过错责任原则,即因承运人等的过失引起事故造成旅客人身伤亡的,承运人应当负赔偿责任。其中关于承运人、代理人在受雇或受委托范围内的过失引起事故所造成的旅客人身伤亡,承运人应当负赔偿责任。

[85] 《1974 年雅典公约》第 3 条第 3 款规定:"承运人责任　如果旅客的死亡或人身伤害或自带行李的灭失或损坏系因船舶沉没、碰撞、搁浅、爆炸或火灾或船舶的缺陷所致,或与此有关时,除非提出反证,否则应当推定为承运人或其在职务范围内行事的雇用人或代理人的过失或疏忽。对于其他行李的灭失和损坏,不论造成灭失和损坏事故的性质如何,除非提出反证,否则应当推定为此种过失或疏忽。在所有其他情况下,索赔人应对过失或疏忽负举证之责。"

[86] 我国《海商法》第 114 条第 3 款规定:"旅客的人身伤亡或者自带行李的灭失、损坏,是由于船舶的沉没、碰撞、搁浅、爆炸、火灾所引起或者是由于船舶的缺陷所引起的,承运人或者承运人的受雇人、代理人除非提出反证,应当视为其有过失。"由此可见,在这些导致旅客人身伤亡的事由上,实行过错推定方法确定承运人的赔偿责任。

[87] 《1974 年雅典公约》第 6 条规定:"自身过失　如经承运人证明,旅客的死亡或人身伤害或其行李的灭失或损坏系因该旅客的过失或疏忽所造成或促成,则受理案件的法院可按该法院地的法律规定,全部或部分免除承运人的责任。"

较大的变化,主要体现在采取两个标准作为判断适用过错和无过错归责原则的依据。[88]

我国现行《海商法》对海上旅客运输所涉人身伤亡承运人赔偿责任规定了完全的过错责任原则和以过错推定方式适用过错归责原则相结合的归责原则。对这一归责原则,学者们有的赞同,有的反对。赞同者认为:"我国经济发展现状落后,海上旅客运输行业需要法律政策支持。"[89]"旅客相对船上货物来讲,承运人对其控制力明显较弱。"[90]因此,不能完全适用无过错责任原则。反对者认为,适用过错归责原则,不利于海上旅客人身权益的保护,而且与其他运输方式的承运人责任基础不同,不利于海上运输业的发展。

笔者认为,看待分析任何问题都要用辩证观点,对待过错责任原则跟无过错责任原则也一样,在海上旅客运输所涉人身伤亡案件中,对承运人

---

〔88〕《2002 年雅典公约》第 3 条规定:"承运人的责任:1. 除非承运人能够证明事故属于下列原因造成,就航运事故导致的旅客人身伤亡造成的损失,承运人在每位旅客每次事故不超过 250000 计算单位的范围内承担责任:(a)由于战争行为、敌对行为、内战、武装暴动、或特殊的、不可避免的和不可抗拒性质的自然现象所造成;或(b)完全由于第三人故意的行为或者不行为造成的。除非承运人证明造成损失的事故发生不是由于其过失或者疏忽,对于超过上述责任限制的损失,承运人应继续承担责任。2. 对于非由航运事故导致的旅客人身伤亡造成的损失,如果造成损失的事故是由于承运人的过失或者疏忽造成,承运人应当承担责任。索赔人对过失或疏忽负有举证责任。3. 对于自带行李灭失或损害造成的损失,如果造成损失的事故是由于承运人的过失或疏忽,承运人应当承担责任。由航运事故造成的损失应当推定承运人具有过失或疏忽。4. 对于自带行李以外其他行李的灭失或损害造成的损失,除非承运人证明造成损失的事故发生不是由于其过失或疏忽,其应承担责任。"在公约修改过程中,一些发达国家建议参照有关航空运输的《1999 年蒙特利尔公约》所确立的承运人对旅客伤亡的无过错责任原则对 1974 年公约进行修改。该提议在最初曾遭到过一些发展中国家的反对,认为海上和航空运输造成旅客的人身伤亡和财产损失的情况不同,不应同等对待。他们认为航空旅客的人身伤亡绝大多数都是由于驾驶员或飞行器本身的原因造成的,因而适用无过错责任原则是合理的。但与航空旅客相比,海上旅客具有更大的自由活动空间和时间,许多人身伤亡发生在旅客船上观赏风景、跳舞、游泳、健身、喝酒等辅助服务中,这些情况下让承运人承担更重的责任,所以不应当在海上旅客运输中采用无过错责任原则。最后双方达成了一个这样的妥协协议。参见傅国民、叶红军:《〈2002 年海上旅客及其行李运输雅典公约〉介绍》,载《中国海商法年刊》2002 年第 1 期。

〔89〕司玉琢主编:《海商法专题研究》,大连海事大学出版社 2002 年版,第 295 页。

〔90〕张可心:《海上旅客运输法律制度和立法问题研究》,大连海事大学 2002 年硕士学位论文,第 24 页。

赔偿责任适用过错责任原则确实有利于更好地保护承运人利益和有利于海上运输业发展,但却违背了海上人身伤亡赔偿制度人命价值优先的价值取向。随着现代经济发展理念的进步,以牺牲人的最基本的人身安全利益为代价发展经济的时代也应该成为过去,而且受害人与承运人相比,无论是在经济承受能力、信息占有丰富程度,还是在举证能力上都处于非常弱势的地位。因此,应该修正我国海上旅客运输中人员伤亡承运人赔偿责任归责原则的规定,无论是因为船舶的沉没、碰撞、搁浅、爆炸或火灾等航运事故造成了旅客的人身伤亡,还是因为承运人及其雇佣人员在航行中过失导致人员伤亡,对承运人赔偿责任都实行完全的无过错责任原则。但是实行完全的无过错责任原则会在一定程度上影响航运事业的发展,为尽量避免制度带来的负面效应,应在实行无过错归责原则的同时,对承运人赔偿责任实行一定的责任限制,这样既不违背海上人身伤亡赔偿制度对人命价值优先的追求,也不会因此而损害海上航运事业的发展。我国于 1999 年 10 月 1 日起施行的《合同法》第 302 条就体现了承运人的无过错归责原则。〔91〕

(二)海上货物运输所涉人身伤亡赔偿对托运人责任的适用〔92〕

海上货物运输包括国内海上货物运输和国际海上货物运输。前者主要受我国《合同法》〔93〕调整,后者主要受我国《海商法》第四章"海上货物运输合同"的规定和《合同法》的双重调整。

---

〔91〕 我国《合同法》第 302 条规定:"承运人应当对运输过程中旅客的伤亡承担损害赔偿责任,但伤亡是旅客自身健康原因造成的或者承运人证明伤亡是旅客故意、重大过失造成的除外。"

〔92〕 在海上货物运输合同中造成的人身伤亡主要是指侵害船上人员,即船长、船员、承运人的其他受雇人员等的生命健康权,就承运人对该类人员的责任将在雇主责任部分专门论述。经承运人同意,托运人指派随船护送货物的人,视为旅客,根据海上旅客运输的相关规定进行处理。本部分主要就托运人对海上人身伤亡赔偿中的责任进行论述。

〔93〕 中华人民共和国交通部于 2000 年 7 月 17 日经第八次部长办公会议通过,2000 年 8 月 28 日公布,自 2001 年 1 月 1 日起施行。

1. 调整海上货物运输所涉及的人身伤亡的法律规定

在海上货物运输中，关于托运人责任问题，国际公约和国内法律都有规定。

《海牙规则》、[94]《维斯比规则》、[95]《汉堡规则》[96]以及《鹿特丹规则》[97]是调整海上货物运输关系的四大公约。《海牙规则》中有关承运人赔偿责任仅是违约责任而不涉及侵权责任。1953 年英国著名的"Alder 诉 Dickson 案"后，就考虑到《海牙规则》的缺陷，并对此进行了修订，规定就海上货物运输所涉及赔偿纠纷，无论是侵权还是违约之诉都应该适用该公约。承运人的受雇人、代理人有权援引该公约有关承运人的免责条款。此后《汉堡规则》[98]以及 2002 年联合国《货物运输法草案》[99]都作了类似规定。

《海牙规则》中第 3 条第 5 款规定了托运人在货物装船时如实告知货物情况的义务，如果违反则应该承担引起或导致的一切灭失、损坏和费用；第 4 条第 3 款规定了托运人只对其本人以及其代理人或其雇佣人员的过错引起的承运人损失承担赔偿责任。该条第 6 款规定了托运人对所托运

---

[94] 《海牙规则》(Hague Rules)全称为《统一提单的若干法律规定的国际公约》，是关于提单法律规定的第一部国际公约。1924 年关于统一提单若干法律规定的国际公约(International Convention for the Unification of Certain Rules of Law Relating to Bills of Lading,1924)，简称《海牙规则》(Hague Ru1es;H. R.)，为统一世界各国关于提单的不同法律规定，并确定承运人与托运人在海上货物运输中的权利和义务而制定的国际协议。

[95] 《维斯比规则》是《修改统一提单若干法律规定的国际公约议定书》(Protocol to Amend the International Convention for the Unification of Certain Rules of Law Relating to Bills of lading)的简称。于 1968 年 6 月 23 日在布鲁塞尔外交会议上通过，自 1977 年 6 月 23 日生效。截至 1996 年 9 月，参加该规则的国家共有 29 个，其中包括英国、法国、德国、荷兰、西班牙、挪威、瑞典、瑞士、意大利和日本等主要航运国家。因该议定书的准备工作在瑞典的维斯比完成而得名。《维斯比规则》是《海牙规则》的修改和补充，故常与《海牙规则》一起，称为《海牙 - 维斯比规则》。

[96] 《联合国海上货物运输公约》(United Nations Convention on the Carriage of Goods by Sea, 1978)，于 1978 年 3 月 6 日至 31 日在德国汉堡由联合国主持的、78 国代表参加的海上货物运输大会上讨论通过，于 1992 年 11 月 1 日生效。

[97] 2008 年 12 月 11 日，联合国第 63 届联合国大会第 67 次会议审议通过了联合国贸法会提交的《联合国全程或部分海上国际货物运输合同公约》，并定于 2009 年 9 月 23 日在荷兰鹿特丹举行签字仪式，将公约定名为《鹿特丹规则》。

[98] 《汉堡规则》第 7 条。

[99] 2002 年 9 月在联合国《货物运输法草案》维也纳会议上的讨论稿第 10 条。

危险货物引起的损失承担赔偿责任。《汉堡规则》第 12 条是一般规则，[100] 第 13 条主要规定了托运人对危险货物致人身伤亡赔偿责任的特殊规则。

《鹿特丹规则》第 27 条规定了货物托运人在交付的货物装卸及其他为进行正常运输所必须的操作过程中对保障人身安全的义务。[101] 第 28 条、第 29 条规定，托运人在承运人运载货物以及操作过程中应该及时提供有关货物的信息、指示和文件。第 30 条更是明确规定了海上货物运输中托运人对造成人身伤亡赔偿的过错责任原则。[102] 由此也可以看出，过错责任原则下的举证责任由承运人承担。

我国国内规定托运人责任原则的法律主要有：我国《海商法》第 66 条、[103] 第 68 条、[104] 第 70 条，[105] 我国《海上国际集装箱运输管理规定》第四

[100] 《汉堡规则》第 12 条规定："托运人对承运人或实际承运人所遭受的损失或船舶所遭受的损坏不负赔偿责任，除非这种损失或损坏是由托运人、其受雇人或代理人的过失或疏忽所造成。托运人的任何受雇人或代理人对这种损失或损坏也不负责任，除非这种损失或损坏是由他自己的过失或疏忽所造成。"

[101] 《鹿特丹规则》第 27 条第 1 款规定："除非运输合同另有规定，否则托运人应交付备妥待运的货物。在任何情况下，托运人交付的货物应处于能够承受住预定运输的状态，包括货物在装载、操作、积载、绑扎、加固和卸载，且不会对人身或财产造成损害。"该条第 3 款规定："集装箱或车辆由托运人装载的，托运人应该妥善而谨慎地积载、绑扎和加固集装箱内或车辆内的货物，使之不会对人身或财产造成损害。"

[102] 《鹿特丹规则》第 30 条规定："对于承运人遭受的灭失或损害，如果承运人证明，该种灭失或损害是由于违反本公约规定的托运人义务而造成的，托运人应负赔偿责任。"

[103] 我国《海商法》第 66 条规定："托运人托运货物，应当妥善包装，并向承运人保证，货物装船时所提供的货物的品名、标志、包数或者件数、重量或者体积的正确性；由于包装不良或者上述资料不正确，对承运人造成损失的，托运人应当负赔偿责任。"

[104] 我国《海商法》第 68 条规定："托运人托运危险货物，应当依照有关海上危险货物运输的规定，妥善包装，作出危险品标志和标签，并将其正式名称和性质以及应当采取的预防危害措施书面通知承运人；托运人未通知或者通知有误的，承运人可以在任何时间、任何地点根据情况需要将货物卸下、销毁或者使之不能为害，而不负赔偿责任。托运人对承运人因运输此类货物所受到的损害，应当负赔偿责任。承运人知道危险货物的性质并已同意装运的，仍然可以在该项货物对于船舶、人员或者其他货物构成实际危险时，将货物卸下、销毁或者使之不能为害，而不负赔偿责任。但是，本款规定不影响共同海损的分摊。"

[105] 我国《海商法》第 70 条规定："托运人对承运人、实际承运人所遭受的损失或者船舶所遭受的损坏，不负赔偿责任；但是，此种损失或者损坏是由于托运人或者托运人的受雇人、代理人的过失造成的除外。托运人的受雇人、代理人对承运人、实际承运人所遭受的损失或者船舶所遭受的损坏，不负赔偿责任；但是，这种损失或者损坏是由于托运人的受雇人、代理人的过失造成的除外。"

章"交接和责任"的第28条、[106]第29条,[107]我国《合同法》第304条以及我国其他法律也作了类似的规定。

2. 过错归责原则下托运人的过错判定

综合以上我国国内法律法规以及相关国际公约的规定,在海上货物运输关系中,基于托运人与承运人之间签订的货物运输合同,如果由于托运人、其受雇人及代理人在所托运货物质量以及包装或在通知义务方面存在过错,导致承运人承担海上人身伤亡赔偿责任的损失。由于托运人同实际海运履约人之间没有海上货物运输关系,则基于侵权也是依据过错责任原则向海上实际承运人承担海上人身伤亡赔偿责任。无论是在国内海上货物运输还是国际海上货物运输中,判定托运人是否存在过错的标准和依据在于托运人是否履行了所托运货物状况如实告知义务。我国《海商法》以及《海牙规则》《汉堡规则》《鹿特丹规则》中都规定了托运人的基本义务:妥善包装,如实并及时提供便于承运人运输、操作货物的信息、指示以及文件说明等。法律如此规定主要考虑到:托运人对自己的货物状况是最了解的,不同的货物状况对运输装备等要求不同,要避免产生不必要的损害,承运人需要根据货物的性质安排装船,进行相应的平舱和理舱等一系列运输的准备工作,否则势必会为运输带来麻烦,发生危险的风险极大。如果托运人不能提供合乎合同规定的包装和货物,即违反了其义务,则视为托运人存在过错。

关于托运人对危险货物造成损失的赔偿责任,在相关的法律法规以及国际公约中都规定了托运人对危险货物的告知等义务,并经过承运人同意承载。如我国的《海商法》以及《海牙规则》都有此种规定。《鹿特丹规则》第32条专门规定托运人对危险货物的特别规则,其中第1款规定的是托

[106] 我国《海上国际集装箱运输管理规定》第28条规定:"由于托运人对集装箱货物申报不实造成人员伤亡,运输工具、货物自身及其他货物、集装箱损失的,由托运人负责。"

[107] 我国《海上国际集装箱与运输管理规定》第29条规定:"由于装箱人的过失,造成人员伤亡的,由装箱人负责。"

运人对其所交付货物特殊性质对人身造成危险的可能性以及需采取的特种保障措施的通知义务，如托运人违反该通知义务规定，则应该对其过错造成承运人及实际承运人的损失承担赔偿责任。第 2 款规定的是托运人应就货物运输阶段按照有关当局法律规定进行危险货物标示，如违反则托运人应该承担由此导致损失的赔偿责任。[108] 由此我们可以看出，托运人对危险货物向承运人承担的也是过错责任，即托运人只为其过错承担不利的法律后果。

综上所述，在海上货物运输中发生人身伤亡，托运人就其过错承担相应的法律责任。同时，应对其违反妥善包装和如实告知的合同义务带来的损害后果承担法律责任。就危险货物而言，如果托运人未如实告知货物性质及损害的预防措施，则托运人要对损害承担责任。但是如果承运人已经知悉货物的性质和损害的预防措施，并且已经同意装载，那么就应该尽到相应的注意义务，并采取相应的预防措施，由此带来的损害，托运人不再承担法律责任。

（三）船舶碰撞致人身伤亡赔偿

何为船舶碰撞？按照《1910 年统一船舶碰撞某些法律规定的国际公约》第 1 条以及我国《海商法》第 165 条之规定，[109] 船舶碰撞的典型特征在

---

[108] 参见《鹿特丹规则》第 32 条第 1 款规定："当货物因本身性质或特性而已对人身、财产或环境形成危险，或适度显现有可能形成此种危险时：托运人应在将货物交付给承运人或履约方之前，及时将货物的危险性质或特性通知承运人。托运人未履行此项义务，且承运人或履约方无法以其他方式知道货物危险性质或特性的，托运人应就未发通知所导致的灭失或损坏向承运人负赔偿责任。"第 2 款规定："托运人应根据货物预定运输任何阶段所适用的公共当局的法律、条例或其他要求，对危险货物加危险标志或标签。托运人未履行此项义务的，托运人应就由此导致的灭失或损坏向承运人负赔偿责任。"

[109] 《1910 年统一船舶碰撞某些法律规定的国际公约》第 1 条规定："海船与海船或海船与内河航行船舶之间发生碰撞时，对船舶或船上财物或人员遭受的损害应有的赔偿，不论碰撞发生在任何水域，都应按下列规定处理。"该公约虽然没有对船舶碰撞直接下定义，也没有明确碰撞就是船舶间的接触，但根据该条所列情形，这里的碰撞显然是把船舶间的接触作为碰撞的基本要件，这一理念被我国海商法在进一步明确后加以吸收。我国《海商法》第 165 条规定："船舶碰撞，是指船舶在海上或者与海相通的可航水域发生接触造成损害的事故。"

于船舶之间的接触,没有接触不属于碰撞。有学者认为,船舶碰撞不以船舶实际接触为前提。理由是《1910 年统一船舶碰撞某些法律规定的国际公约》第 13 条[110]和我国《海商法》第 170 条[111]规定。笔者认为,《1910 年统一船舶碰撞某些法律规定的国际公约》第 13 条和我国《海商法》第 170 条的规定恰恰说明了船舶碰撞以实际接触为前提,而且有关国际公约和外国法也以制定法形式对非碰撞事故适用碰撞这一观点进行了确认。[112]

综合国际公约和各国海商法规定,我们可以看出船舶碰撞具有接触、损害等特征。船舶碰撞法律制度的最终目的是解决船舶碰撞损害赔偿的责任问题,而没有损害事实,损害赔偿责任也就无从发生。随着航海业的发展和海上活动的多样化,上述传统的船舶碰撞的概念有了新的突破。船舶碰撞不再要求有实际接触,例如船舶的火灾、爆炸、油污等事故造成的对他船的灭失或损害,[113]甚至两船尚相隔数里,也属于船舶碰撞的范畴。[114]上述倾向也改变了我国的海事司法实践,在最高人民法院发布的两个司法解释(分别是《关于审理船舶碰撞和触碰案件财产损害赔偿的规定》第 16

[110] 该条规定:"本公约的规定扩大适用于一船由于进行或不进行某种操作,或由于不遵守规则,而给他船或任一船上的货物或人员造成的损害的赔偿,即使未曾发生碰撞,也是如此。"

[111] 该条规定:"船舶因操纵不当或者不遵守航行规章,虽然实际上没有同其他船舶发生碰撞,但是使其他船舶以及船上的人员、货物或者其他财产遭受损失的,适用本章的规定。"

[112] 虽然适用碰撞的法律规定,但实际上责任船舶没有同其他船舶发生碰撞。关于非碰撞事故适用碰撞的法律规定来处理,其他有关的国际公约、法律和司法解释等也有相应的规定。如《1952 年船舶碰撞中民事管辖权方面某些规定的国际公约》第 4 条、《瑞典海商法》第 8 章第 3 条、《希腊海事私法典》第 12 章第 241 条、《德国商法典》第 738e 条、《荷兰海商法》第 534 条等都对非碰撞事故适用碰撞法律规定作出了同《1910 年统一船舶碰撞某些法律规定的国际公约》和我国《海商法》相一致的规定。

[113] 由于船舶碰撞产生的油污损害、核能损害以及有毒有害物质损害的后果和性质与船舶碰撞造成的人身损害有很大区别,因此各国海商法和国际公约都将此类碰撞造成的损害排除在船舶碰撞责任之外,另由专门法律规定调整,详见后文的无过错责任原则。

[114] 如 1987 年起草的《船舶碰撞损害赔偿草案》(以下简称《里斯本规则》)给出的船舶碰撞的两个新的定义中不再要求船舶碰撞必须是船舶间实际接触,同时也扩大了适用范围,即适用于船舶间相互作用的任何事故。

条[115]和《关于海事法院受理案件范围的规定》第1条[116])中都作出了与1987年《船舶碰撞损害赔偿国际公约草案》相一致的规定。

1. 调整船舶碰撞致人身伤亡赔偿的相关法律

海上船舶碰撞所引起的人身伤亡赔偿问题,主要体现在我国《海商法》第八章和最高人民法院出台的有关司法解释,即最高人民法院《关于审理涉外海上人身伤亡损害赔偿的具体规定》中。在国际公约方面,主要有《1910年统一船舶碰撞某些法律规定的国际公约》、[117]《关于统一船舶碰撞若干规则的布鲁塞尔公约》和兼具技术规范与法律规范的双重性质的《国际海上避碰规则公约》。[118]

2. 船舶碰撞致人身伤亡赔偿的过错归责原则

各国法律和《1910年统一船舶碰撞某些法律规定的国际公约》都一致采用一般过错责任原则,具体情形如下:一是在仅单方存在过错的情况下,仅由有过错一方承担人身伤亡赔偿责任。如我国《海商法》第168条、[119]《1910年统一船舶碰撞某些法律规定的国际公约》第3条、1958年《希腊海事私法典》第236条、1994年《挪威海商法典》第161条第2款、1993年《意大利航海法典》第453条等都作了同样的规定。二是在双方都有过错的情况下,由双方根据其过错程度按照比例分别承担赔偿过错责任,过错比例

[115] 最高人民法院《关于审理船舶碰撞和触碰案件财产损害赔偿的规定》第16条规定:"船舶碰撞是指在海上或者与海相通的可航水域,两艘或者两艘以上的船舶之间发生接触或者没有直接接触,造成财产损害的事故。"

[116] 最高人民法院《关于海事法院受理案件范围的规定》第1条也规定:"船舶碰撞损害赔偿案件,包括浪损等间接碰撞的损害赔偿纠纷案件。"

[117] 该公约于1910年9月23日在比利时召开的第三次海洋法外交会议上通过,自1913年3月1日起生效。

[118] 1972年《国际海上避碰规则公约》由联合国政府间海事协商组织于1972年10月4日在伦敦召开的国际会议上通过,该规则于1977年7月15日生效。1972年规则产生后,曾经进行过四次修订,最新的一次修正于1995年生效。我国是该公约的参加国。

[119] 该条规定:"船舶发生碰撞,是由于一船的过失所造成的,由有过失的船舶负赔偿责任。"

难以确定的,则由双方平均分担。如我国《海商法》第169条[120]和《1910年统一船舶碰撞某些法律规定的国际公约》都确立了该赔偿原则。同时这一原则也得到了世界上绝大多数国家的认可,诸如韩国、希腊、荷兰等航运大国也采用了这一原则。[121] 三是对于双方因碰撞而导致第三方人员伤亡的,在该双方均有过失的情况下,对第三方的伤亡损失由该双方承担连带责任。对此,我国《海商法》第169条和《1910年统一船舶碰撞某些法律规定的国际公约》第4条都作了明确规定,该规定是海上人命价值优先理念的具体体现。

这里的"过错"是过错责任原则中的过错概念在海上船舶碰撞中的具体化,即船长、船员过失心理状态时的作为和不作为。采用客观标准认定碰撞过失存在与否通常以应该预见的范围为准。应该预见而没有预见即为过失,而不问其能不能够预见。各国一般以"通常的技术和谨慎"(ordinary skill and care),也称"良好的船艺"(good seamanship)作为衡量船员有无碰撞过失的行为标准。[122] 碰撞过失主要是指船东在提供适航船舶方面和使船舶保持良好状态方面未恪尽职守;在管理船舶过程中未能合理谨慎行事和发挥应有技能,通常判断项目有:是否保持瞭望;是否保持安全航速;是否给他船让路;是否正确显示号灯和号型及正确使用声号和灯号。

3. 船舶碰撞致人身伤亡赔偿适用过错原则的基础

各国法律、公约一致对船舶碰撞所致人身伤亡赔偿采取过错归责原

---

[120] 该条规定:"船舶发生碰撞,碰撞的船舶互有过失的,各船按照过失程度的比例负赔偿责任;过失程度相当或者过失程度的比例无法判定的,平均负赔偿责任。"

[121] 但是英美法系国家曾实行"平分过失原则"。就是说,只要双方有过失,哪怕一方的过失是99%,另一方的过失只有1%,双方也要各自承担50%的碰撞责任。美国没有参加《1910年统一船舶碰撞某些法律规定的国际公约》,其一直沿袭了平分过失原则,直至1975年美国最高法院在"United States"对"Reliable transfer Co. Inc."诉讼案中,作出了按照过失比例判定碰撞责任的判决,但至今美国并没有从法律上把这一原则确认下来。参见司玉琢:《海商法》,法律出版社2003年版,第200页。

[122] 驾驶船舶的过错通常以合格船员的良好船艺和国际或地方的航行避碰规则为尺度来分析和判定是否构成过错。管理船舶的过错包括船员管理船舶和船舶所有人、经营人管理船舶时的过错。参见司玉琢:《国际海事立法趋势及对策研究》,法律出版社2002年版,第422页。

则,其根本基础在于:一是碰撞的双方或多方就碰撞事故来讲,不存在需要法律加以特别照顾的理由,适用过错归责原则能够更好地协调双方利益。二是举证能力相当。发生碰撞的双方都是由专业人员驾驶管理的可移动船舶,举证能力相当,没有必要采取过错推定方式,体现了法律的公平、公正。三是过错归责原则能够促进船舶工作人员谨慎履行职责。按照是否有过错以及过错程度为标准来分配赔偿责任,客观上可以督促船东及其雇佣人员尽心尽力做好本职工作。

(四)拖航作业中承拖方与被拖方之间的人身伤亡赔偿

海上拖航作业[123]过程中因过失造成人身伤亡主要存在三种情况:一种情况是自身过失造成自身一方人身伤亡,另两种情况分别是有过失一方造成无过失一方人身伤亡和一方过失造成第三人人身伤亡。这里的"第三人"是相对于承拖方跟被拖方而言的,包括拖船跟被拖物之外的船舶、船上人员与财产以及其他海上人员。拖航作业中不涉及"第三人"的人身伤亡赔偿指的是承拖人与被拖人双方之间的赔偿责任。针对第三人人身伤亡的赔偿适用的是无过错责任原则。

海上拖航是一种风险比较大的海上作业。目前,国际上关于海上拖航作业承拖方和被拖方之间的赔偿责任原则,主要有三种承担责任的方式:一是承拖方对一切损失概不负责,完全由被拖方负责;[124]二是拖航过程是谁指挥,由谁负责;[125]三是拖轮与被拖物一旦连接,发生损失时,是谁的过

[123] 我国《海商法》第163条规定:"在海上拖航过程中,由于承拖方或者被拖方的过失,造成第三人人身伤亡或者财产损失的,承拖方和被拖方对第三人负连带赔偿责任。除合同另有约定外,一方连带支付的赔偿超过其应当承担的比例的,对另一方有追偿权。"按照此规定,拖航作业导致"第三人"人身伤亡适用的是无过错责任原则。

[124] 这一原则也叫"合同约定原则",指的是拖航过程中发生的损害赔偿完全由承拖方和被拖方按照合同约定承担。

[125] 指挥原则(the doctrine of control)在美国被称为"支配原则",指的是通过对航行过程中指挥或控制权归属的判断,来确定承拖方与被拖方的责任。在拖航作业过程中,谁负责指挥拖航作业,谁承担赔偿责任。指挥方负有以合理技能谨慎指挥拖航的义务,拖航过程中发生损害赔偿事故这一事实本身可以作为指挥方在指挥过程中未履行这一义务的证据。指挥原则本质上是过错推定原则。

失则由谁负责，双方都有过失则按照过失程度比例负责。我国《海商法》第162条采取了第三种方式。[126]

据此我们可以看出，我国大陆对拖航作业中人身伤亡赔偿采取过错责任原则，但是承拖人驾驶或者管理船舶的过失和海上救助人命的过失除外。我国台湾地区的“海商法”采取第二种方式，其第132条规定：“……其损害赔偿之责任，应由拖船所有人负担。”

过错依据何种标准，各国及地区大部分采取客观化标准，德国学者强调此为类型化的过错标准，英美法以拟制的合理人（reasonable man）作为判断模式。[127] 我国台湾地区法院1930年上字第2746号判例对过错的判断标准和依据是这样表述的：“因过失不法侵害他人之权利者，因应负赔偿责任。但过失有无的判断，应以是否怠于善良管理人之注意为断者，苟非此种注意，即不得谓之有过失。”在这里采用的也是客观的认定标准。[128] 我国《海商法》第157条之规定体现了我国海商法对过错判断采取的标准。[129]

根据以上的论述，可以看出在拖航作业中，过错的判断标准在于是否尽到适当、合理的注意，承拖双方应尽到谨慎的航海者的义务。在举证责任问题上，采取“谁主张，谁举证”的原则。在适用过错责任原则的情况下，由原告承担举证责任。

---

[126] 该条第1款规定：“在海上拖航过程中，承拖方或者被拖方遭受的损失，由一方的过失造成的，有过失的一方应当负赔偿责任。由双方过失造成的，各方按照过失程度的比例负赔偿责任。”这里的损失包括作业过程中造成人身伤亡赔偿。

[127] 参见王泽鉴：《侵权行为法基本理论——一般侵权行为》，中国政法大学出版社2001年版，第14页。

[128] 马俊驹、余延满：《民法原论》，法律出版社2007年版，第13页。

[129] 该条规定：“承拖方在起拖前和起拖当时，应当谨慎处理，使拖轮处于适航、适拖状态，妥善配备船员，配置拖航索具和配备供应品以及该航次必备的其他装置、设备。被拖方在起拖前和起拖当时，应当做好被拖物的拖航准备，谨慎处理，使被拖物处于适拖状态，并向承拖方如实说明被拖物的情况，提供有关检验机构签发的被拖物适合拖航的证书和有关文件。”

(五)海上加工承揽作业所致人身伤亡赔偿

海上加工承揽是指在海上生产中一方按照对方要求完成一定的工作成果和服务,由另一方按照双方事前约定的金额支付金钱的生产作业方式,如造船、修船、船舶检验等。海上加工承揽也是一项容易发生人身伤亡事故的海上作业。海上加工承揽作业导致人身伤亡赔偿过错归责原则的适用分为对承揽人和定作人之间人身伤亡赔偿责任的适用和对第三人人身伤亡赔偿责任的适用。

1. 过错归责原则对承揽人和定作人双方人身伤亡赔偿责任的适用

根据我国《合同法》关于加工承揽关系的规定,在加工承揽作业中,承揽人应该按照定作人的要求尽自己谨慎注意义务完成工作成果,定作人应该及时提供定作服务的相关要求和指示。其中任何一方违反了这些约定或规定,造成对方人身伤亡的结果,都应该承担赔偿责任。

2. 过错归责原则对第三人人身伤亡赔偿责任的适用

这里的"第三人"是相对于承揽人和定作人而言的,承揽人和定作人以外的其他人都可以称作"第三人"。按照最高人民法院《关于审理人身损害赔偿案件适用法律若干问题的解释》第10条之规定,定作人原则上对于承揽人在加工承揽作业中导致第三人的人身伤亡不承担赔偿责任。[130] 法律之所以这样规定,主要是考虑到:一是承揽人和定作人双方在地位上、实力上是平等的,各自都承担各自的义务,也享有各自的权利,双方是平等的法律关系。因此,在举证能力方面无须法律强制性调整。二是双方关系相对松散,承揽人是按照自己的工作程序、条件以及自己的技能独立开展工作的,具有相对的独立性。因此,让定作人依据过错原则承担对第三人人身伤亡赔偿责任,也符合法律公平价值的要求。当然,若承揽人和定作人双

---

〔130〕 最高人民法院《关于审理人身损害赔偿案件适用法律若干问题的解释》第10条规定:"承揽人在完成工作过程中对第三人造成损害或者造成自身损害的,定作人不承担赔偿责任。但定作人对定作、指示或者选任有过失的,应当承担相应的赔偿责任。"

方都不存在过错仍然造成第三人人身伤亡的后果,在这种情况下,应该依据公平责任要求,由受益人定作人适当补偿。这里的补偿不是因为双方存在过错赔偿,而是对受害人在经济方面的一种安慰,体现了公平归责原则。

第三节　海上人身伤亡赔偿无过错责任原则

一、海上人身伤亡赔偿无过错责任原则的确立

过错是过错责任原则给出的归责事由,无过错责任原则就是指在法律有特别规定的情况下,以已经发生的损害结果为价值判断标准,与该损害结果有因果关系的行为人,不问其有无过错,都要承担赔偿责任的归责原则。无过错责任原则是大陆法系国家的称呼,在英美法系中被称为"严格责任"(strict liability);在我国台湾地区被称为"无过失责任";在德国通称为"危险责任"。我国台湾地区学者王泽鉴教授认为,无过错归责原则已逐渐建立了完整的体系,只是尚未统一其名称。

无过错责任起源于19世纪,当时的社会背景是:西方资本主义国家经济的迅速发展,尤其是大型危险性工业的兴起,对人的生命健康的威胁越来越大。同时受害人举证能力和条件受到各种各样的限制,而加害人却往往会找出种种无过错的理由进行抗辩,以免除责任。在这种条件下,人们试图在传统的过错责任原则之外寻找一种更严格的法律对策以给受害人更多的保护。在这样的大背景下无过错责任原则首先在普鲁士王国的法律中得到确认。随后,德国、法国也在相关法律中确立了无过错责任原则。1922年《苏俄民法典》和1964年《苏俄民法典》都确认了无过错责任原则。在英美法系,通过立法和判例确立了严格责任的归责原则。无过错责任原则与过错责任原则中的过错推定方式一样都是加重责任人负担的,从而对受害人提供更多的法律救济,实现真正的公平。根据无过错责任原则,决定被告承担责任的决定性因素是被告行为与损害后果之间是否有因果关

系,而不考虑被告的主观状态。

在适用无过错责任原则时,需要注意三个问题:一是必须有法律的明确规定,它的适用范围不能随意扩大;[131] 二是排除了受害人证明加害人过错的责任以及加害人以无过错为由的抗辩;[132] 三是适用的相对性,在出现某些法定事由时,有关当事人也可因此全部或者部分免除赔偿责任。

我国《海商法》并没有对海上人身伤亡赔偿无过错责任原则的适用作出明确规定,主要体现在个别单行法和国际公约中。[133] 随着人类对海洋开发深度和广度的扩大,一些具有高度危险的海上活动占海上作业的比重越来越大,不但对周围环境破坏越来越大,致人身伤亡的事故也越来越多。[134] 如海洋环境污染(海上油气开发、海底矿石开采等)致人伤亡以及其他具有危险源的海上作业(有毒有害物质、核动力船舶等)致人伤亡事故。无过错即不以过错的有无作为判断当事人是否应该承担责任的标准,但也允许当事人对是否承担责任及责任大小进行抗辩。如果说海上人身伤亡赔偿过错归责原则是在责任人和受害人双方之间做了第一次价值判断和利益分

---

[131] 海上人身伤亡赔偿无过错责任原则是一种很严格的归责原则,其适用范围必须有法律的明确规定,否则一旦滥用将严重束缚海上经济活动主体的积极性和创造性,束缚海上经济活动的发展。参见陈锦虹:《海上侵权行为法归责原则研究》,大连海事大学 2004 年硕士学位论文,第 32 页。

[132] 海上人身伤亡事故一旦发生,其责任人就应当承担海上人身伤亡赔偿责任,而不问其对于损害发生是否具有过错。法律要求行为人按照无过错责任原则承担赔偿责任,在很多情况下,其归责事由在于该行为本身的高度危险性,如海上高度危险作业致人伤亡、海上危险物质运输致人伤亡等。行为本身的高度危险性是无过错责任原则所包含的归责事由中非常重要的一种,但危险性不足以概括除过错之外的法律要求行为人承担责任的所有理由,如雇主为其雇员造成的人身伤亡承担的赔偿责任,同样不以过错为归责事由,但也不是以雇主行为的危险性为归责事由,而是基于雇主和雇员之间的雇佣关系,基于雇主从雇员的雇用工作中获取利益。参见陈锦虹:《海上侵权行为法归责原则研究》,大连海事大学 2004 年硕士学位论文,第 24 页。

[133] 主要是我国《海洋环境保护法》《水污染防治法》《民法通则》以及我国其他相关法律规定和我国批准加入的相关国际公约。我国《民法通则》第 122 条规定了产品缺陷致人伤亡的赔偿、第 123 条规定了高度危险作业致人伤亡的赔偿、第 125 条规定了污染环境致人伤亡赔偿的无过错归责原则。

[134] 这些活动与陆上活动相比有着自己的特点,仅仅依靠民法一般规定不能很好地解决这些海上活动致人伤亡赔偿问题,海上无过错责任原则的适用范围问题的解决最终要依靠我国《海商法》的进一步完善。参见李志文主编:《海上侵权行为法基本理论研究》,大连海事大学出版社 2006 年版,第 37 页。

配，那么抗辩事由在他们之间做第二次调整，从而实现海上人身伤亡赔偿制度的正义公平价值。海上无过错责任原则性质不同，抗辩事由在各类海上无过错责任中的调节方式和作用也不完全相同，同时，还受到不同国家政策和不同时期的影响。[135] 该归责事由的确立乃是建立在保护海上活动主体中弱势群体的思想基础上的。

随着海上船舶油污、海上危险货物运输中的泄漏以及海上石油天然气开采事故带来的人身伤亡事件日益严重，世界各国都意识到对海上活动弱势群体保护的紧迫性。引入无过错原则正是适应海上产业发展出现新情况对受害人权益保护的新挑战，从而能够给在经济实力和举证能力等各方面都处于弱势地位的受害人提供更多更好的救济，以伸张和体现法律的公平正义理念。

二、海上人身伤亡赔偿无过错责任原则的适用

（一）海上环境污染致人伤亡赔偿责任的适用

20 世纪以来，随着人类海上运输、海上与海底工程建设以及资源开发等生产经营活动的繁荣发展，对海洋环境的破坏也越来越严重，经常伴随着人员伤亡的事件发生。为了确保事故发生后，能够给予受害人及时有效的赔偿，有关国际组织曾先后制定大量国际公约，包括《1969 年国际油污损害民事责任公约》《2001 年国际燃油污染损害民事责任公约》《1973 年国际

[135] 不同的海上无过错责任抗辩事由，公约以及大陆法国家大多在各专门公约和特别法中分别加以具体规定。综合目前有关海上无过错责任的国际公约、外国法和我国相关法律规定来看，不可抗力、政府主管部门的过失以及受害人、第三人的故意作为法定抗辩事由基本得到了一致的认可。参见王卫国：《过错责任原则：第三次勃兴》，中国法制出版社 2001 年版，第 65 页；于敏：《日本侵权行为法》，法律出版社 1998 年版，第 25 页；曹明德：《环境侵权法》，中国政法大学出版社 1988 年版，第 64 页；乔世明：《环境损害与法律责任》，中国经济出版社 1999 年版，第 89 页；徐国平：《船舶油污损害赔偿法律制度研究》，北京大学出版社 2001 年版，第 47 页等。

防止船舶造成污染公约》等,以规范人类的各种海上生产经营活动。[136]

在英国,对于海洋污染导致的损害赔偿是基于"疏忽、滋扰和非法侵入"的侵权行为对船东提起的,疏忽是指被告基于违反谨慎注意义务导致损害,[137]滋扰是被告非法干扰受害人对土地或其他与此相联系的权利的使用,[138]并且这种损害是可预见的。[139] 英国法律认为,海洋就像公共道路一样,在海洋中行驶的船舶就不是"自然"使用,应该确保对公共安全的保护,[140]一旦违法就按照谁从事异常危险活动由谁承担限于其异常危险活动导致的损害赔偿责任,尽管其已经履行了谨慎注意义务。[141] 当然,如果船东以在海上救助船员所必要作为抗辩理由,则受害人需要举证证明船东或船员存在疏忽过错等,对此,《德国民法典》也作了类似规定。[142]

我国是一个海岸线漫长的国家,近几年因海洋污染而致人伤害案件不断增多,开展对海洋环境污染制止的立法工作是非常迫切的。目前,我国已经颁布的涉及海洋环境保护的法律法规主要有:我国《民法通则》第124条及《环境保护法》、[143]1983年3月1日生效的《海洋环境保护法》以及国

---

〔136〕 还包括1962年《核动力船舶经营人责任公约》、1972年《防止倾倒废物及其他物质污染海洋的公约》、1971年《海上核材料运输民事责任公约》、1996年《国际海上运输有毒有害物质损害责任和赔偿公约》等。

〔137〕 See Rogers, *Winfield and Jolowicz, on Tort*, Sweet & Maxwell, pp. 164 - 165. Robert E. Keeton, Lewis D. Sargentich, Gregory C. Keating, *Tort and accident law: cases and materials*, West Group, 2004, pp. 124 - 126.

〔138〕 See Rogers, *Winfield and Jolowicz on Tort*, Sweet & Maxwell, p. 78.

〔139〕 See J. D. Lee, Barry A. Lindahl, James A. Dooley, *Modern tort law: liability & litigation*, West Group, 2001, p. 53.

〔140〕 See J. D. Lee, Barry A. Lindahl, James A. Dooley, *Modern tort law: liability & litigation*, West Group, 2001, pp. 75 - 76.

〔141〕 See American Law Institute, *Restatement of the Law (Second)*, American Law Institute Publishers, 1995, p. 165.

〔142〕 See Gilbert Kodilinye, "Public nuisance and particular damage in the modern law", Legal Studies, July, 1986, pp. 182 - 194, 228.

〔143〕 《中华人民共和国环境保护法》已由中华人民共和国第七届全国人民代表大会常务委员会第十一次会议于1989年12月26日通过。

务院颁布实施的其他相关行政法规。[144]

纵观这些国际公约和国内法规的相关规定,尽管侧重点有所不同,但在海洋污染致人伤害赔偿的归责原则上都一致采用了无过错责任原则,[145]即只要造成海洋环境破坏导致人身伤亡,除非加害方举证证明存在法定的免责事由,否则就应该承担赔偿责任。

关于免责事由范围,按照1969年《国际油污损害民事责任公约》第3条、[146]《国际燃油污染损害民事责任公约》和《关于勘探和开采海底矿物资源造成油污损害民事责任的公约》[147]等公约以及我国《海洋环境保护法》第90条和第92条的相关规定,主要可以分为不可抗力、国家及地区间的战争或国家的立法行为等。

纵观世界各国立法,对海洋污染导致损害赔偿采取无过错归责原则,其理由主要有如下几个:采取无过错责任原则对潜在污染制造者的威慑度比其他归责原则更强;[148]采取无过错责任原则能够迅速对受害人进行赔偿,并节约诉讼成本;[149]船东可以将赔偿损失作为经营成本由消费者承担,

---

[144] 这些行政法规主要有我国1985年颁布的《海洋石油勘探开发环境保护管理条例》、1985年颁布的《海洋倾废管理条例》、1990年颁布的《防治海岸工程建设项目污染损害海洋环境管理条例》《防止船舶污染海域管理条例》《油船安全生产管理规则》等。

[145] 国际公约规定如《1969年CLC》第3条第2款、《HNS公约》第7条第2款和《燃油公约》第3条第3款等。我国国内法律法规规定有《水污染防治法》第55条、《海洋环境保护法》第90条等。

[146] 1969年《国际油污损害民事责任公约》第3条规定的免责事由包括:一是战争行为、敌对行为,内战、武装暴乱,或特殊的、不可避免的和不可抗拒性质的自然现象引起的损害。二是完全是由于第三者故意造成损害的行为或不行为所引起的损害。三是完全是由于负责灯塔或其他助航设施管理的政府或其他主管当局在履行其职责时的疏忽和其他过失行为造成的损害。四是损害全部或部分是由于受害人的故意或过失行为造成的,在船东能够证明的情况下,可以全部或部分免除其赔偿责任。这几项免责事由在该公约的几个议定书中都得到体现。

[147] 《关于勘探和开采海底矿物资源造成油污损害民事责任的公约》第3条。参见余民才:《海洋石油勘探与开发的法律问题》,中国人民大学出版社2001年版,第231页。

[148] See Landes, Posner, *The Economic Structure of Tort Law*, Havard Univercity Press, 1987, p. 64.

[149] See Wetterstein, *Damage from International Disasters in the Light of Tort and Insurance Law*, s. n., 1989, p. 55.

还可以通过责任保险进行分散风险。[150]

笔者认为，海洋环境污染案件大多是企业在海上危险货物运输、海上工程建设以及海底资源开发等营利性海上作业过程中造成的。作为危险源制造者的经营者从这些海上作业中获取了巨额利润，即使没有过错有时候也会给他人带来人身伤害，由其承担危险源带来的不利后果也符合海上人身伤亡赔偿制度的公平正义价值理念。

(二)海上人身伤亡赔偿中的雇主责任的适用

1.海上人身伤亡中雇主责任的构成

雇主责任[151]是指雇主[152]对其所雇佣人员在受雇期间造成人身伤亡的赔偿责任。雇佣合同，也称为劳动契约或雇佣契约，古罗马法称其为雇佣租赁，《法国民法典》[153]和《德国民法典》对其含义都分别作出明确的规定。这种合同是一方当事人根据支付酬金一方的指示而工作的契约。海上人身伤亡中的雇主责任是指雇主对其雇员在受雇期间造成的属于海上

---

[150] See Morris, "Hazardous Enterprises and Risk Bearing Capacity", *Yale Law Journal*, May, 1952, pp. 1172, 1176.

[151] 雇主责任是大陆法的称谓，在英美法中称替代责任或代负责任或转承责任。关于雇主责任的性质，学理上存在诸多分歧。英美法国家学者主张无过失责任说，大陆法学者主要坚持过失责任说、结果责任说、无过失责任说、危险责任说、衡平责任说。关于各国对此的具体规定，如《德国民法典》第831条、《日本民法典》第715条、《瑞士债务法》第55条、《法国民法典》第1384条和我国台湾地区"民法典"第188条。参见王泽鉴：《民法学说与判例研究》(第1册)，中国政法大学出版社2005年版，第6~11页；邓瑞平：《船舶侵权行为法基础理论问题研究》，法律出版社1999年版，第146页。

[152] 这里的雇主是泛指所有雇用他人为自己处理或执行事务的人，通常包括雇用工作人员为自己提供劳务的法人、其他经济组织以及雇用工人为自己劳动的个体工商户、农村承包经营户、个人合伙和自然人。此处的雇佣关系包括我国《劳动法》所调整的劳动关系和《民法通则》《合同法》调整的非要式雇佣合同关系。我国民法和合同法没有规定雇佣合同类型，一般认为其属于非要式劳务合同。雇佣合同的成立不要求以书面形式订立，只要证明存在事实雇佣关系，即受雇人提供了劳务，雇主给予了报酬，受雇人受雇主监督，即可认为当事人之间属于雇佣合同关系。

[153] 《法国民法典》第1384条规定："主人与雇佣人对仆人与受雇人因执行受雇的职务所致的损害应负赔偿责任。"

人身伤亡范畴的行为所承担的赔偿责任,其本质是一种侵权责任的转承。[154] 海上作业的许多实际工作都是由法人和其他组织所雇佣的雇员完成的。这些雇员包括船长、船员、装卸工、海洋养殖场工作人员、船厂修理工、海上工程建筑工人等。

雇主责任的本质是雇主承担的替代责任,也叫转承责任,其转承的对象仅限于海上人身伤亡赔偿责任,也就是说只有雇员对第三人的人身伤害行为属于海上人身伤亡赔偿范畴时,雇主承担的替代责任才属于海上人身伤亡赔偿责任。

在雇员对第三人的伤害行为满足海上人身伤亡赔偿责任构成要件前提下,要求雇主承担转承责任还需要满足两个条件:一是雇主和雇员之间确实存在雇佣关系。在判断双方是否存在雇佣关系时,主要是看双方是否存在书面的雇佣劳动合同或是否存在事实上的雇佣关系。书面雇佣劳动合同是比较容易判断的标准,如船公司与船员之间的劳动合同等。但在实践生活当中,双方之间的雇佣关系通常是以事实状态存在的。这就需要考察雇员的劳动是否接受雇主指示约束并接受其监督,雇员是否定期取得劳动报酬,是临时性的还是日常性的。二是雇员对第三人实施的伤害行为属于受雇工作的范围。雇主赔偿责任仅限于雇员在受雇工作范围内所从事的行为致第三人伤亡的赔偿。[155] 在判断雇员行为是否属于受雇工作范围时,通常的考察因素包括是否存在雇主的意志(如雇员行为是否有雇主授权,包括明示或默示的,雇员的行为是不是雇主交代的任务),其行为目的利益归属(行为是否为了雇主利益以及雇主是否对雇员行为具有可支配性等)。在判定雇员行为是否应该由雇主承担赔偿责任时,应该掌握一个原

[154] 我国目前尚无调整雇佣关系的专门法律,这是源于我国新中国成立以来的计划经济体制及意识形态中反剥削的思想。一般认为只要证明存在事实雇佣关系,即可认为当事人之间存在雇佣合同关系。

[155] 关于认定雇员行为是否属于受雇工作范围,在理论界主要存在雇主意志说、雇员意志说、外观标准说等各种学说。参见王泽鉴:《民法学说与判例研究》(第 2 册),北京大学出版社 2009 年版,第 74 页。

则,即既要增加受害人的受偿机会,也不能过分加重雇主负担。

2. 海上人身伤亡赔偿雇主责任无过错归责原则的适用

雇主责任归责原则[156]曾经历了从过错到无过错责任原则,过错归责原则的适用给雇主免除赔偿责任打开了方便之门。随着实践发展,过错归责原则也逐渐被无过错原则取代,相关国家也逐渐通过单行法规和判例确认了无过错归责原则。如《日本海商法》第690条、《韩国海商法》第746条和第750条、《希腊海事私法》第84条等。美国《琼斯法》(Jones Act)、英国一系列的劳工赔偿法和雇主责任法同样都规定了"没有过错的证据也使雇主支付赔偿"的雇主无过错责任原则,海上人身伤亡雇主责任无过错原则已成为一种趋势。我国法律对雇主责任适用无过错原则的依据主要有《民法通则》第43条,[157]《关于贯彻执行〈中华人民共和国民法通则〉若干问题的意见(试行)》第58条,[158]我国《海商法》第114条、第118条、第162条、第168条、第169条、第205条等,[159]其中我国《海商法》第205条从责任限

[156] 关于海上人身伤亡赔偿雇主责任归责原则,各国法律规定以及法学理论研究中存在过错责任原则和无过错责任原则两种观点。英美法系国家采用无过错责任原则。德国、日本以及我国台湾地区等大陆法系民法典对其适用过错责任原则。根据雇主在对雇员的选任和监督行为是否存在过错来判断雇主是否承担转承责任,在立法技术上采用过错推定方法来分配举证责任,即雇主可以以雇员的选任和监督无过错进行抗辩。参见李志文主编:《海上侵权行为法归责原则研究》,大连海事大学出版社2006年版,第112页。

[157] 该条规定:"企业法人对它的法定代表人和其他工作人员的经营活动,承担民事责任。"我国《民法通则》第43条和第121条规定了法人、国家机关对其雇员受雇范围内的海上人身伤害行为造成的损害承担雇主责任。对非法人和国家机关的其他组织雇主和自然人雇主对其雇员的海上人身伤害行为承担雇主责任可以依据2003年12月4日最高人民法院公布的《关于审理人身损害赔偿案件适用法律若干问题的解释》第9条。

[158] 该条规定:"企业法人的法定代表人和其他工作人员,以法人名义从事的经营活动,给他人造成经济损失的,企业法人应当承担民事责任。"我国《民法通则》与当时的司法解释没有规定或确认雇主责任,与当时不承认我国存在雇佣关系有关。最高人民法院第5次全国民事审判工作会议上的《关于贯彻〈中华人民共和国民法通则〉若干问题的意见(修改稿)》第175条明确代表了司法实践对雇主责任的倾向性意见,"雇工在受雇期间从事雇用活动造成他人损害的,由雇主承担责任"。参见邓瑞平:《船舶侵权行为法基础理论问题研究》,法律出版社1999年版,第148页。

[159] 我国海商法中没有对雇主责任作出一般的规定,仅仅对海上旅客、货物运输以及船舶碰撞中的雇主责任采用无过错归责原则,对客货运输及船舶碰撞之外的其他海上人身伤亡事故中的雇主责任没有明确规定。根据特殊法没有规定适用一般法规定之原则,对于我国海商法没有规定的海上人身伤亡事故中雇主责任应该参照我国民法的规定。

制的角度规定了船东、救助人对其雇员行为或过失负责。

3. 海上人身伤亡赔偿雇主责任无过错原则适用的理论基础

各国海商法将无过错责任原则适用于海上人身伤亡雇主责任的理论基础在于：

（1）民法权利义务相一致之法律原则。雇主对雇员的劳动指示或委托本身意味着雇员从事工作过程中存在他人权益被侵害的风险。这种风险本身属于市场经济主体在经营过程中的经营风险，根据民法权利义务一致之法律原则，应该由雇主承担这种经营风险。

（2）社会成本效益原则。雇员在执行雇主交代的工作事务时，由于人类本身之局限性，即使足够谨慎也难以避免会对他人造成伤害。按照美国经济分析学派的观点，谁能以最低社会成本订立保险合同，并将这种赔偿责任引起的损失转嫁给一个承受能力更大的实体或整个社会，谁就应该承担这些损害。在雇员、雇主和受害者三方之间，雇主最有能力承担这些责任。雇主通过将损失成本纳入其生产经营成本，分散了经营损失，不至于使其因赔偿损失而受到重大损害。[160]

（三）海上人身伤亡中的雇员工伤赔偿责任的适用

此处的雇员[161]泛指海上捕捞、养殖、海上工程建设、海底资源开发等行业中大量存在的签订雇佣合同的工作人员，还有外派船员同船东之间也通过劳务输出机构间接成为船东的雇员。海上人身伤亡中的雇员工伤，是指海上生产作业中的雇员因进行海上生产工作、执行职务行为或从事与海上工作、执行职务相关的活动，发生意外事故而受到的人身伤害，包括负伤、致残、死亡或患职业疾病等。海上人身伤亡雇员工伤赔偿就是指从事海上生产、作业及其他与海上作业密切相关的经济实体或个人所雇佣的雇

[160] 参见邓瑞平：《船舶侵权行为法基础理论问题研究》，法律出版社 1999 年版，第 148 页。

[161] 此处的雇员是广义的雇员，泛指我国《劳动法》规定的境内各种企业、合伙组织和个体工商户所雇佣的工作人员以及《合同法》规定的自然人个人所雇佣的提供劳务的个人。本书所用“雇员”“雇主”“雇佣”没有特别标明均没有政治色彩，均是广义的。

员因工作原因遭到伤害而受到的赔偿。海上人身伤亡中的雇员工伤赔偿包括海上单位雇佣关系下的雇员工伤赔偿和海上个人雇佣关系下的雇员人身伤亡赔偿。前者是指雇主是具有营业执照或依法履行了登记、备案手续的从事海上生产、作业的单位,包括法人、非法人企业以及个体工商户等经济实体。后者则是从事海上生产、作业以及与海上生产经营密切相关的其他海上作业的个人。

1. 海上单位雇佣关系下雇员工伤赔偿

海上单位雇佣关系,在我国称为海上劳动法律关系,是指主体一方为劳动者,另一方为海上航运、捕捞、水产等行业用人单位,双方就劳动条件、纪律、人事制度等条款进行约定,一方定期、持续支付工资,另一方接受用人单位的领导和指挥,遵守劳动纪律和人事制度,具有强烈的人身从属性质的法律关系。海上劳动关系区别于我国狭义的雇佣关系在于其用人单位是各种企业、合伙组织以及个体工商户,不包含自然人个人用人。我国海上劳动关系通常包括全民所有制、集体所有制、私营以及个体航运、港口企业等海上、港口经济组织与劳动者之间形成的劳动关系。对此,我国《劳动法》有明确规定。

对于海上劳动关系的雇员受害者,其主要的赔偿方式是通过工伤的社会保险赔偿来完成的。工伤的社会保险,也可以称作职业伤害保险或雇主责任保险,是一种劳动保险,这种赔偿方式是由保险人给付补偿的社会保障,是国家和社会为在生产、工作中遭受事故伤害和患职业性疾病的劳动者及亲属提供医疗救治、生活保障、经济补偿、医疗和职业康复等物质帮助的一种社会保障制度。符合我国《劳动法》规定的劳动者工伤赔偿可以依据我国《劳动法》、《工伤保险条例》和《企业职工工伤保险试行办法》以用人单位违约获得社会保险赔偿。[162] 只要雇员在工作中遭受了损害,不管雇

---

〔162〕 我国《劳动法》第70条规定:“国家发展社会保险事业,建立社会保险制度,设立社会保险基金,使劳动者在年老、患病、工伤、失业、生育等情况下获得帮助和补偿。”

主、雇员是否有过错，一概由雇主承担赔偿责任，甚至在雇员自愿承担风险或不可抗力造成损害的情况下雇主也不能免责。工伤保险只适用于工薪劳动者(包括船员)。我国《劳动法》明确规定，劳动者享有获得劳动安全卫生保护、享受社会保险和福利的权利，[163]用人单位应该按照有关法律规定的标准和规格为劳动者提供劳动条件和保护。[164] 新修改后的《工伤保险条例》以及《企业职工工伤保险试行办法》也对工伤的认定作了更加明确的规定。[165]

由此可见，海上航运、捕捞等海上生产作业用人单位所雇佣的劳动者发生了人身伤亡事故，既是对劳动者合同义务的违反，也是对国家法定义务的违反。依据我国《合同法》第107条关于违约责任之规定，用人单位的工伤赔偿责任是法定赔偿责任，适用的是无过错责任原则。

2. 海上个人雇佣关系下雇员人身伤亡赔偿

海上个人雇佣关系，也就是我国狭义上的雇佣关系，即是受我国《民法通则》和《合同法》调整的不要式的劳务关系，一般是从事海上经营的个人雇佣其他人为其提供指定劳务，雇主一次性或持续支付报酬的雇佣法律关系。按照我国《合同法》第124条之规定，对于那些既没有在合同法分则，也没有在其他法律中明确规定的合同，可以适用总则的一般原则规定或者参照其分则或其他法律中最类似的规定。而个人雇佣关系跟单位雇佣关系本质上都是一方提供劳动，另一方提供劳动条件、环境，并支付报酬的契约关系。在雇员为雇主提供劳务过程中，其人格尊严应该受到尊重，其合理的生存条件、身心健康也应受到基本的保障和保护，雇主应该积极承担起保护、照顾、协力等附随义务。因此，既可以根据我国《合同法》在总则中

---

[163] 我国《劳动法》第52条、第53条、第54条。

[164] 我国《劳动法》第73条第1款和第2款规定："劳动者在下列情形下，依法享受社会保险待遇：……(三)因工伤残或者患职业病……劳动者死亡后，其遗属依法享受遗属津贴。"

[165] 《工伤保险条例》第14条、第15条、第16条、第20条以及《企业职工工伤保险试行办法》第8条。

确立的一般合同关系的无过错责任原则,也可以参照我国《劳动法》规定的无过错责任原则而对海上个人雇佣下雇员人身伤亡赔偿采用无过错责任原则。[166]

3. 海上雇佣关系下雇员伤亡无过错归责原则的可选择性

在海上生产作业过程中,雇员一旦发生人身伤亡,受害者既可以依据雇员与雇主之间劳动或劳务契约要求雇主承担违约责任,也可以根据我国《民法通则》和《侵权责任法》[167]规定的一般侵权行为的过错归责原则,要求雇主承担侵权责任。[168] 对此,我国《合同法》第 122 条也给予了明确规定,即在侵权责任和违约责任发生竞合时,受害人有权选择对自己更有利的诉讼请求。就海上雇员人身伤亡而言,受害人选择提起违约之诉,即意味着失去精神损害求偿权,也意味着无过错归责原则对雇主的适用;选择提起侵权之诉,虽然可以提出精神损害赔偿,但却意味着要承担证明雇主过错的举证责任。笔者认为,在海上雇佣关系中,雇员相对于雇主而言处于比较弱势的地位,再加上海上活动的特殊危险,由雇员承担证明雇主过错的举证责任分配方式不利于保护雇员的人身权益,通过重新分配举证责任,采用过错推定方法适用过错归责原则更能体现出海上人身伤亡赔偿制度对人命优先保护的价值取向。

(四)海上人身伤亡赔偿中的产品责任的适用

产品责任,是指因产品存在缺陷造成他人人身财产损害而由产品制造者、销售者承担的赔偿责任,本质上是一种侵权责任。海上供应中的人身

---

[166] 最高人民法院《关于审理人身损害赔偿案件适用法律若干问题的解释》第 11 条也对该原则进行了认可。该条第 1 款规定:"雇员在从事雇佣活动中遭受人身损害,雇主应当承担赔偿责任。雇佣关系以外的第三人造成雇员人身损害的,赔偿权利人可以请求第三人承担赔偿责任,也可以请求雇主承担赔偿责任。雇主承担赔偿责任后,可以向第三人追偿。"

[167] 我国《侵权责任法》由中华人民共和国主席令第 21 号颁布,由第十一届全国人民代表大会常务委员会第十二次会议于 2009 年 12 月 26 日通过,并自 2010 年 7 月 1 日起施行。

[168] 根据侵权行为法的归责体系,如果法律没有明文规定,则适用一般侵权行为的过错归责原则。而我国《民法通则》和《侵权责任法》都没有将劳动者的人身伤亡和海上人身伤亡作为特殊侵权行为予以对待,也没有针对这两种侵权行为规定专门的归责原则。

伤亡产品责任,即为海上生产作业等经营活动提供设备、设施、燃料及其他产品的生产者对因产品缺陷问题致人身伤亡引起的事故承担赔偿责任。海上绝大部分的生产作业等经营活动不但需要人力资源,同时也需要大量设备、设施才能完成,所需设备大到海上旅客、货物运输及渔业捕捞需要的船舶,海上及海底工程建设需要的大型机械设备,海底资源开发所需要的钻井平台等设备、设施,小到船舶等大型设备运行所用燃料、维修配件、航海用海图等。那么供应商为海上生产作业等海上经济活动提供设备、设施等,因质量问题引起海上人员伤亡的事故也难免发生。如供应商在向船舶提供燃油时因燃油质量等原因导致船舶爆炸起火而致船方人身伤亡,因船舶存在安全隐患导致在海上航行中船舶沉没及碰撞引起人员伤亡,海底资源开发机械、钻井平台质量问题引起人员伤亡等。

何为产品？美国《统一产品责任示范法》指出:“产品是具有价值的、为进入流通而生产的,能够作为组装整件或作为部件、零售交付的物品,但人体组织、器官、血液组成成分除外。”该定义综合使用概括和适当排除的方法界定了产品的内涵。但在司法实践当中,法官基于保护受害者利益的立场,往往扩大解释产品。[169]《关于人身伤亡产品责任的欧洲公约》第 2 条规定,产品是指“一切可移动的、自然的或工业的产品,不论是原料的或经过加工的,即使附属于其他可移动或不可移动的物品”;产品的制造者为成品、半成品的制造者和原材料的生产者。《欧共体产品责任指令》规定:“产品是指初级农产品和狩猎以外的所有动产,即使已被组合在另一动产之内。初级产品是指种植业、畜牧业、渔业产品,不包括经过加工的这类产品。产品包括电力。”我国《产品质量法》将产品内涵限制在加工制作和销售目的两个标准,将未经过加工制作的和不以销售为目的的物品排除在产

〔169〕 在兰赛姆诉康星电力概述案中,法院确认电力属于产品。1978 年哈雷斯诉西北天然气概述案中,将天然气纳入产品范围。同一年,科罗拉多州法院裁定血液应视为产品。参见[美]史蒂芬・里柯克:《美国产品责任法概述》,载《法学译丛》1990 年第 4 期。

品范围之外。[170] 1987年《英国消费者保护法》第1条第2款规定："任何物品或电力，同时根据本条第3款之规定包括组成另一产品的产品，无论此产品是不是以零配件或原材料或其他的形式构成前者。"此处的物品是指"物质、生长的作物、附着于其他东西之上并与土地混为一体的东西和任何船舶、航空器或机动车辆"。[171]

根据以上各国关于产品的定义，我们可以看出，目前各国关于产品的定义在以下方面达成了共识：一是产品一般指动产；二是大多数国家将初级农产品排除在产品之外，其原因在于初级农产品缺陷不受人为控制，其更易受自然条件影响。因此，海上航海运输、渔业捕捞、海上及海底工程建设、海底资源开发、海上拖航作业等海上生产经营活动中所使用的船舶、大型机械设备、设施等都适用产品责任制度。

根据各国法律规定，构成产品责任的前提在于存在缺陷产品。关于缺陷产品，我国《民法通则》第122条称为"产品质量不合格"，我国《产品质量法》称为"产品缺陷"。缺陷是指产品有较大的质量问题。美国《统一产品责任示范法》将产品缺陷按照产品流通阶段分为制造缺陷、设计缺陷、警示缺陷和说明缺陷，在判断产品是否存在缺陷时经常将"消费者合理期待"标准和"风险和利益平衡"标准结合起来综合考虑。也有学者认为美国判断缺陷有成本和效益标准、消费者期待标准和兼顾成本与效益和消费者期待标准的混合标准。[172] 《欧共体产品责任指令》则将产品缺陷严格限制在产品的安全性标准上。[173] 我国《产品质量法》对于产品缺陷采用的是安全

〔170〕 我国《产品质量法》第2条第1款规定，"本法所称产品是指经过加工、制作，用于销售的产品"。根据这一定义，未经过加工的自然物和不以销售为目的的不是产品。

〔171〕 1987年《英国消费者保护法》第45条第1款。

〔172〕 参见桂菊平：《论出卖人瑕疵担保责任、积极侵害债权及产品责任之关系》，载梁慧星：《民商法论丛》（第2卷），法律出版社1997年版，第383页。

〔173〕 《欧共体产品责任指令》规定："考虑如下情况，如果产品不能提供人们有权期待的安全，则属于缺陷产品。"

标准和法定标准的混合标准。[174]

笔者认为,海上供应中的产品缺陷可以分为设计缺陷、制造缺陷和警示缺陷。设计缺陷,是指在设计产品时在产品结构、工艺方面存在的缺陷。制造缺陷是指在制造产品过程中,因原料、配件、程序等方面的错误,导致最终产品的缺陷。警示缺陷,是指在需要设计并特别说明产品使用过程中的安全事项的情况下,没有特别标注并提供相关说明文书导致的操作缺陷。

关于产品责任的承担者和具体的归责原则,从各国和国际立法来看,主要存在单一主体说[175]和复合主体说。[176] 1965 年美国的《第二次侵权法重述》402A 条规定:其一,任何出售有缺陷的产品并对使用者或消费者的人身或财产造成不合理威胁的人,对于由此而造成最终使用者或消费者的人身伤亡或财产损失应承担赔偿责任,只要该销售者参与了此项产品的销售,而且该产品被期望并实际到达使用者或消费者手里时,其状况与出售时没有实质性变化。其二,尽管销售者在准备或销售其产品时已尽可能地履行了谨慎照料的责任,而且使用者或消费者并没有从销售者手中购买该产品,也没有与销售者存在任何合同关系,上述原则仍适用,销售者仍应承担责任。[177] 可见,美国所有法院都采纳了严格的产品责任归责原则。

在英国的产品责任领域,除了普通法中的相应规则外,1987 年《英国消费者保护法》对缺陷产品给他人造成人身伤害和财产损害时的严格责任问题进行了规定。按照该法规定,产品的生产者承担的严格责任是指一种因没有尽到合理的注意而须负责的比通常责任标准更加严格的归责标准,责

〔174〕 我国《产品质量法》第 46 条规定:"本法所称缺陷,是指产品存在危及人身、他人财产安全的不合理的危险;产品有保障人体健康和人身、财产安全的国家标准、行业标准的,是指不符合该标准。"

〔175〕 单一主体说以《欧共体产品责任指令》为代表,认定产品生产者为成品责任承担者,并对生产者做扩大解释,涵盖销售者、进口商等责任人。

〔176〕 复合主体说以美国为代表,认定产品制造者或销售者为产品责任人,并分别界定其范围。

〔177〕 参见张瑞平:《产品责任法律制度研究》,华东政法学院 2004 年博士学位论文。

任的产生应该是归因于伤害事件发生,而不论其采取了怎样的注意和谨慎。[178] 现在国际上和各国国内产品责任法也都接受了这一学说,如1977年的《关于人身伤亡产品责任的欧洲公约》、1985年的《欧共体产品责任指令》以及希腊、意大利、德国、丹麦等国的《产品责任法》都体现了这一归责原则。[179] 另外,在确定产品责任承担上,各国通例采取最近原则和最终原则,即受害者在受到缺陷产品损害后,按照最便于行使权利的原则可以起诉销售者,也可以起诉生产者。而产品责任的最终承担者,依据谁造成的缺陷由谁最终承担,首先承担赔偿责任的一方可以对造成产品缺陷的运输者、仓储者、原料提供者和零部件提供者行使追偿权。

现代产品归责原则适用无过错责任原则是具有其合理性和必要性的,其基本思想就是对社会生活中不利损害的合理分配调节。当代企业的产品生产制造及销售行为不具有"违法性",是现代经济活动的重要组成部分。因此,不能适用传统的过错归责原则。在产品制造者和受害人之间,受害者是相对较弱的一方,而产品制造者有能力承担该项风险,这样也符合"谁受益谁负担风险"的罗马法原则。

我国《产品质量法》和《侵权责任法》采用复合主体说,即产品责任承担者包括生产者和销售者。对于销售者的责任适用单纯过错责任原则和推定方法适用过错责任原则,根据是我国《产品质量法》第42条[180]和《侵

---

〔178〕 参见[美]沃克主编:《牛津法律指南》,牛津大学出版社1980年英文版,第1193页。

〔179〕 严格责任,即无过错责任原则,是新近发展起来的一种产品责任理论,它最先由美国提出和采用。在1963年的"格林曼诉尤霸动力品公司案"中,加利福尼亚州最高法院指出:"当制造商将一件产品投入市场并且知道该产品将不会再进行检验就被使用时,如果证明该产品有缺陷并造成了伤害,那么该制造商就应承担侵权法上的严格责任。"在确定尤霸公司承担严格责任的判决中法庭进一步陈述了采用严格责任的理由:"这种责任的目的是保证受缺陷产品伤害的损失费用,由将该产品投入市场的制造商承担,而不是由无力保护自己的受害者承担。"

〔180〕 我国《产品质量法》第42条规定:"由于销售者的过错使产品存在缺陷,造成人身、他人财产损害的,销售者应当承担赔偿责任。销售者不能指明缺陷产品的生产者也不能指明缺陷产品的供货者的,销售者应当承担赔偿责任。"

权责任法》第41条[181]之规定。对生产者适用的是无过错责任原则,其法律依据是我国《产品质量法》第41条、[182]《侵权责任法》第42条[183]和《民法通则》第122条[184]之规定。

笔者认为,缺陷产品致受害者人身伤亡事件中,受害者相对于产品制造者、销售者等经济主体,无论是在经济实力上,还是在产品信息占有上和举证能力上,都具有天然的弱势地位。因此,为便于受害者行使其求偿权利以更好地保护其人身权益,不论受害者是对产品制造者、还是对销售者提起侵权赔偿,都应该适用无过错原则。应该修改我国《产品质量法》第42条的规定,改变销售者的过错责任为无过错的严格责任。让销售者承担无过错责任,无论从产品责任归责原则理论上说,还是从产品责任法的统一上说都是合理的。这也更符合海上人身伤亡赔偿制度之人命价值优先原则。

(五)船舶租赁关系中人身伤亡赔偿责任的适用

在海上船舶租赁关系中,提供船舶一方作为出租人和作为使用船舶一方的承租人都应该依据合同法律规定和双方约定,按照诚实守信的原则谨慎履行各自义务。综合各国海商法关于船舶租赁关系的规定,船舶出租人、承租人双方当事人在船舶租赁关系中的法律义务主要有:出租人主要应该在约定的时间、港口或地点向承租人交付经过谨慎处理确保对约定用

---

[181] 我国《侵权责任法》第41条规定:"因产品存在缺陷造成他人损害的,生产者应当承担侵权责任。"

[182] 我国《产品质量法》第41条规定:"因产品存在缺陷造成人身、缺陷产品以外的其他财产(以下简称他人财产)损害的,生产者应当承担赔偿责任。生产者能够证明有下列情形之一的,不承担赔偿责任:(一)未将产品投入流通的;(二)产品投入流通时,引起损害的缺陷尚不存在的;(三)将产品投入流通时的科学技术水平尚不能发现缺陷的存在的。"

[183] 我国《侵权责任法》第42条规定:"因销售者的过错使产品存在缺陷,造成他人损害的,销售者应当承担侵权责任。销售者不能指明缺陷产品的生产者也不能指明缺陷产品的供货者的,销售者应当承担侵权责任。"

[184] 我国《民法通则》第122条规定:"因产品质量不合格造成他人财产、人身损害的,产品制造者、销售者应当依法承担民事责任。运输者、仓储者对此负有责任的,产品制造者、销售者有权要求赔偿损失。"

途适航的船舶以及提供有关船舶的证书、文件等;承租人在船舶租赁期间负有谨慎保养、维修船舶确保船舶运输期间的正常适航状态的义务,同时应该按照双方约定的方式、用途使用船舶,并不得作出未经出租人同意对船舶设定抵押等有损出租人权益的行为。

出租人对所出租船舶适航状态的担保义务既是约定义务,同时也是法定义务。出租人一旦违反,则要承担赔偿责任。如我国《海商法》第 132 条对此就作了明确规定,出租人应该确保交付船舶对约定用途的适航性,否则便要承担承租人因此所受的损害赔偿责任。这里承租人所受损害当然包括人身伤害及因此引起的财产损失。

同时,承租人也要按照约定用途、港区使用船舶,否则也要承担因违约引起的人身伤亡等赔偿责任,依据是我国《海商法》第 134 条之规定。[185]

(六)拖航作业致第三人伤亡之赔偿责任

在海上拖航过程中,无论是采取单独拖航、共同拖航、海上连接式拖航,还是采用吊拖、旁拖还是顶推等方式,拖船与被拖物连成一体,或互相牵连,第三人很难确定损害的发生是由于拖船的过错还是被拖物的过错所致。因此,在司法实践中,只要其因拖航过失造成人身伤亡,法律均将承拖方和被拖方作为一个统一体,即作为单独的一方当事人,受到损害的第三人作为另一方当事人,赋予第三人对承拖方和被拖方的伤亡赔偿请求权,承拖方和被拖方对损害负连带责任,但不妨碍双方之间相互追偿的权利。这种法律关系一般发生于船舶碰撞侵权中,承拖方拖轮和被拖物连接一体与第三方船舶发生碰撞,通常将承拖方和被拖方相对于第三方视为一个整体,将第三方船舶作为另一方适用船舶碰撞致人身伤亡的赔偿原则,即承拖方和被拖方对第三人承担连带赔偿责任。随后,拖带双方中无过失一方

---

〔185〕 我国《海商法》第 134 条规定:"承租人应当保证船舶在约定航区内的安全港口或者地点之间从事约定的海上运输。承租人违反前款规定的,出租人有权解除合同,并有权要求赔偿因此遭受的损失。"此处的出租人所受损失当然包括因承租人的合同违反行为导致的人身伤亡赔偿责任。

在付给第三方赔偿后向过失方进行追偿。[186]

我国《海商法》第 163 条对于承拖方与被拖方双方拖航作业过程中导致第三人伤亡的赔偿责任作了明确规定。[187] 该条规定坚持了“拖带船组”对第三方责任时视为一个“航行单元”的原则，也就是“对外负连带责任的原则”。该条含义包括三个层次：一是第三人的人身伤亡是由承拖方或被拖方单方过失造成的，承拖方和被拖方作为一个整体向第三人承担赔偿责任，承拖方和被拖方之间的责任分担依据双方约定或过错原则。二是第三人的人身伤亡由承拖方和被拖方共同过错造成的，承拖方和被拖方作为一个整体向第三人赔偿后，双方之间责任分担依据约定或过错比例分配。三是承担连带赔偿责任的一方对超过自己依过错或依合同应该承担的责任部分有权向另一方追偿。该条法律规定明确了海上拖航作业导致第三人人身伤亡的赔偿归责原则，即承拖方和被拖方对第三人人身伤亡赔偿适用过错责任原则。但该条规定唯一不足的是没有对承拖方、被拖方和第三人混合过错造成第三人人身伤亡赔偿归责原则作出明示。但按照侵权行为过错赔偿责任原则和海上拖航作业侵权的特殊性，因承拖方、被拖方和第三人共同过失造成人身伤亡的，仍然由承拖方和被拖方作为一个整体按照过错比例跟第三人分担赔偿责任，承拖方和被拖方之间的责任仍然按照约定或过错比例分配。

---

〔186〕 有关拖带双方对第三方责任的划分原则在司法实践中经历了一个曲折的历程。英国在 1912 年以前，仍然侧重拖船是“被拖船的受雇人”，并且把拖船与被拖船视为一个整体，拖带双方之间存在雇佣关系，根据雇佣关系原则，由被拖船承担责任。直到 1912 年，英国法院审理了“S. S. Devonshire v. Barge Leslie”一案，才否定了传统的有关拖带双方对第三方责任处理的方法，首先确认是拖轮的疏忽过失行为，又进一步确认拖带双方之间事实上并不存在雇佣关系，继而确定拖方应对自身的过失行为负责。美国法院推定拖带双方对第三方责任时一直采用“控制支配原则”，即控制海上拖航指挥权的一方对整个拖航船队及由于其疏忽过失行为所造成的损害承担赔偿责任，控制方的确定根据案情的事实情况推定。

〔187〕 我国《海商法》第 163 条规定：“在海上拖航过程中，由于承拖方或者被拖方的过失，造成第三人人身伤亡或者财产损失的，承拖方和被拖方对第三人负连带赔偿责任。除合同另有约定外，一方连带支付的赔偿超过其应当承担的比例的，对另一方有追偿权。”

(七)其他高度危险作业致人身伤亡赔偿

除了海洋环境污染致人身伤亡以外,还存在其他对海上人身存在潜在高度危险的海上作业,如海上危险品、危险物的运输,高速船航行等,无法一一列举。此类海上活动对海上人身安全存在确定的高度危险性。此处的确定性,指的是该类海上活动的高度危险性对海上人身安全的威胁不是凭空估计的,如仅仅是一艘船舶本身不会对海上人身安全构成威胁,此时对海上人身伤害也不适用无过错责任原则,但只有投入到运输危险品、危险物的经营活动中去才会产生高度危险性,造成人身伤亡后才发生高度危险作业致人身伤亡的无过错责任原则。

为减少此类高度危险作业对海上人身的安全威胁,法律通常规定从事此类高度危险作业需要采取特别的安全措施和方法,从事此类作业的人员需要进行特殊的资格认定,符合所必须的具体的作业流程、重要设备和设施的安全检验标准等。

关于此类高度危险作业致人身伤亡赔偿的归责原则,其主要依据是我国《民法通则》第123条之规定。[188] 而我国《海商法》无论是关于高度危险作业的界定,还是对于无过错归责原则都没有明确规定,这导致司法实践只能参照《民法通则》中比较笼统的规定。

(八)海上人身伤亡赔偿中“类雇主”责任的适用

所谓海上人身伤亡中的“类雇主”责任,主要是指海上义务帮工中被帮工人对帮工人从事帮工活动中的伤亡赔偿责任,海上全体合伙人对合伙人从事合伙事务过程中的伤亡赔偿责任,以及海上合伙组织对合伙人从事合伙事务过程中的伤亡赔偿责任等。

---

〔188〕 我国《民法通则》第123条规定:“从事高空、高压、易燃、易爆、剧毒、放射性、高速运输工具等对周围环境有高度危险的作业造成他人损害的,应当承担民事责任;如果能够证明损害是由受害人故意造成的,不承担民事责任。”

1. 海上义务帮工关系中的人身伤亡“类雇主”责任的适用

海上义务帮工是指帮工人出于情感和道义上的原因无偿提供劳动，当事人不以劳动报酬作为对价，不以获利为目的的提供帮助与被帮助的关系。其依据主要是最高人民法院《关于审理人身损害赔偿案件适用法律若干问题的解释》第 13 条、第 14 条的规定。[189] 根据这两条法律规定我们可以看出，在帮工人从事海上帮工活动中造成帮工人自身伤亡的，原则上应由被帮工人承担赔偿责任，适用的是无过错归责原则。但同时法律也规定了被帮工人的抗辩事由：其一，明确拒绝帮工人提供的义务帮工行为。根据最高人民法院《关于审理人身损害赔偿案件适用法律若干问题的解释》第 14 条规定，被帮工人明确拒绝帮工人提供义务帮工行为，被帮工人则对帮工人的伤亡免责。关于举证责任，根据侵权法理论应该由被帮工人承担。其二，第三人的侵权行为。最高人民法院《关于审理人身损害赔偿案件适用法律若干问题的解释》第 14 条规定，帮工人在帮工活动中的伤亡是由于第三人侵权造成的，首先由第三人承担赔偿责任，在帮工人不能得到充分赔偿的情况下，由被帮工人予以适当补偿。

在帮工人从事帮工活动中造成第三人伤亡的情况中，原则上对被帮工人适用无过错归责原则承担赔偿责任。只有在被帮工人明确拒绝帮工和帮工人的故意或重大过失造成第三人伤亡时，被帮工人的赔偿责任才能减

---

〔189〕 最高人民法院《关于审理人身损害赔偿案件适用法律若干问题的解释》第 13 条规定：“为他人无偿提供劳务的帮工人，在从事帮工活动中致人损害的，被帮工人应当承担赔偿责任。被帮工人明确拒绝帮工的，不承担赔偿责任。帮工人存在故意或者重大过失，赔偿权利人请求帮工人和被帮工人承担连带责任的，人民法院应予支持。”第 14 条规定：“帮工人因帮工活动遭受人身损害的，被帮工人应当承担赔偿责任。被帮工人明确拒绝帮工的，不承担赔偿责任；但可以在受益范围内予以适当补偿。帮工人因第三人侵权遭受人身损害的，由第三人承担赔偿责任。第三人不能确定或者没有赔偿能力的，可以由被帮工人予以适当补偿。”

轻或免责。[190]

2. 海上合伙关系中人身伤亡赔偿“类雇主”责任的适用

所谓海上合伙，是指当事人由于各自掌握的经营资源优势不同，为共享资源优势并在互相信任的基础上自愿组成的共担风险、共享利益的海上生产经营合作法律关系。根据民法中有关合伙的理论，合伙关系是相对于其他经济组织投资人之间关系更加密切的合作关系，因此，在处理对外关系包括对外承担责任时，通常是将各个合伙人作为整体看待，表现在责任分担上就是对外承担连带责任，任何一个合伙人都是整个合伙的代表，对外承担海上合伙的全部赔偿责任。无论合伙事务的执行是全体合伙人共同执行，还是其中任何一个或多个合伙人具体执行，其对外经营行为都视作海上合伙的经营行为，效力及于全体合伙人。至于对外承担责任后，其合伙人之间责任份额如何分担，取决于合伙人之间合伙协议如何约定。

根据民法关于合伙关系的一般规定，合伙人在从事合伙事务过程中，造成自身伤亡的原因是其他合伙人或合伙人以外的第三方侵权所致，则首先由全体合伙人作为一个整体对受伤害的合伙人承担连带赔偿责任。此时适用的是无过错归责原则。同时，依据无过错原则承担了责任的合伙人有权向实施侵权行为的合伙人或第三人追偿。海上合伙人在从事合伙事务过程中，既可能造成其他合伙人伤亡，也可能造成合伙人以外的第三人伤亡，根据民法有关合伙理论和侵权法原理，此时，应该适用无过错责任原则。首先由全体合伙人作为一个统一的整体按照无过错原则对受到伤害的第三人依据相应的法律承担连带责任。同时，在对内责任分担上，没有过错的合伙人可以对其承担责任部分向有过错的合伙人追偿。

---

〔190〕 根据最高人民法院《关于审理人身损害赔偿案件适用法律若干问题的解释》第 13 条的规定，当帮工人对第三人伤亡存在故意或重大过失的情况下，被帮工人可以要求帮工人对第三人的伤亡承担连带赔偿责任。但赔偿后，被帮工人能不能对有过错的帮工人追偿，该条没有明确规定，依据侵权法原理，当帮工存在故意或者重大过失时，被帮工人可以向其追偿，从而被帮工人的责任相对减轻。

第四节　海上人身伤亡赔偿公平责任原则

一、作为一项归责原则的争议

公平责任，有的著作称为衡平责任，是指争议当事人双方对造成损害均无过错，且不能依法适用无过错责任原则和过错责任原则，但受害人遭受的重大损害不能得到赔偿却显失公平的，从而由人民法院根据公平的观念和理念，在综合考虑当事人的经济承受力和其他情况的基础上，判令双方分担损失的一种归责原则。[191] 关于公平责任原则能否作为一个独立的归责原则问题，在理论界曾存在激烈争议，主要存在“肯定说”和“否定说”：[192]

肯定说认为，公平责任原则的出现源于科学技术的发展和生产力的提高导致的新问题新现象，以及过错归责原则和无过错归责原则在处理这些新问题新现象上呈现的不足或缺陷。科学技术的发展和现代生产力的发展造就了更多、更复杂的危险源，出现这些新的状况导致传统的过错归责原则和无过错归责原则在责任分配上明显体现不出应有的作用。肯定说还认为，公平责任原则作为一种归责原则符合法律对公平价值观念的追求，也体现了法律对社会弱势群体的关怀，更利于社会和谐和纠纷的解决。

与肯定说相反，否定说认为，公平责任原则在适用时考虑的不是当事人的过错大小，而是当事人占有财产的多寡，影响社会主体创造财富的积极性，违背了当代社会发展追求的效率原则，也影响过错责任原则和无过错归责原则发挥其应有的功能。否定说还认为，过错责任原则和无过错归责原则本身都具有公平的理念，只是其体现方式不同，没有必要单独适用公平责任原则来实现本应该由社会保险救济制度承担的救济、保护社会弱

---

[191] 参见杨立新主编：《侵权法论》，吉林人民出版社 2000 年版，第 159 页。

[192] 参见郑立、王作堂主编：《民法学》，北京大学出版社 1994 年版，第 541 页。

势群体的职责。

本书支持肯定说，笔者认为，保护弱势群体当然是社会保险的主要职责和义务，作为调整社会关系的法律规范理应体现这一公平的价值取向。在侵权法中归责原则本身就是在当事人之间对社会资源、财富的再分配方式，其本身应该体现公平这一法律价值。将公平理念上升为一种独立的归责原则直接体现了侵权法律制度对公平价值的追求。公平责任原则主要适用于当事人双方都没有过错的情况，由人民法院根据自由裁量权，在充分考虑当事人财产状况、经济承受能力以及受益大小的前提下，判定责任承担。这体现了法律对实质公平的追求。公平责任原则中的责任已不再是一种法律上的否定性评价，而仅仅是一种对他人救济、扶助的责任，尤其是对社会中弱势群体的救济，这也充分体现了法律对弱势群体的关怀，也利于社会纠纷的解决和社会的和谐稳定。从国外立法看，《瑞士债务法》第44条第2款、[193]《德国民法典》第829条[194]以及《荷兰民法典》第六部分的第109条[195]都规定了公平责任原则。我国司法实践也素来将当事人的经济状况作为确定损害赔偿的一项重要原则，也历来坚持原则性和灵活性相结合的司法原则。因此，公平责任作为一项归责原则，也是我国司法实践经验的总结。[196] 我国《民法通则》第106条、[197]第132条[198]规定，最高人

---

[193] 《瑞士债务法》第44条第2款规定："执行赔偿将给责任方造成经济上的困境的，法院可以适当减少其赔偿额，但行为人由于故意或重大过失及不谨慎造成损害的除外。"

[194] 《德国民法典》第829条规定："以不能从负有监督义务的第三人那里获得损害赔偿为限，在第823条至第826条所称情形之一依照第827条、第828条对其引起的损害不负责的人，在根据情况，特别是根据利害关系人的状况，赔偿损害为公平所要求的限度内，仍然必须赔偿损害。"

[195] 《荷兰民法典》第六部分第109条规定："在具体条件下，包括责任的性质、双方之间的法律关系和他们的经济上的能力，如果判决全额赔偿将导致明显的不能接受的后果时，法官可以减少赔偿损失的义务。"

[196] 参见王利明主编：《民法——侵权行为法》，中国人民大学出版社1993年版，第124页。

[197] 我国《民法通则》第106条第3款规定："没有过错，但法律规定应当承担民事责任的，应当承担民事责任。"

[198] 我国《民法通则》第132条规定："当事人对造成损害都没有过错的，可以根据实际情况，由当事人分担民事责任。"

民法院《关于贯彻执行〈中华人民共和国民法通则〉若干问题的意见(试行)》第155条规定[199]和其他多个法条规定是公平责任原则的重要法律依据。[200] 我国《民法通则》第4条关于民法基本原则的规定是确认公平责任原则的法律基础,[201]公平责任原则是公平原则在民事责任领域的具体体现。

经济基础决定上层建筑,每个归责原则的产生都是社会生产发展到一定阶段的必然产物,都是社会发展客观需要在上层建筑中的积极反映和回应。正如过错责任原则的产生是资本主义商品经济发展的需要在法律上的体现,[202]无过错责任原则是大型危险工业的兴起在法律上的体现。[203]同样,公平责任原则也是社会生产力发展到特定阶段的必然产物,是随着基于自然公平[204]认定未成年人承担责任观念发展起来的,起源于普鲁士民法典,即1794年1月1日的《普鲁士一般通用法》。[205] 希腊是欧洲第一个将其引入民法典的国家。随着社会生活的发展和社会矛盾新情况新问题的出现,公平责任原则的适用范围将逐渐扩大。

---

[199] 最高人民法院《关于贯彻执行〈中华人民共和国民法通则〉若干问题的意见(试行)》第155条规定:"因堆放物品倒塌造成他人损害的,如果当事人均无过错,应当根据公平原则酌情处理。"

[200] 我国《民法通则》第132条确立了公平责任原则在归责原则体系中的地位,同时规定了公平责任原则适用的一般原则。《民法通则》第128条规定:"……正当防卫超过必要的限度,造成不应有的损害的,应当承担适当的民事责任。"第129条规定:"……因紧急避险采取措施不当或者超过必要的限度,造成不应有的损害的,紧急避险人应当承担适当的民事责任。"这两条是对公平责任原则适用的具体规定。我国《民法通则》第133条第1款规定:"……监护人尽了监护责任的,可以适当减轻他的民事责任。"该条也是对公平责任原则适用的具体规定。

[201] 我国《民法通则》第4条规定:"民事活动应当遵循自愿、公平、等价有偿、诚实信用的原则。"

[202] 参见杨立新、刘忠:《损害赔偿总论》,人民法院出版社1999年版,第82页。

[203] 参见张俊浩主编:《民法学原理》,中国政法大学出版社2000年版,第99页。

[204] 这是在起草《普鲁士一般通用法》第二章第3节第34条时的正式理由。

[205] 《普鲁士一般通用法》第41~44条规定。

二、公平责任原则的适用

公平责任是将社会主义道德规范中的公平内容上升为法律责任的结果,它以公平观念作为价值判断的标准,据以确定责任。公平责任是要使司法审判人员内心的公平观念在归责时发挥作用。它是一种弹性较大的责任原则,给予了司法审判人员一定的自由裁量权。公平责任原则产生于“良心公平责任”,英美法系通行这一原则,而在我国公平责任原则在司法实践中的运用非常有限。关于公平责任的适用,在理论界也存在争议,一种观点认为,它的适用应该在实践中总结经验作出司法解释。[206] 另一种观点认为,它的适用主要限于法定情况,除此之外,其他情形适用需要满足一定的条件。公平责任原则的适用依赖于法官根据个案情况的自由裁量,其功能在于分配“不幸”而非惩罚过错,所以必须准确把握公平责任原则的适用范围。该原则的适用条件如下:其一,被告行为与损害后果之间存在因果关系。这是适用公平责任原则的前提条件和基础。这种行为对造成受害人损害后果必须是主要的、直接的和必然的原因,而且对于由于第三因素介入导致受害人损害加重部分,也不能对加害人适用公平责任原则。其二,当事人双方均无过错。包括不能推定行为人有过错、不能找到有过错的当事人和确定一方或双方有过错显失公平三种情况。不能推定行为人有过错,是指不能通过推定方法认定行为人有过错。如最高人民法院《关于贯彻执行〈中华人民共和国民法通则〉若干问题的意见(试行)》第155条规定的堆放物品倒塌造成他人损害的,应该依据我国《民法通则》第126条规定的过错推定原则确定堆放物品责任。不能找到有过错的当事人,指的是存在有过错的其他当事人,但因各种原因无法找到,或者根本不存在其他有过错的当事人的。在这种情况下,被告虽无过错但与受害人损害存

---

[206] 参见孙亚民主编:《民法通则要论》,法律出版社1991年版,第241页。

在一定联系,应该分担一定损失。一方或双方有过错显失公平,是指损害的发生不能确定一方或双方的过错,而且认定或推定过错也显失公平。其三,排除过错和无过错归责原则的适用。过错责任原则、无过错责任原则和公平责任原则在适用上具有一定层次性,只有在排除前两个归责原则适用前提下才能适用公平责任原则。可以说,公平责任原则是确保法律对公平价值观念追求的最后一种法律手段。其四,加害人不承担责任则违背了法律公平价值观念的要求。公平责任原则是在过错和无过错责任原则无法适用、无法对受害人受到的损害进行救济的前提下,依据法律对公平、正义之价值追求,才适用的。主要包括以下几种情况:加害人行为是导致受害人损害唯一的、主要的原因,受害人因加害行为陷于生活困境,无行为能力及限制行为能力人致人损害而监护人已尽谨慎职责的以及由自然原因引起紧急避险等情况。其五,限于财产权受侵害的情况。公平责任的目的在于衡平当事人双方对不幸损失的分配,恢复财产利益之平衡。因此,对人身的侵害也仅限于造成财产损失情况,如因人身伤亡支付的花费,而不适用于精神损害赔偿和间接损失的赔偿。

三、公平归责原则在海上人身伤亡赔偿中的具体适用

(一)海上合伙人因不可抗力因素伤亡对全体合伙人责任之适用

根据我国《民法通则》有关合伙的理论,合伙人在执行合伙事务过程中由于不可抗力等非人为过错导致自身伤亡或者由于他人行为导致自身伤亡但侵权人无法找到或没有赔偿能力的情况下,由于该合伙人的行为目的是为了全体合伙人利益,应该按照公平责任原则要求,由全体合伙人承担受害合伙人伤亡赔偿责任。

(二)海上紧急避险致他人伤亡对受益人赔偿责任的适用

在海上从事生产经营活动中,难免会遇到这样那样的来自大自然的危险,如恶劣气候、雷电、地震、海啸、火山爆发、洪水等。根据最高人民法院

《关于贯彻执行〈中华人民共和国民法通则〉若干问题的意见(试行)》第156条和我国《民法通则》第129条之一般规定,因自然原因引起的海上紧急避险,如行为人之紧急避险行为没有不当措施,则因紧急避险导致他人损失行为人不承担责任,但根据公平原则,应由受益人适当补偿。此处导致他人损害应该包括他人自身伤亡或其雇员、帮工人、代理人等应由其为伤亡赔偿买单的人之伤亡引起的经济损失。因自然原因引起的紧急避险,对避险人来说,他也是无辜者,对于受害人来说更是受到损害,在这种情况下,只能将责任归属分配给避险人和受害人,由双方公平合理地分担损失。

(三)海上救助等见义勇为致人身伤亡赔偿对受益人责任之适用

行为人发扬见义勇为精神,在海上进行海上救助等行为致行为人伤亡的,在没有侵权人或不能确定、找不到侵权人或侵权人没有赔偿能力的情况下,见义勇为者请求受益人在受益范围内予以适当补偿的,人民法院应当支持。适用依据是我国《民法通则》第109条和最高人民法院《关于贯彻执行〈中华人民共和国民法通则〉若干问题的意见(试行)》第142条之规定。

(四)海上义务帮工人伤亡对被帮工人赔偿责任的适用

可以作为海上义务帮工行为中帮工人伤亡适用公平责任原则依据的主要是最高人民法院《关于审理人身损害赔偿案件适用法律若干问题的解释》第14条,按照该条法律规定,一是在海上义务帮工活动中,在被帮工人明确拒绝义务帮工的情况下,如果义务帮工人仍然进行义务帮工,则其遭受人身伤亡后,由被帮工人在受益范围内进行适当补偿;二是如果帮工人在从事义务帮工活动中,由于第三人的侵权遭受人身伤害,且第三人不能确定、无法找到或没有赔偿能力,在这种情况下,由被帮工人进行补偿。我国最高人民法院《关于贯彻执行〈中华人民共和国民法通则〉若干问题的意见(试行)》第157条之规定也给此种情况下适用公平责任原则提供了法律依据。[207]

(五)过错责任和无过错责任原则排除情形下的适用

在海上从事生产经营活动相比陆地上来说,风险更大,遇到的自然灾害及意外事故更多,造成海上人身伤亡事故的情形也难以一一列举。在海上人身伤亡事故中,受害人绝大部分是在法律上、经济实力上处于弱势的雇工、渔民、船员或旅客,受害人一方往往不仅个人受到损害,而且其扶养或赡养的家庭成员的生活也会受到影响。因此,正确适用公平责任对于维护社会和谐稳定及海上经济活动的正常秩序和正常发展具有非常重大的意义。因此,需要我们在海事审判实践中准确界定公平责任原则的法律依据、判断标准和考虑因素等问题。对那些无法适用过错责任和无过错责任原则,并且受害人受到损害无法得到弥补尤其是严重影响其个人及家庭正常生活的案件,应该果断适用公平责任原则以体现法律之公平理念和对弱势群体之人文关怀。

小　　结

海上人身伤亡赔偿归责原则是海上人身伤亡赔偿制度对加害人之加害行为责难的基础,也是其承担赔偿责任的根本事由,作为一个原则,它为确定海上人身伤亡归责提供原则性指导。

过错责任原则主要适用于行为人通过合理谨慎能够避免损害,且受害人与加害人双方处于平等地位的领域。在这些领域,过错责任原则将加害人承担责任限制在其主观意志能够控制的范围和限度内,有利于充分发挥海上生产经营主体的主动性和创造性,进一步促进海上经济活动的繁荣发

---

[207] 最高人民法院《关于贯彻执行〈中华人民共和国民法通则〉若干问题的意见(试行)》第157条规定:"当事人对造成损害均无过错,但一方是在为对方的利益或者共同的利益进行活动的过程中受到损害的,可以责令对方或者受益人给予一定的经济补偿。"

展。无过错归责原则主要适用于船舶污染、危险物质运输等对海洋环境具有破坏性的经营行为以及海上高速、高压等高度危险作业和海上雇主责任等情况。公平责任原则主要适用于当事人双方都没有过错,又不能适用无过错原则进行归责的情况,由审判机关在充分考虑当事人财产状况、经济承受能力以及受益大小的前提下,判定责任承担。海上人身伤亡赔偿归责原则作为海上人身伤亡赔偿制度的功能体系,担负着制裁海上加害行为、填补损害、分配海上经营活动风险、维护海上活动秩序、保护海上人身安全和海洋环境的重任。在确定海上人身伤亡赔偿应该适用何种归责原则时,应该考察三个方面:一是双方当事人在经济实力、专业技术水平、对危险控制或支配能力以及信息掌握程度和举证能力等方面的衡平性;二是赔偿制度价值取向;三是有关国际公约的规定。

第三章　海上人身伤亡赔偿责任主体和权利主体

海上人身伤亡赔偿责任主体和赔偿权利主体的问题，主要是探讨谁有权提起赔偿和向谁提出赔偿的问题。

第一节　海上人身伤亡赔偿责任主体

一、海上人身伤亡赔偿责任主体的认定

所谓海上人身伤亡赔偿责任主体，是指按照法律规定对海上人身伤亡损害负有赔偿责任的自然人、法人、其他组织以及国家，如船舶所有人、经营人、承租人、救助人以及上述人员的受雇人和代理人等。我国涉及海上人身伤亡的一系列法律法规对责任主体都作出明确的规定。〔208〕一般来说，加害人对自己的加害行为承担不利后果，自己承担赔偿责任，但是由于现

〔208〕　我国《海商法》第114条规定，承运人或承运人的受雇人或代理人在受雇或受委托范围内的过失产生的旅客人身伤亡，承运人负赔偿责任。我国《水路货物运输规则》第77条规定："因夹带不符合要求货物、错报货物重量、货物包装、标志瑕疵等原因之一造成人身伤亡的，托运人或作业委托人负责赔偿。"《水路旅客运输规则》第92条规定："由于客梯、安全网搭栓不牢造成旅客伤亡的以及旅客翻越栏杆下船造成伤亡的，由客船负责。"第140条规定："因承运人或港口经营人的过失造成旅客人身伤亡的，承运人或港口经营人应当负赔偿责任。"

代损害补偿体系的完善和发展，责任保险人、商业保险人以及基金等逐渐成为新的责任主体。在这种情况下，就存在责任主体和加害主体的分离，即这类责任主体承担加害人本应承担的赔偿责任。如按照雇主责任制度，在海上从事生产经营作业的受雇人在其雇主授权范围内的执行事务行为过程中造成的赔偿责任不是由其本人承担，而是由其雇主承担赔偿责任。另外，海上人身伤亡中身体遭受损害致死的受害主体从死亡时即丧失权利能力，不能由自身提起赔偿，对于伤亡事实本身主张权利的只能是死者近亲属。在这种情况下，提起索赔权利的主体和受害主体发生分离。

（一）权利能力和责任能力

权利能力是法律规定的民事主体享有民事权利或承担民事义务的一种资格、前提和可能性。法律在确认权利义务时首先必须确定承受该项权利义务的主体所需要的资格或者前提。法律意义上的"人"与生命体意义上的"人"具有不同的属性。法律意义上的人具有法律属性，而生命体意义上的人是自然人。在海上人身伤亡赔偿制度中，无论是提起赔偿的权利主体，还是承担赔偿责任的责任主体，首先都必须具有权利能力。同样，责任能力也是海上人身伤亡赔偿责任主体承担责任的前提和资格。在海上人身伤亡赔偿中，自然人被赋予对自己行为承担责任的资格，体现了法律对自然人社会独立性的肯定和认可。

（二）造成海上人身伤亡的后果

海上人身伤亡赔偿得以启动的前提是存在海上人身伤亡事故，出现人身伤亡的后果。没有出现海上人身伤亡后果，就不会出现赔偿问题。将人身伤亡的后果作为海上人身伤亡赔偿责任主体承担责任的前提，是由海上人身伤亡赔偿制度的功能决定的。海上人身伤亡赔偿制度的功能在于补偿性和惩罚性相结合，尽量对人身遭受损害的状态进行补救，并恢复到侵害前的状态。人身伤亡后果表现为自然人生命被动终止，身体伤残或健康权利遭受侵害，以及精神上痛苦和折磨。

(三)以从事海上不当行为为一般原则

海上不当行为主要表现在其违法性或违约性,即违背了法律禁止或限制的行为的规定,或违反了其依据约定或前行为派生的应当履行的义务,如对海上航运业务法律规范,船舶驾驶管理、航行安全技术规范,海洋环境保护法律规范等的违反。以海上不当行为作为确定责任主体要件存在两个例外,分别是行为主体和责任主体分离情况下雇主责任的例外和海上人身伤亡强制保险人和基金作为第二层次责任主体的情形。

(四)存在某种因果关系

此处的因果关系是海上不当行为或者由责任人承担的他人不当行为以及危险源的存在和可赔偿性人身伤亡后果之间的内在客观联系。[209] 无论适用哪种归责原则,要想判定责任人承担责任必须满足责任人的行为和伤亡事故的发生具有某种联系,如拖航当事人对受害方和第三方人身伤亡以及海上救助过程中救助方对被救助方造成人身伤亡都负有过错责任。又如海上油气和海底矿石开采、船舶载货油等高度危险作业造成人身伤亡均适用无过错归责原则的案件中,从某种意义上讲,没有因果关系就不能判定某当事人成为责任人,因果关系可以说是一方当事人成为责任主体的绝对构成要件。[210] 同时,因果关系的正确界定也直接关系到赔偿权利人合法权利的保护和法律之公平正义价值的实现。

二、海上人身伤亡赔偿责任主体范围

(一)直接赔偿责任主体

直接赔偿责任主体是相对“间接赔偿责任主体”而言的,其赔偿责任的

---

〔209〕 参见[德]克雷斯蒂安·冯·巴尔:《欧洲比较侵权行为法》,焦美华译,法律出版社 2001 年版,第 440 页。

〔210〕 参见李志文主编:《海上侵权行为法基本理论研究》,大连海事大学出版社 2006 年版,第 155 页。

来源主要是法律之强制性规定，如对由于自己的侵权行为而导致他人伤亡承担的赔偿责任，对其雇佣的工作人员或其代理人从事的行为后果承担的赔偿责任，或作为海上经营业主对其经营过程中导致的生产安全事故承担赔偿责任等。根据我国《海商法》关于“海事赔偿责任限制”的规定，船舶所有人、经营人、承租人、救助人以及上述人员的受雇人和代理人等有权根据法律规定对某些海事请求享受责任限制的保护。我国《海商法》第114条和1992年最高人民法院《关于审理涉外海上人身伤亡案件损害赔偿的具体规定（试行）》对此也作了明确规定。[211] 因此，上述两类人都是直接赔偿义务人，不包括上述直接赔偿义务人的受雇人和代理人等。

我国《民法通则》第106条对赔偿责任主体作了原则性的规定，该条第1款规定，“公民、法人违反合同或者不履行其他义务的，应当承担民事责任”，其第2款规定的是因侵权而承担的赔偿责任。[212] 关于直接赔偿责任主体的规定主要散见于我国《海商法》规定，如第21条、第22条关于船舶所有人、光船承租人、船舶经营人提出有关船舶在营运过程中发生的海上人身伤亡的海事赔偿请求规定，根据该条规定，在与船舶营运的有关活动中出现的人身伤亡赔偿，船舶所有人、光船承租人、船舶经营人作为赔偿义务主体，受害人都有权享受船舶优先权；第68条关于托运人违反所托运危险货物告知义务造成人身伤亡的赔偿责任规定；第92条、第132条关于船

---

[211] 我国《海商法》第114条规定：“承运人或承运人的受雇人或代理人在受雇或受委托范围内的过失产生的旅客人身伤亡，承运人负赔偿责任。”1992年最高人民法院《关于审理涉外海上人身伤亡案件损害赔偿的具体规定（试行）》规定：“船舶所有人、经营人、承租人，救助人等的受雇人员在执行职务过程中造成第三者伤亡的，由船舶所有人、经营人、承租人或救助人承担赔偿责任。”

[212] 我国《民法通则》第106条第2款规定：“公民、法人由于过错侵害国家的、集体的财产，侵害他人的财产、人身的，应当承担民事责任。没有过错，但法律规定应当承担民事责任，应当承担民事责任。”

舶出租人因违约而造成的海上人身伤亡的赔偿责任规定;[213]第114条关于承运人对因自身及其受雇人、代理人经营过程中的过错对旅客伤亡的赔偿责任规定。

同时,有关行政法规和部门规章也对海上人身伤亡赔偿责任主体作了更加详细具体的规定。如我国《海上国际集装箱运输管理规定》第28条关于托运人的赔偿责任和第29条关于装箱人对其过失致人员伤亡的赔偿责任规定,我国《水路旅客运输规则》第140条关于承运人或港口经营人对其过失造成旅客伤亡的赔偿责任规定。

最高人民法院《关于审理涉外海上人身伤亡案件损害赔偿的具体规定(试行)》第2条是关于船舶所有人、船舶经营人、承租人或救助人等的受雇人在执行职务中造成第三者人身伤亡的赔偿责任的规定。最高人民法院《关于审理人身损害赔偿案件适用法律若干问题的解释》第10条是关于承揽人加工承揽业务中对第三人伤亡的赔偿责任和定作人对定作指示或选任的过失的赔偿责任,以及雇主对雇佣人在雇佣活动中遭受伤亡应当承担的工伤保险待遇给付责任。

由此可见,海上人身伤亡赔偿的直接责任主体可以分为三个类型:其一,自己责任,即因为自己的不当行为依据海上人身伤亡赔偿归责原则由自身承担赔偿责任;其二,对其受雇人、代理人的不当行为而承担雇主责任;其三,作为海上生产经营业主对其经营过程中的与其经营活动密切相关的活动导致人员伤亡承担赔偿责任的自然人、合伙组织或法人。

---

[213] 我国《海商法》关于期租合同的规定属于任意性规定,出租人和承租人在不违背法律的前提下可以协商相互认可的内容。船员虽然由出租人负责配备,但并不意味着出租人对船员的全部事宜负责,只能依据租约的内容来处理。如果没有规定船员人身伤亡原因,则应结合其他协议条款来确定。例如,租船合同之一的条款为由出租人提供适航船舶,而船员的人身伤亡恰恰是船舶不适航引起的,则出租人应为船员人身伤亡赔偿的责任主体;如协议条款为承租人应提供约定的货物,而船员的人身伤亡是因承租人提供了非约定的货物引起的,则承租人应为从人身伤亡赔偿的责任主体。在光租情况下,出租人对船舶具有不完全所有权。船舶的占有、控制、使用及雇佣船员等权利均由光租人享有,在经营中造成人身伤亡的,光租人是赔偿责任主体。

(二)间接赔偿责任主体

间接赔偿责任主体是指对海上人身伤亡承担第二性赔偿责任的主体,其以直接赔偿责任人存在海上人身伤亡赔偿责任为前提,是对直接赔偿责任人之赔偿责任的继承与分化,其承担的海上人身伤亡赔偿责任具有海上风险分担和责任分解的功能。在海上人身伤亡赔偿制度中的间接赔偿责任主体主要分为三类:第一类,保险人,主要有一般商业责任保险人、强制责任保险人和保赔保险人;第二类,财务担保人;第三类,赔偿基金,主要包括船舶污染赔偿基金、核污染损害赔偿基金等。

从事海上生产、运输活动的人为了分散风险和风险转移,有的投保商业保险,如保赔保险和雇主责任险。如在海上生产作业中,雇主对其所雇佣的生产工人在从事雇主授权范围内的事务造成他人的伤亡赔偿责任险,以及海洋工程作业主投保的对公众责任险。一些发达国家的法律出于尊重人命价值的理念,已经制定了多种社会保障体制。如新西兰 1972 年颁布的《意外事故补偿法》可以说是实行国家综合补偿制度的典型,它囊括了所有由于意外事故导致的伤亡救济。[214] 美国有关学者也拟以人身伤害责任保障制度取代侵权行为法。[215] 总之,人身伤亡赔偿责任的社会化体现了责任制度的方向,社会保障机构担任赔偿义务主体是未来发展的趋势。

第二节　海上人身伤亡赔偿权利主体

海上人身伤亡赔偿权利主体,是指按照有关法律规定有权向人身伤亡赔偿的责任人提起赔偿请求的主体,即通常所说的请求权人。本书主要从权利能力、法律事实和法律依据三个方面来确定在海上人身伤亡损害赔偿

---

〔214〕 在新西兰境内的任何人,无论是因交通事故、产品瑕疵、医疗事故或其他意外事故遭受损害,均可从国家设立的意外事故补偿委员会获得一笔补偿金,而不需提起诉讼。

〔215〕 参见王明远:《环境侵权救济法律制度》,中国法制出版社 2001 年版,第 156 页。

案件中哪些人是适格的权利主体。

一、海上人身伤亡赔偿权利主体的确定

(一)权利能力

在海上人身伤亡赔偿权利主体问题上,应当先讨论可以成为赔偿权利主体的资格,即权利能力。只有当主体具备了赔偿权利主体资格之后,才能依照主体所遭受的损害是否属于损害赔偿范围,最终确定海上人身伤亡赔偿的请求权主体。

自然人的权利能力始于出生,终于死亡。因此,未出生的胎儿不能被认定为自然人,也就不能成为民事主体。[216] 人身受到侵害致死的人不是民事权利主体,不具有权利能力,这一点为世界各国所认同。[217] 法人的权利能力始于成立,终于终止。受侵害主体是否具有行为能力以及行为能力是否受到限制不影响其享有索赔权利,如婴儿和精神病患者在海难中受伤有权以其生命健康权受到损害提起赔偿。对于自然人,有无民事行为能力不

---

〔216〕 但在关于胎儿法律地位的问题上,有总括保护主义、个别保护主义和绝对主义三种立法模式。其中总括保护主义被认为是顺乎人情及民法进步之潮流,即将胎儿视为已出生,在侵权法上可以与一般的自然人一样有请求损害赔偿的资格。采取总括保护主义之后,两大法系的立法和司法实践大多赋予了胎儿请求损害赔偿的资格。在具体的权利行使方面,有三种理论:法定的停止条件说、胚胎说和法定的解除条件说。法定的停止条件说认为怀胎期间的胎儿没有权利能力,当胎儿出生时是活体再追溯到问题发生时。胚胎论认为胎儿的侵权损害赔偿权利并不以胎儿的活体出生为必要条件,胎儿出生前,如果胎儿受到损害,即可提起诉讼。法定的解除条件说认为权利的行使不以胎儿出生为必要,在胎儿没有出生之前,即可提起损害赔偿请求,但是当胎儿出生时是死体,那么就应当返还损害赔偿金。参见杨立新、刘忠:《损害赔偿总论》,人民法院出版社 1999 年版,第 87 页;张新宝:《中国侵权行为法》,中国社会科学出版社 1998 年版,第 105 页;王泽鉴:《侵权行为法》,中国政法大学出版社 2001 年版,第 74 页;汪治平:《人身损害赔偿若干问题研究》,中国法制出版社 2001 年版,第 85 页;张俊浩主编:《民法学原理》,中国政法大学出版社 2000 年版,第 104 页。

〔217〕 但是由于死者生前并非是一个孤立的个体,其死亡往往导致与死者有关系的人的利益受到影响,为了保护生者的利益,有些理论肯定了在死亡发生时死者与生者之间的传承关系,一是时间间隔说,二是人格继承说。时间间隔说认为在自然人死亡的同时,该主体享有损害赔偿请求的资格随即转至继承人。人格继承说认为继承人与被继承人是同一人格的继续,所以受害人本人即使丧失了权利主体的地位,也可以构成对生命侵害的损害赔偿请求资格的继承。这两种学说虽然没有明确死者可以成为民事权利的主体,但是仍表明自然人的民事主体地位并非因死亡的同时瞬时消灭,而是在主体资格方面存在一个与生者的传承关系。

影响其索赔权利，但若无完全行为能力，只能由其法定代理人代行使索赔权利。在海难中人身因遭受侵害致死的受害者因权利能力消灭，而不能成为海上人身伤亡赔偿权利主体和诉讼主体。

（二）遭受海上伤亡

遭受海上伤亡是指受害者在海上伤亡事故中生命健康权遭到侵犯导致人身伤害的后果，包括致死、致伤。这里的损害是已经发生、真实存在的不利后果，而不是当事人主观臆想的后果。海上人身伤亡赔偿纠纷，起源于海上事故的发生，大都与船舶营运有关。海上事故的发生，一般是由于船舶在航行和停泊过程中发生触碰、碰撞、浪损、沉没、火灾、爆炸等事故造成人员伤亡。

（三）存在法律上的依据

权利主体拥有权利能力，且人身受到损害并不意味着自动取得对责任人的索赔权，其权利的取得还必须拥有法律上的相关规定和授权。具体法律上的依据主要是指法律对权利人的资格、条件、范围的规定，对权利人行使索赔程序以及方式的规定，对行使索赔金额的规定以及责任限制的规定，等等。

二、海上人身伤亡赔偿权利主体范围

人身伤亡赔偿权利主体，是指有权向加害人请求伤亡赔偿的人，按照我国民事诉讼法学关于当事人的理论，可以分为两大类：直接利害关系人和权利保护人。[218] 我国目前有关海上人身伤亡赔偿的法律主要有《民法通则》、《海商法》、最高人民法院《关于审理涉外海上人身伤亡损害赔偿的具体规定（试行）》等，这些法律对海上人身伤亡赔偿权利主体范围都作了明确的规定，按照这些规定，可以将海上人身伤亡赔偿权利主体分为直接

---

〔218〕 参见江伟：《民事诉讼法》，中国人民大学出版社2004年版，第106页。

受侵害人和间接受侵害人。

(一)直接受侵害人

直接受侵害人是相对于间接受侵害人而言的,一般是指自身人格权遭受侵害的人。可以根据是否有完全民事行为能力,将直接受侵害人分成完全民事行为能力人和无民事行为能力人以及限制民事行为能力人。具有完全民事行为能力的直接受害人可以自己行使侵权赔偿请求权,自己向赔偿责任主体主张赔偿。而无民事行为能力和限制行为能力的直接受害人由于自身受到行为能力的限制,所以只能由其法定代理人代其行使赔偿请求权。

至于胎儿能否作为直接受侵害人,按照各国民事法律规定,取决于胎儿是在母亲伤亡时还是之后出生:胎儿死于母体内,则视为对母亲身体的侵害,此时死亡胎儿不构成直接受害人;母亲受伤害或死亡,胎儿已经出生或在母体伤亡之后出生并成为畸形儿,则胎儿构成直接受害人,并有权提起赔偿之诉。美国和德国对胎儿作为受害人存在许多著名判例,如德国1972年1月11日的被称为"更革命的判决",它允许原告向医院起诉。原告辩称:原告在母体内能被辨认前,该医院导致他母亲得了一种传染性血液病并可合理推断导致原告后来也会感染此病,在出生时会有严重的畸形身体。该案判决确认了未出生胎儿作为受害人享有独立损害赔偿请求权。[219] 美国法院同样判令加害人向提起"不正常生命"诉讼的儿童给予赔偿。[220] 美国加州最高法院在"辛德尔"案中判决原告获得损害赔偿。原告在该案中称,在其母亲怀孕期间曾服用过一种药物,正是由于该种药物的服用导致其在若干年后病发于癌症。[221]

---

〔219〕 See B. A. Hepple, Martin Hubie Matthews, *Tort: cases and materials*, Butterworths Press, 1991, p. 67.

〔220〕 Ibid., p. 105.

〔221〕 参见邓瑞平:《船舶侵权行为法基础理论问题研究》,法律出版社1999年版,第330页。

（二）间接受侵害人

人是社会的一员，人和人直接存在千丝万缕的利益联系，往往一个成员的伤亡或其他损害都会给其他成员的利益带来这样那样的影响。间接受侵害人是相对于直接受侵害人而言的，他遭受侵害的来源在于其和直接受侵害人存在直接的利益联系，因此，也叫传承性受侵害人。纵观各国立法，间接受侵害人主要包括三种类型，即丧失生活资助的人、丧失劳务给付的人和因丧失亲人精神受损害的人。

1. 丧失生活资助的人

丧失生活资助的人通常是指由于直接遭受人身侵害的人的伤亡致本来存在的抚养关系或经济资助关系遭到部分或全部破坏，从而导致经济利益受到损害的人。按照法律规定以及现实生活状况，这类人通常包括丧失抚养的配偶、未成年人、父母、胎儿等。各国法律均规定了此类受害人有权获得赔偿。关于此类受害人的具体范围，通常散见于各国的民事法律规定中或依据司法解释进行界定。如《德国民法典》第 844 条第 2 款、〔222〕《苏俄民法典》第 409 条、〔223〕《日本民法典》第 709 条和《瑞士债务法》第 45 条第 3 款都各自作了具体的规定。加拿大有关人身伤亡赔偿法律规定："受害人因劳动能力全部或部分丧失应该赔偿其对家庭收入贡献部分的损失，该部分损失是受害人分担家庭的共同生活支出、共同费用和家务，其依据在于，原告和受害人之间具体相对稳定的较强的依赖关系。"〔224〕

在我国相关法律规定中，对这类人的称呼不一致，如我国《民法通则》

---

〔222〕《德国民法典》第 844 条规定："其一，死者在受侵害之时，与第三人之间存在抚养义务或将来有可能存在抚养义务的关系，因被害人被害致死从而剥夺第三人受抚养之权利，赔偿义务人在被害人可能生存之期间内应供给抚养义务的限度内，向第三人定期支付抚养金作为损害赔偿。其二，第三人在被害人被侵害致死当时尚未出生之胎儿，适用上述规定。"

〔223〕《苏俄民法典》第 409 条规定："致人死亡的，其损害赔偿的请求权属于死亡者赡养而无其他生存资料来源的人。"

〔224〕参见邓瑞平：《船舶侵权行为法基础理论问题研究》，法律出版社 1999 年版。

谓之“死者生前抚养的人”,[225]最高人民法院《关于贯彻执行〈中华人民共和国民法通则〉若干问题的意见(试行)》谓之“依靠受害人实际抚养而没有其他生活来源的人”。[226]

按照我国立法目的和国情,对这类人可以如此解释:只要是受害人生前抚养的人均属于权利人,而不考虑其是否有生活来源。只有死者生前抚养的人才能成为权利人,如果受害人没有死亡,即使是丧失了劳动能力,这里受害人受侵害前抚养的人也不能成为权利人。而依据我国最高人民法院的司法解释,从字面上可以如此理解:依靠死者生前或丧失劳动能力人在受侵害前抚养的人,而无论是实际抚养关系还是法律上的抚养关系,都可以作为抚养费赔偿权利人。这部分人取得抚养费的前提还必须是没有其他生活来源,如有其他生活来源则丧失赔偿请求权。通过比较可以看出,我国立法和司法解释在被抚养人范围的界定上不统一,存在一定的冲突和矛盾。

笔者认为,作为权利人的被抚养人不但应该包括死者在生前或丧失劳动能力者在受侵害前已经正在抚养的人,还应该包括死者生前或丧失劳动能力者在受侵害前不具有抚养劳动能力,但是在可预期的未来具有抚养能力并应该抚养的人。因此,虽然在死者生前或劳动能力丧失者在受侵害前不具有抚养能力,但是按照一般推算,在不远的将来很有可能具有抚养能力,并且依据有关法律规定应该抚养的人也应该纳入损害赔偿请求权的被抚养人范围。对此,有些国家通过判例或在民事法律中加以确认。[227] 英国巴威高等法院在判例中也进行了认可。瑞士通过判例确认了 13 岁的女孩

---

〔225〕《民法通则》第 119 条。此处的“扶养”,是指依照《中华人民共和国婚姻法》第 20 条、第 21 条、第 28 条、第 29 条规定承担的扶养、抚养或者赡养义务,包括狭义的扶养即平辈之间的扶养,以及长辈对晚辈的抚养和晚辈对长辈的赡养。

〔226〕该司法解释第 149 条。此处是指死者或丧失劳动能力者。

〔227〕如《德国民法典》第 844 条第 2 款就规定:“如死者在受害当时,对第三人一方……有可能负抚养义务的关系,而第三人因被害人被害致死而被剥夺其受抚养的权利者,赔偿义务人在被害人在其可能生存期间内应供给抚养义务的限度内向第三人支付定期金作为损害赔偿。”

或10岁幼童的将来给养人资格,而对3岁半以下幼童却不予认可。[228] 笔者认为,瑞士法律对将来给养人范围的界定不但客观而且也具有一定的科学性,因为3岁半以下的幼童身体功能及疾病防范能力都比较弱,在未来成为具有抚养能力的人还要经历更多的风险,未来之路变数更大。

而我国对于这个问题不但在立法中没有体现,在司法实践中也没有被确认。我国经济发展水平低,各种社会保障制度严重缺位,关心人们的老来所养也是目前比较普遍的社会心态和家庭心理,法律和司法实践应该确认未来享有抚养权利人具有索赔权,这也更符合我国的国情和更好地保护受害者合法权益。

关于胎儿的生活抚养费请求权问题,各国法制主要有两种立法体例:即总括保护说和个别保护说。[229] 采纳总括保护说的国家或地区包括匈牙利、瑞士以及我国台湾地区,采纳个别保护说的国家主要有法国、德国、日本以及我国大陆。个别保护说主张在一些情形中承认胎儿所享有的权利。有学者认为,对胎儿抚养权利的保护,属于人身权延伸保护的范畴。[230] 笔者也认同该观点,对胎儿抚养权的保护也与目前社会现实相符。随着社会医疗保健体制的健全和现代医疗水平的提高,胎儿的成活率越来越高,为了保障在不久的将来出世的胎儿生有所养,规定胎儿的抚养费请求权是非常有必要的。

2. 亲人死亡而精神受到打击的人

亲人死亡而精神受到打击的人,[231] 是指由于目睹或经历亲人的死亡精

---

〔228〕 参见李仁玉:《比较侵权法》,北京大学出版社1996年版,第329～330页。

〔229〕 参见冯恺:《胎儿的损害赔偿请求权探究》,载中国民商法律网:http://www.civillaw.com.cn/Article/default.asp? id=13226,最后访问日期:2010年10月20日。

〔230〕 参见杨立新:《人身权法论》,人民法院出版社2002年版,第229页。

〔231〕 因侵权行为发生受害人直接死亡,近亲属享有的精神损害赔偿请求权系继承自死者,还是其所固有在各国法上经历了一个发展演变的过程,最终各国均朝着"继承否定说"的立场前行,逐步认可系近亲属固有而非继承自死者的精神损害赔偿请求权。"继承否定说"坚持了精神损害赔偿"人身专属性",解决了继承说下与近现代民法主体理论可能出现的矛盾。参见王泽鉴:《民法学说与判例研究》(第4册),北京大学出版社1998年版,第296页;于敏:《日本侵权行为法》,法律出版社2006年版,第410页。

神上受到的不正常的干扰或损害的人。[232] 因丧失亲人而受的精神损害在法律上通常被称为"非财产上的损害"。如《日本民法》第711条规定:"对侵害生命的赔偿费:侵害他人生命的人,即使没有侵害其财产权,也要赔偿损失。"我国台湾地区"民法"第194条规定:"不法侵害他人致死的,被害人的父母、子女及配偶,虽财产没有受到损害,亦得请求赔偿相当之金钱。"很多国家对享有精神损害求偿权的死者家属范围作了特别规定,如希腊、[233]爱尔兰、[234]苏格兰[235]和葡萄牙等。[236]

我国关于精神损害赔偿的法律依据主要是《关于确定民事侵权精神损害赔偿责任若干问题的解释》第9条[237]和自2010年7月1日正式实施的

---

[232] 据法律辞典解释:"精神损害指已构成妨碍正常生活的巨大痛苦、压力、自卑感、恐惧等心理上的不利益。通常指因人格利益或人身遭受损害而产生的传来性损害"。参见中国社会科学院法学研究所《法律辞典》编委会编:《法律辞典》,法律出版社2003年版,第786页。

[233] 希腊法院将《民法典》第932条第3款中家庭的范围定义得很广,包括了一切与受害人有精神上亲近关系的亲戚。住不住在一起并不重要,只要因受害人的死亡遭受了精神上的痛苦就可以了。从范围上看,甚至包括姻亲[参见雅典上诉法院,第4420/1985号,Elldik26(1985),第960页],侄子女[参见雅典上诉法院,第5920/1993年号判决,elldIK36(1995),第203页]和岳父母[参见雅典上诉法院,第4287/1988号判决,ELLDik30(1988),第1464页],但继母和姨母[参见雅典上诉法院,第3720/1993号判决,ELLDik(1995),第202页]没有赔偿请求权。

[234] 爱尔兰1996年《民事责任法修正案》(1996年,第42号)第1条扩充了原1961年民事责任法案第47条中的眷属;新的亲属概念包括了非婚姻生活共同体中的伴侣。

[235] 苏格兰1976年《损害赔偿法案》第1(4)条C对何为亲属作出了明确的解释[See Ccallister V. Imperial Chemical Industries PLC(1997)SLT(REP.)351]。

[236] 《葡萄牙民法典》第496条第3款明确规定:"在伤害致死的情况下,不仅受害人本人且上款中规定的损害赔偿请求人(主要指父母和子女)均能获得非财产损失赔偿。"换句话说,精神损害赔偿请求权是累加的;此外,继承人还能获得因丧失生命的赔偿请求权之继承权(参见波尔图上诉法院1989年4月13日之判决,CJxIV[1989-2],第221页);而可因巴尔上诉法院则作出了相反规定。明文规定死者亲属通过继承途径获得的权利不影响其本人请求权的还有英格兰。而那些本身就规定了精神损害赔偿具有继承性的国家当然更不会拒绝这种累加性,如苏格兰和法国。参见法国最高法院刑事庭1970年12月17日之判决,D.1971年,第41页。

[237] 最高人民法院《关于确定民事侵权精神损害赔偿责任若干问题的解释》第9条规定:"精神损害抚慰金包括以下方式:(一)致人残疾的,为残疾赔偿金;(二)致人死亡的,为死亡赔偿金;(三)其他损害情形的精神抚慰金。"

《侵权责任法》[238]第22条。[239]令人遗憾的是上述规定并没有界定有权以直接受害人受伤害导致其自身遭受精神痛苦为由提起精神损害赔偿的主体范围。而且在立法和司法实践中,精神损害赔偿金一直以来是以“抚恤金”“抚恤费”[240]或“安抚费”[241]等名称出现的。

对于此类间接受害人的范围,通常认为是“近亲属”,此类权利人通常包括受害人的父母、子女和配偶。其中父母包括亲生父母和养父母,子女也包括养子女、婚生子女、非婚生子女以及被害人死亡前尚未出生的胎儿。通常来说,人和人长期地生活在一起彼此之间会产生相互依赖,因此,直接受害人的伤亡会给另一方在精神上带来严重不适应或者叫精神上痛苦的反应,这是人性使然。基于此,近亲属的范围和间接受害人的范围应该一致。关于近亲属的范围,我国《刑事诉讼法》第82条、[242]《民法通则》第17条、[243]最高人民法院《关于贯彻执行〈中华人民共和国行政诉讼法〉若干问题的意见(试行)》第12条、[244]最高人民法院《关于贯彻执行〈中华人民共和国民法通则〉若干问题的意见(试行)》第12条、[245]最高人民法院《关于审理名誉权案件若干问题的解答》及我国《继承法》第10条[246]都分别对近

---

〔238〕 2009年12月26日中华人民共和国第十一届全国人民代表大会常务委员会第十二次会议通过,自2010年7月1日起施行。

〔239〕 我国《侵权责任法》第22条规定:“侵害他人人身权益,造成他人严重精神损害的,被侵权人可以请求精神损害赔偿。”

〔240〕 1965年交通部颁布《关于中外船舶间碰撞事故赔偿范围与赔偿金额计算办法的规定(试行草案)》和1982年交通部《关于远洋船员死亡事故对外索赔标准的通知》中相关规定。

〔241〕 最高人民法院《关于审理涉外海上人身伤亡损害赔偿的具体规定(试行)》中相关规定。

〔242〕 我国《刑事诉讼法》第82条规定:“近亲属是指夫、妻、父、母、子、女、同胞兄弟姐妹。”

〔243〕 我国《民法通则》第17条规定:“无民事行为能力或者限制民事行为能力的精神病人,由下列人员担任监护人:(一)配偶;(二)父母;(三)成年子女;(四)其他近亲属。”

〔244〕 最高人民法院《关于贯彻执行〈中华人民共和国行政诉讼法〉若干问题的意见(试行)》第12条规定:“近亲属包括配偶、父母、子女、兄弟姐妹、祖父母、外祖父母、孙子女和外孙子女。”

〔245〕 最高人民法院《关于贯彻执行〈中华人民共和国民法通则〉若干问题的意见(试行)》第12条解释了《民法通则》中近亲属包括:“配偶、父母、子女、兄弟姐妹、祖父母、外祖父母、孙子女、外孙子女。”

〔246〕 我国《继承法》第10条规定了法定继承人的范围:第一层次包括配偶、子女、父母;第二层次包括兄弟姐妹、祖父母、外祖父母。

亲属的范围作了明确规定。

因此，我国关于近亲属的范围的规定还并不一致，如刑事诉讼法并未将非同胞的兄弟姐妹、孙子女、外孙子女、祖父母及外祖父母列入近亲属范围。根据上述法律规定可以看出，近亲属一般划分为两个层次，即配偶、子女和父母作为和直接受害人关系最亲密的亲属为第一层次，兄弟姐妹、祖父母、外祖父母、孙子女和外孙子女为第二层次。亲属法研究的亲属包括配偶、血亲和姻亲。[247] 法律规定的“近亲属”的范围，取决于社会经济基础和社会习俗以及家庭结构，考虑到我国的经济发展水平、社会保障程度和社会现实，应该将祖孙及兄弟姐妹纳入近亲属范畴。

基于此，海上人身伤亡间接受害人包括：配偶，父母子女[248]（父母包括亲生父母和养父母，子女也包括养子女、[249] 婚生子女、非婚生子女以及被害人死亡前尚未出生的胎儿），祖父母、外祖父母与孙子女、外孙子女，兄弟姐妹。

按照现行法律、法规和司法解释的规定，直接受害人因伤致残，间接受

---

〔247〕 配偶是血亲之源泉、姻亲的基础，列在亲属之首，是最近的亲属。血亲是有血缘关系的亲属，包括自然血亲和拟制血亲。自然血亲分为直系血亲和非直系血亲。拟制血亲没有血缘关系，例如收养关系，生父母再婚，继父母与继子女直接抚养关系。姻亲是以配偶为基础产生的亲属。包括血亲的配偶，即儿媳、女婿；配偶的血亲，即公婆、岳父母；配偶的血亲的配偶，即妯娌、连襟等。

〔248〕 随着我国人口形势的日益严峻，我国制定了实行计划生育的基本国策，对控制人口增长起到了一定作用。绝大部分人的生育观念已发生了变化，去掉了多子多福的旧观念，但仍然还有少部分人，特别是重男轻女封建思想严重的人，偷着生以逃避计划生育管理和行政处罚，出生后藏在家中或虚假送养他人或外面让人代养着，一旦出现人身损害赔偿的情形，双方当事人即为此人是否属权利人的范围发生争议，权利方认为应属于，理由不管是否有准生证、是否有户口，但是实际受伤害前扶养的人，或虽没有实际扶养，可事实是直系亲属范围等。义务方则认为，没有合法证据证明是权利人的范围等。此种现象在司法实践的确存在，笔者的观点是在不存在实际送养的情况下，应认定为权利人范围，因为他确定是具有血缘关系，且实际扶养的人。

〔249〕 收养，按照我国法律的规定属于拟制血亲关系，合法收养人在人身损害赔偿中的地位，有直接权利人和间接权利人争议。对于不符合合法收养要件的收养者，在人身损害赔偿中主体是否适格，如何界定，在实践中是有争议的，一种观点系否定说，即应排除在人身损害赔偿权利人主体之外，理由是既然是非法的，就是不受法律保护的。另一种观点是肯定说，即不管收养是否合法，但在事实上已存在一种拟制血亲关系，应为权利人。有些地方曾有明确规定，例如河南省高级人民法院《关于审理人身损害赔偿案件中确定赔偿范围及标准的意见》（豫高法〔1999〕20 号文）第 16 条规定：“受害人的扶养费。指没有其他生活来源，依靠受害人丧失劳动能力前实际扶养，或者失去受害人扶养后虽有其他生活来源，但不足以维持当地居民基本生活水平的人。”笔者倾向于此观点。

害人均不享有精神损害抚慰金请求权。即便直接受害人死亡,也是按照继承顺序分配精神损害抚慰金请求权。笔者认为,精神损害不仅仅发生在直接受害人死亡的情况中,在有的情况下,直接受害人残疾或受伤害后,长期经受病痛折磨,给直接受害人自身和其近亲属带来严重的折磨和心理上的煎熬与痛苦。因此,在这种情况下,也应该适用精神损害赔偿制度。

3. 丧失劳务给付的人

之所以将丧失劳务给付的人作为间接损害赔偿权利主体,是因为直接受害人在生前或受伤害以至于丧失劳动能力前与第三人在业务上存在劳务给付合同,如双方存在加工承揽合同、雇佣关系、合伙关系等,或者对其他家庭成员在孤老及病人照看方面存在给付劳务义务。由于直接受害人的死亡或身体遭受侵害丧失劳动能力导致第三人丧失了接受劳务的权利,为保护第三人之合法权益而赋予其向加害人提起损害赔偿的权利。

笔者认为,一般来说,直接受害人提供的劳务人身专属性或者业务性比较强,或者具有不可替代性。对于因直接受害人的伤亡导致第三人劳务给付利益的丧失本质上是合同利益的丧失,可以依据合同法有关规定适用违约责任,向死者继承人提起违约赔偿,也可以向加害人提起侵权赔偿之诉。

对此种间接受害人赋予损害赔偿请求权的国家以德国为代表,具体依据是《德国民法典》第 845 条之规定。[250] 加拿大赔偿法律也对此作了明确规定:“对家政能力损失的赔偿是为了补偿受害人手动执行管理家政能力下降。”[251] “法院通常根据受害人不从事这些家政而雇佣其他人从事同样的人所需要的费用来确定具体的赔偿数额。”[252]

---

〔250〕 该条规定:“侵害致死、侵害身体或健康或侵夺人身自由者,如受害人在法律上对第三人在家中或业务上负有给付劳务的义务者,损害赔偿的义务应对第三人以支付金钱定期金,为失去的劳务给付赔偿。”

〔251〕 Steve Thompson, Bush Theatre, *Damages*, J. Weinberger Press, 2004, p. 312.

〔252〕 William Schwartzkopf, John J. McNamara, *Calculating Construction Damages*, Aspen Publishers, 2001, p. 451.

按照这样规定,因受害人死亡、残废或健康受到严重损害而丧失家庭成员伺候的人如老年人、长期卧床的病人,以及在业务上丧失受雇人劳务的雇主,对其丧失的家庭或业务中的劳务有权向加害人请求赔偿。

（三）为管理直接受害人伤亡后事务支付各种费用的人

这里为管理直接受害人伤亡后事务,支付各种费用的人,是指为直接受害人支付因为生命健康权遭受损害为恢复身体健康或者殡葬等善后事宜所发生的费用的人。这些人通常包括亲属、生活伴侣、雇用人或交易伙伴等。这里的费用一般与直接受害人的人身权益损害直接相关,比如直接受害人住院治疗费,受害人死亡后为尸体的寻找、运输、处置以及殡葬所发生的费用。管理人支付这些费用通常情况下是为了受害人在遭受侵害后,能及时得到救治或抢救,以及受害人死亡后基于社会伦理道德理念及时将尸体处置等。对于支付殡葬费用的人,各国立法对其提起赔偿的主体资格予以了确认,如《法国民法典》第 844 条第 1 款就规定:“在伤害致死的情况下,赔偿义务人应该向负担埋葬受害人的人负责赔偿埋葬费用。”《苏俄民法典》也在其第 409 条明确规定:“对于负担受害人殡葬的费用的人应赋予其就殡葬费用索赔资格。”我国台湾地区“民法典”第 192 条第 1 款规定:“不法侵害他人致死者,对于支出医疗及增加生活上需要之费用或殡葬费之人,亦应负损害赔偿责任。被害人对于第三人负有法定扶养义务者,加害人对于该第三人亦应负损害赔偿责任。”在我国大陆,受害人的丧葬一般由其亲属负责办理,由其亲属享有索赔权,但是如果受害者在外地甚至国外死亡,由于其亲属不能及时赶到,按照死亡地法律规定及时处置尸体者以及丧葬费用的支付者,又或者受害人根本没有亲属,对受害人垫付医院抢救费用和丧葬费用者,这些人都应该享有就其垫付费用的索赔权。对此,我国《侵权责任法》第 17 条第 2 款给予了明确规定。[253]

---

[253] 我国《侵权责任法》第 18 条第 2 款规定:“被侵权人死亡的,支付被侵权人医疗费、丧葬费等合理费用的人有权请求侵权人赔偿费用,但侵权人已支付该费用的除外。”

为受害人支付了丧葬费用或医疗费用的人能基于何种法律关系向赔偿义务人索赔，理论上存在无因管理说、[254]不当得利说和侵权行为说。无因管理说认为，受害人的亲朋为受害人支付了丧葬费或医疗费，属于无因管理，其可基于无因管理法律关系而请求赔偿义务人予以赔偿。如果为受害人支付医疗费等费用的是法定义务人之外的人，如朋友或热心救助的陌生人，那么应该依据无因管理请求受害人偿还，在受害人死亡时可以代位债权人（被害人之继承人）向加害人索赔。[255] 不当得利说认为，赔偿义务人本应承担丧葬费的赔偿责任，但是由于受害人的亲朋支付了该笔费用，因此实际支付费用的人有权基于不当得利请求赔偿。[256] 侵权行为说认为，丧葬费是因加害人的侵权行为导致受害人死亡而发生的，因此实际支付人有权依据侵权行为请求返还。

我国现行法虽然明确规定了赔偿义务人对医药费和丧葬费的赔偿责任，但是对第三人支付医药费或丧葬费时，该第三人应该如何请求返还没有规定。笔者认为，赋予为受害人支付医疗费和丧葬费的第三人就其所支付费用向加害人的索赔权，有利于鼓励热心助人之风尚，也能免除第三人辗转求偿的烦琐。

小　结

海上人身伤亡赔偿责任主体和权利主体除享有相应的法律主体资格

---

[254] 我国台湾地区“最高法院”曾采纳此观点，该院在1978年度第14次民事庭庭推总会议决定事项中认为，“台湾人因伤致死，其生前因伤害所支出的医药费，被害人的继承人得依继承关系，主张继承被害人之损害赔偿请求权，由全体继承人向加害人请求赔偿。其由无继承权之第三人支出的，对于被害人得依无因管理或其他法律关系，主张有偿还请求权，并得代位债务人向加害人请求偿还”。参见曾隆兴：《详解损害赔偿法》，中国政法大学出版社2004年版，第292页。

[255] 参见［日］四宫和夫：《不法行为》，青林书院1985年日文版，第522页。转引自曾隆兴：《详解损害赔偿法》，中国政法大学出版社2004年版，第293页。

[256] 参见孙森焱：《民法债编总论》，台北，三民书局1985年版，第244页。

外,还必须具备相应的要件。海上生产经营秩序和人命安全作为海上人身伤亡赔偿制度重要的价值取向,要求在海上人身伤亡赔偿中,进一步加重加害人责任,扩大索赔主体范围。同时,海上生产经营活动具有不同于陆地生产经营活动的复杂性,并且承担着特殊风险,这种面临巨额赔偿的风险已严重危及海上产业的繁荣发展和社会稳定,海上生产经营秩序价值和人命安全价值要求进一步扩大责任承担主体,将赔偿责任分散社会化,在这种情况下,保险人、担保人、基金及其他保证人等将成为承担海上人身伤亡赔偿责任的主要主体。

第四章 海上人身伤亡赔偿范围

第一节 损害赔偿性质

一、债抑或是责任

关于损害赔偿是一种债还是一种责任，主要有债权债务说和责任说两种观点。债权债务说认为，损害赔偿的性质是一种债权债务关系，其实质是加害人不法行为致受害人人身权益遭受侵害而在加害人和受害人之间形成的债权债务关系。对受害人来说，请求赔偿是一种债权，对加害人及依法应承担赔偿责任的主体来说是一种债务，即损害赔偿之债。大陆法系国家民法学者传统上持此观点。英国的一些学者也支持这种观点。债权债务说来源于大陆法系民法典的立法编制体例，[257]按照此种体例，加害人对受害人所负赔偿义务是债务，损害赔偿是一种债的关系。我国《民法通则》在颁布前，学者们普遍持此观点，认为侵权行为是债的发生根据之一，损害赔偿是债的法律关系。

责任说认为，损害赔偿本质上是一种责任，是侵权行为人或侵权责任

---

〔257〕 如《德国民法典》第二编“债的关系法”第七章“各种债的关系”第二十五节“侵权行为”，《意大利民法典》第四编“债”第九章“不法行为”等。

人致人损害所承担的民事责任,它体现在对受害人所受侵害状态的恢复,而不是侧重于财产的取得。[258] 责任说还认为,债权债务说不能准确反映我国《民法通则》的立法宗旨,不能突出侵权责任制度的制裁性质和对受害人合法权益的保护。[259] 责任说将《民法通则》中“民事责任”章节作为其立法根据。

笔者认为,这两种观点是对损害赔偿两个阶段的定性,只是观察侧重的角度不同而已,在本质上并无多大差异。损害赔偿法律关系具有相对性,是当事人双方之间基于某一法律事实而形成的当事人一方负有赔偿义务、另一方享有索赔权利的关系。首先这种关系符合债之特点,属于债之范畴。其次,当加害人不履行因其不法行为引起的法定义务时,法律就会加以干涉,强制加害人履行义务,这在法律上就是责任,即法律强制履行的责任,其本质是对法定义务的转化和继续。可以这么说,损害赔偿法律关系的债权债务性侧重于法律对损害赔偿义务的一种态度和评价,责任性则侧重于法律对损害赔偿法律关系的实际干涉、强制履行。

二、补偿性还是惩罚性

关于损害赔偿的本质特性是侧重于对受害人的补偿,还是侧重于对加害人的惩罚,或者是二者兼有,在理论界主要存在三种观点,分别是单一补偿说、单一惩罚说和二者兼具的折中说。

(一)单一补偿说

按照单一补偿说,民事责任赔偿的本质属性在于对受害人在金钱或其他财产性权利以及精神上受到的损害进行经济利益性的弥补,其目的在于恢复受侵害人在未受到侵害前的经济权利和人身权利状态。对受害人的

---

[258] 参见王利明主编:《民法——侵权行为法》,中国人民大学出版社 1993 年版,第 548 页。

[259] 同上书,第 548 ~ 549 页。

赔偿数额及范围限于当事人的可预见或实际发生的损失,因自身原因违反合同或其他民事法律关系的当事人,只需赔偿因自身失误或故意造成的损失部分。我国《民法通则》、《合同法》及《侵权责任法》中具体制度都是按照这一理论设计的。[260] 单一补偿说排除了对间接受侵害人和第三人以及间接损失的赔偿。其后果是助长了加害人的故意及重大过失侵权行为的多发,不能起到更好的惩戒和预防作用。

(二)单一惩罚说

单一惩罚说强调损害赔偿制度的惩罚性、威慑性和示范性。其目的并不仅仅在于给予受害人以充分的补偿,而是要惩罚不法行为人。[261] 美国《第二次侵权法重述》第908条是这样表述的:"在损害赔偿及名义上之赔偿外,为惩罚极端无理行为的人,且亦为威慑该行为人及他人于未来从事类似的行为而给予的赔偿。"[262]《布莱克法律词典》中的解释为:"惩罚性损害赔偿或称示范性赔偿是被告人出于鲁莽、恶劣或欺诈等而行为时,法院判予的除实际损害之外的损害赔偿金。"[263] 惩罚性质说盛行美国,关于其具体发挥的功能在理论界也存在不同的说法:有纯粹的补偿或弥补受害人的损害的功能,[264] 有学者认为在于惩罚和威慑,[265] 有学者认为是预防与评价,[266] 还有学者认为是除了补偿、制裁之外还有遏制的功能,[267] 以及补偿、

---

[260] 如我国《侵权责任法》《民法通则》中关于赔礼道歉、消除影响、恢复原状、返还财产以及停止侵害等赔偿方式的规定等。

[261] See C. Kameshwara Rao, *Law of Damage and Compensasion*, Delhi Law House, Fifth Edition, 1982. pp. 26 – 30.

[262] American Law Institute, Restatement (*Second*) *of Torts*, American Law Institute Publishers, 2006, p. 628.

[263] Elaine Terranova, *Damager*, Copper Canyon Press, 1995, p. 841.

[264] 参见曾世雄:《损害赔偿法原理》,中国政法大学出版社2001年版,第16页。

[265] 参见崔明峰、欧山:《英美法上惩罚性损害制度研究》,载《河北法学》2000年第3期。

[266] 参见王小红:《论惩罚性民事责任——兼论我国民事责任制度的重构》,载《法律科学》1996年第1期。

[267] 参见王利明:《惩罚性损害赔偿研究》,载《中国社会科学》2000年第4期。

惩罚、威慑、鼓励市场交易等。[268] 惩罚性质说认为,惩罚性赔偿能够尽力实现完全赔偿原则,有助于真正实现侵权责任法的预防和惩戒功能,同时也符合社会正义变革的要求。

(三)折中说

折中说既肯定赔偿责任的补偿功能,又肯定其惩罚功能的积极意义,认为其惩罚功能有利于积极有效预防故意和重大过失的侵权行为,督促行为人积极履行谨慎注意义务,增强社会安全保护意识。但纯粹惩罚功能的适用将不利于社会经济的进一步发展繁荣。因此,该学说坚持补偿为主,惩罚为辅。笔者支持折中说,认为惩罚性赔偿制度首先具有补偿性,能完全补偿受害人所受损失,尤其在对人身伤亡赔偿、精神损害赔偿、间接损害赔偿以及不能以金钱价值衡量的赔偿方面能全部赔偿受害人所受损害,并充分保护受害人合法权益。其次,还具有惩罚和预防功能,通过对重大过失、故意的侵权行为的惩罚性赔偿,预防以后类似事故的出现。

第二节 赔偿范围的确定原则

一、全面充分赔偿原则

该原则要求对于受害人所受的所有损害,包括精神损害、直接损害和间接损害,都应该由侵害人赔偿,“而有关赔偿法律制度不应对其进行限制”。[269] 全面赔偿原则在理论界不同学者称呼也不同,有的称作“全部赔偿原则”,有的称作“实际损失赔偿原则”,还有的称作“完全赔偿原则”等,尽管称呼不同,但其基本意义都是相通的,都强调对受害人赔偿的全面性、充分性,主张实际损失和未来可得利益损失的赔偿。该原则是站在充分保护受害人合法权益的角度上,其功能的发挥能够最大限度地保护受害人,

---

[268] 参见王立峰:《惩罚性赔偿的道德基础》,载《山东审判》2003 年第 1 期。

[269] 祝铭山:《损害赔偿总论》,人民法院出版社 1999 年版,第 301 页。

但其弊端是忽视了加害人的经济赔偿能力以及意志可控制性。

全面赔偿原则也得到世界各国的认可和肯定，如《德国民法典》中关于赔偿范围的确定依据的就是全面充分赔偿原则。英美法和大陆法中的恢复原状原则本质上也是该原则的体现。美国学者贝勒斯认为，对于受害人的损害赔偿限于加害人可预见的受害人所遭受的全部损失，即有限制的全面充分赔偿原则。[270] 在我国理论界，对全面赔偿原则主要存在不同程度的肯定说，主要有财产损害全部赔偿说、[271]普遍适用性的全部赔偿说。[272] 笔者认为，全面充分赔偿原则本身就包括赔偿项目的全面和赔偿数额的充分两个方面。在侵害人身权造成人身伤亡的情况下，对人身伤亡所产生的确定的非金钱性损害额进行全部赔偿。对精神损害的赔偿，是指人民法院依据有关法律规定及案件实际确定的以金钱形式表现的赔偿额。

根据全面充分赔偿原则，在确定损害赔偿数额时，只能将受害人实际损失作为依据进行全部赔偿，[273]损失多少，赔偿多少，[274]不能将加害人的过错大小及侵权行为社会危害性大小作为依据。此处的赔偿范围包括受害人的直接损失和间接损失。具体适用于海上人身伤亡赔偿中，既包括受害人因伤亡多支出的医疗费、鉴定费、抢救费等直接损失费用，还包括受害人因伤亡而承受的误工费、抚养费、残疾者生活补助费、死亡赔偿金以及为

---

[270] 美国学者贝勒斯认为："侵权损害赔偿原则：损害赔偿应当包括构成可预见伤害的所有实际损失……损害赔偿原则常常将原告置于若非被告违反义务他本应处于的地位"。参见[美]迈克尔·D.贝勒斯：《法律的原则——一个规范的分析》，张文显等译，中国大百科全书出版社1996年版，第311页。

[271] 这一原则认为，"完全赔偿原则是指侵权人对其给受害人所造成的财产损失应负全面赔偿责任。"这一原则意味着侵权人要赔偿全部财产损失，无论其侵害行为是故意还是过失，也无论他是否受到其他法律制裁。参见唐德华主编：《民法教程》，法律出版社1987年版，第453页。

[272] 此说认为，全部赔偿原则是加害人承担赔偿责任大小应根据财产损失的多少、精神损害的程度确定民事责任范围。同时认为，全部赔偿包括了赔偿范围与赔偿数额两个方面的内容，包括了财产损害与精神损害的赔偿范围与数额。参见王利明主编：《民法——侵权行为法》，中国人民大学出版社1993年版，第561页；王利明、杨立新：《侵权行为法》，法律出版社1996年版，第325页。

[273] 参见王利明主编：《民法——侵权行为法》，中国人民大学出版社1993年版，第561页。

[274] 参见杨立新：《侵权法论》，人民法院出版社2004年版，第581页。

减少损失支出的其他费用等间接损失。赔偿的损失必须是合法利益损失，非法利益法律不予保护。如一个从事海上走私行为的人在人身受到侵害时要求赔偿经营损失不能得到支持。赔偿的损失必须与加害人的加害行为具有法律上的因果性。加害人的赔偿损失范围只限于加害行为过错范围之内，对因受害人自己过错造成的损失不予赔偿。

二、公允损失赔偿原则

公允赔偿原则，也叫“合理损失赔偿原则”，有的学者也称作“受害方减轻损失原则”等。[275] 尽管学者们对这一原则的称谓存在一定差别，但其基本含义及体现的价值都是相同的。依据这一原则要求，海上人身伤亡赔偿责任主体对受害人所受损害的赔偿数额限于公允损失的范围之内，对于受害人不合理、不公允的损失不予赔偿。该原则为受害人设置了两个方面的义务：一是索赔额限于按照实际损害状况确定的赔偿额，不得通过虚假治疗以及随意扩大治疗等方式不合理提高赔偿额；[276] 二是应该积极主动避免进一步损害的义务。[277] 国外在长期海事司法实践当中逐渐形成的“受侵害人对于减轻所受损失义务”即是该原则的体现。“我国《民法通则》第131条的规定也体现了该原则。”[278]

三、财产赔偿原则

财产赔偿原则是指在海上人身伤亡赔偿中，主要以财产方式对受害人

---

[275] 邓瑞平：《船舶侵权行为法基础理论问题研究》，法律出版社1999年版，第347页。

[276] 如受害方必须在情况许可的合理条件下尽可能及时采取措施，使受害者获得及时抢救和治疗并使受害者接受有助于恢复健康的任何合理治疗；不得做假诊断，受害方所支付的费用必须与受害者的伤害、疾病的治疗有关而且一致，不得多开没有必要的药品等，要将诊断治疗费用控制在必要范围之内。具体采取何种合理治疗方法，要根据受害人的年龄、手术危险程度、治愈后获得工作的机会等多种因素按照一个谨慎人标准综合考虑。

[277] 例如，受害人在治愈后必须通过选择工作来减轻损失的，要在必要时改变其职业性质和类型。

[278] 司玉琢：《船舶碰撞法》，大连海事大学出版社1995年版，第113页。

进行赔偿。[279] 葡萄牙法院认为:“生命丧失本身就是一个可以用金钱衡量和加以补偿的损害。”[280] 人格权本身无法用金钱来衡量其价值,尤其是生命无价的理念也已深入人心。尽管人的生命、健康等是无价的,更难用金钱衡量其价值,但作为社会的一个成员、一个家庭成员,每个人都承担着一定的社会责任和社会义务,即以自己的劳动承担起对家庭成员的抚养义务、[281] 对社会的义务[282] 等。这些劳务在现代市场经济中本身就可以用一定的金钱进行衡量,一旦负有劳务义务的自然人遭受伤亡,势必会使受害人所承担的家庭及社会责任也处于受损害的状态。作为赔偿法就应该从制度设计上使受害人承担的家庭和社会义务受损害的状态恢复。而且,在当今文明社会里,人身损害以同态复仇的方式进行私立救济的方式也一去不复返。以财产方式进行赔偿容易计算,而且受害人因人身伤亡引起的受损害的社会及家庭责任用财产方式弥补,一定程度上维护了社会的和谐和秩序。

四、海上产业利益适当保护原则

海上产业利益适当保护原则,有的学者称作“限制责任赔偿原则”,有的称作“限额赔偿原则”等,名称不同,其基本目的是统一的,即对海上人身伤亡赔偿责任适用最高额限制,亦即海事赔偿责任限制制度,以保护海上产业的健康发展。海上产业属于高风险行业,而且资金投入大,与陆地产

---

[279] See Alastair Hudson, *New Perspectives on Property Law, Obligations and Restitution*, Cavendish Publishing Limited, 2004, p. 245.

[280] 关于计算方法,参见葡萄牙里斯本上诉法院刑事庭 1994 年 1 月 25 日的判决,载 CJXIX (1994 - 1),第 151 页。但根据通论该权利实际上还是继承人的权利,而且是“独立于继承人通过继承途径获得的死者生前精神损害赔偿请求权,继承人自己的精神损害赔偿请求权和财产损失赔偿请求权职位的额外权利”。参见葡萄牙波尔图上诉法院在其 1989 年判决,载 CJXIV (1989 - 2),第 221 页。

[281] 此处的抚养是广义的,不但包括对年幼家庭成员的抚养,还包括对老年家庭成员的赡养等。

[282] 如服兵役。

业相比受自然环境、海洋环境因素制约更多,承受的风险更大、更多、更复杂,而且一旦发生海上人身伤亡事故,会出现伤亡人数多、灾难大、赔偿总额高这样的情形。如果不对海上人身伤亡赔偿责任给予责任限制,势必会影响海上产业的健康发展,甚至有的产业会因一次海上人身伤亡事故而破产。基于此,国际社会及各国相继出台法律法令对责任主体承担责任进行一定限制。如1959年《匈牙利民法典》第339条、1964年《捷克斯洛伐克民法典》第450条等都确定了该原则。[283] 该原则是对全面充分赔偿原则的背离,其限制并非是随意性的,而是通过立法明确规定了责任限制的范围、限制条件以及申请限制的程序等,尤其是对最高限额的规定。随着海上产业的发展,承受风险能力相信会逐渐提高。

我国关于海事赔偿责任限制的制度主要存在于我国《海商法》中和最高人民法院《关于审理涉外海上人身伤亡案件损害赔偿的具体规定(试行)》,但由于我国《海商法》的规定和最高人民法院的司法解释中关于最高限额的规定相冲突,[284]这给司法实践带来很多不便。关于海上人身伤亡赔偿责任限制制度在随后有专门章节论述。

五、精神损害赔偿原则

关于精神损害赔偿[285]前已述及,海上人身伤亡导致受害人的身体、健康及生命权受到侵害,不但会严重打击和折磨直接受害人自身精神,而且其近亲属也会为此经受精神上的折磨和痛苦。精神损害主要表现在精神

---

〔283〕 1959年《匈牙利民法典》第339条规定:"法院可以因为具有公平性质的特殊理由而部分免除行为人的责任。"1964年《捷克斯洛伐克民法典》第450条作了同样规定,即法院可以基于"特别值得考虑的因素"把赔偿限制在适当的数额。

〔284〕 最高人民法院发布的《关于审理涉外海上人身伤亡案件损害赔偿的具体规定(试行)》中规定的最高限额是80万元,而我国《海商法》于1993年7月1日起施行,其规定的数额与司法解释相冲突,由于海商法效力高于司法解释,并且司法解释是在海商法施行前发布的,因此,司法解释关于赔偿责任限制的规定在法律实践当中也逐渐失去存在的意义。

〔285〕 严格来说,精神损害赔偿原则应该属于全面充分赔偿原则之内,本书单独论述以突出其重要性。

上和肉体上的痛苦,或者因伤残、严重疾病后遗症等,如肢体丧失、容貌尽毁等给就业、婚姻、交际等带来的不正常的破坏和干扰。

精神损害是一种真实的损害,有时对受害人的伤害和带来的痛苦更大。因此,对精神损害进行赔偿体现了法律的人文关怀和人命优先的价值理念。目前,精神损害赔偿制度也逐渐为各国法律所确认,并在司法实践当中作为一个单独的赔偿项目。我国海上人身伤亡赔偿中,对精神损害项目的赔偿依据主要是最高人民法院《关于审理涉外海上人身伤亡案件损害赔偿的具体规定(试行)》,在新施行的《侵权责任法》中更是明确规定了人身伤害的精神损害赔偿制度。对精神损害赔偿制度将在专门章节详细论述。

六、惩罚性赔偿原则

惩罚性赔偿是与补偿性赔偿相对应的一种赔偿,是作为一种对加害人的惩罚方式判给受害人的一笔特别补充性的赔偿制度。[286] 关于这项救济措施的合理性,学者们争论了长达一个世纪。[287] 对于惩罚性赔偿制度的态度存在两种,即肯定说与否定说。肯定说主张:惩罚性赔偿制度的适用有利于实现民事责任的惩罚与补偿功能、道德责任以及社会效益,是矫正公正与分配公正的延伸性在赔偿制度中的体现。[288] 民事责任所具有的惩罚和补偿功能对社会都具有制裁不法行为的作用。[289] 惩罚与赔偿功能在赔偿法中的结合是古往今来法律的一种传统现象。[290] 否定说主张:惩罚性赔

---

[286] See Cass R. Sunstein, Reid Hastie, John W. Payne, *Punitive Damages*, the Univercity of Chicago Press, 2002, p. 452.

[287] See Galligan, "Augmented Awards: The Efficient Evolution of Punitive Damages", *Louisiana Law Review*, Mar, 1990, pp. 17 – 20.

[288] See A. J. Sebok, "Punitive Damages: From Myth to Theory", *Iowa Law Review*, 2007, p. 148.

[289] See D. G. Owen, "Punitive Damages Overview: Functions, Problems and Reform", *Villanova Law Review*, May, 1994, p. 338.

[290] See J. D. Ingram, "Punitive Damages Should Be AbolishedJD Ingram", *Capital University Law Review*, July, 1985, pp. 175 – 178.

偿制度和刑事责任的分离适用将导致加害人受到双重惩罚,加重了加害人的责任。[291] 而且惩罚性赔偿金的计算标准也难以确定。

在外国的法律与实践中,美国不同的州对待惩罚性赔偿制度也存在对立的两种态度。如美国路易斯安那州、内布拉斯加州以及新罕布什尔州不允许实行惩罚赔偿制度。[292] 密歇根州及大陆法系国家通常以受害人实际损害作为计算基础,将惩罚性赔偿作为对受害人的额外补偿。[293] 英国不支持惩罚性赔偿,但也存在一些承认惩罚性赔偿的典型案例,如 Rookes v. Barnard 案中,上议院根据英国普通法在两个方面限制性地适用惩罚性赔偿制度,一是官方雇员的违法、暴力及裁判行为,二是被告获得的利益超过了受害人所得补偿。[294] 英美普通法适用惩罚性赔偿制度的理论基础在于民事责任惩罚论和加害人过错论。依据该理论,惩罚性赔偿也主要适用于加害人故意侵权行为、严重过失和无视他人人身安全行为以及重大疏忽行为。

我国现行法律法规中没有确认人身侵权救济的惩罚性赔偿,民法及海商法学界多数人否定其积极意义,他们主要强调损害赔偿责任的功能在于填补受害人损失。也有少数学者以经济分析方法分析得出,在民事侵权领域侵权人支付给受害人的损害赔偿金应该包括补偿性的和惩罚性的赔偿金。[295]

本书采肯定说,公法性的惩罚不应也不能代替私法领域对受害人合法权益的维护和对加害人严重不法行为的惩罚。公法性惩罚侧重于维护社

---

[291] See G. T. Schartz, "Deterence and Punishment in Common Law of Punitive Damages: A Comment", *California Law Review*, March, 1982, pp. 135 – 145.

[292] See Jeffries Jr., "A Comment on the Constitutionality of Punitive Damages", *Virginia Law Review*, January, 1986, p. 355.

[293] 参见[美]罗伯特·考特、托马斯·尤伦:《法和经济学》,张军等译,上海人民出版社 1999 年版,第 626 ~ 630 页。

[294] See Mallor, Jane, Roberts, Barry, "Punitive Damages: Toward a Principled Approach", *Hastings Law Journal*, June, 1979, pp. 969 – 972.

[295] 参见刘茂林:《知识产权法的经济分析》,法律出版社 1997 年版,第 265 ~ 273 页。

会公共秩序，私法性惩罚侧重于对受害人合法权益的全面充分赔偿，安慰受害者心灵，体现法律对弱者的人文关怀。补偿性和惩罚性赔偿在民事赔偿领域各自发挥的功能侧重点不同，补偿性赔偿侧重于弥补受害人的实际损失，惩罚性赔偿侧重于私法领域对加害人严重侵害人权、无视生命和他人人身安全的不法行为的惩罚，以维护社会公德和正义，同时，也很好地体现了私法的训诫功能，具有积极的社会效益。如果忽视惩罚性赔偿制度的积极作用，只能形成在赔偿责任分配上的形式公平，体现不出加害人对加害行为的过错程度，体现不出赔偿责任分配上的实质公平，更不会起到法律的威慑和预防功能。

具体惩罚性赔偿原则在海上人身伤亡赔偿中的适用，主要涉及适用条件、赔偿金额计算等。惩罚性赔偿原则的适用主要考虑不法行为的严重性以及加害人过错程度和受害人受损害后果。具体应适用于因故意、严重过失和漠视安全义务等不法行为造成的海上人身伤亡事故，以及违反公法和道德义务不积极施救造成重大人员伤亡的事故。具体赔偿数额的计算也主要以补偿性赔偿金为基础，由人民法院考虑侵害人主观心理状态、伤亡严重程度等情况按照补偿性赔偿金的一定倍数进行确定。

第三节　财产损失赔偿

国外关于人身伤亡赔偿范围的规定主要散见于其专门法律法规中，对赔偿项目的规定也主要是“供养费”“医疗费”“抚恤金”等笼统的规定。如2001年《加拿大航运法》关于“供养费和医疗费”赔偿范围的规定。根据加拿大相关法律和判例规定，人身伤亡金钱损失赔偿范围包括：“（一）特别损害赔偿，该项目主要包括诉前因工作能力丧失导致的收入损失和诉前支出的护理费用；（二）因丧失工作能力而导致的未来收入损失，主要包括收入及利息所得损失、丧失照顾家庭能力导致的损失、丧失分担家庭收入导致的损失;(三)未来护理费用损失。”[296]

《法国海商法》规定了船舶所有人支付“供养费和医疗费”的义务,并在1926年《海上作业法典》将“供养费和医疗费”界定为:“工资、食物、住宿和照料的费用”。另外,还规定,对于伤残的船员还可根据伤残程度获得全部残疾或部分残疾、永久性残疾或暂时性残疾的抚恤金,死亡船员的配偶或遗孤也可以在未获海员退休基金支付的抚恤金时获得死亡赔偿金。

英国法规定的伤害赔偿范围主要涉及治疗费、辅助器具费、丧葬费、赔偿金和利息等。[297] 美国独特的海上人身伤亡赔偿法律规定船员可获得供养费和医疗费的救济。[298]

我国《民法通则》第119条规定,受害人身体遭受侵害的,责任人应该负责赔偿受害人为治疗所支出的医疗费、残废辅助器具费以及误工减少的收入等。如果造成受害人死亡的,还应该支付丧葬费等,最高人民法院《关于审理人身损害赔偿案件适用法律若干问题的解释》第17条对此也作了类似的规定。

对于涉外的海上人员伤亡赔偿,最高人民法院《关于审理涉外海上人

---

[296] Cooper-Stephenson,“Damages for Loss of Working Capacity for Women”, *Saskatchewan Law Review*, July, 1978, p. 178.

[297] 英国1995年《商船法》第45条(1)规定,如果受雇于英国船舶的人为治疗的有效性而在英国境外接受了任何手术或治疗或此类牙科或眼科治疗(包括任何器械的修理和替换),则此合理的费用应由雇主承担;(2)规定当一个受雇于英国船舶的人死亡,并在英国境内安葬或火化,则丧葬或火化的费用也应由雇主承担。1976年《致命事故法》规定了遇难船员的特定生存者因受害者死亡丧失经济支持可获得的赔偿金和利息。

[298] 即对其在船上工作期间(包括上岸休假期间)遭受的任何种类的疾病或伤害向雇主提出索赔,要求赔偿食物、住宿和医疗的费用,在美国 Farrell v. Unites States 案中确立了该救济以一段合理的时间,或得到“最大限度地治疗”(如果这种治疗是合理的和可能的)为限的原则。若船舶所有人“无情地”或“有意地”拒绝支付供养费和医疗费,还可能支付一笔船员的律师费。《琼斯法案》规定对“可用金钱支付的损害”提供赔偿,这类损害包括:过去工资的损失、未来工作能力的丧失、不能被医疗费完全补偿的以前和未来的医疗费用以及痛苦、生命欢乐的丧失;在“幸存者诉讼”中,死者的遗产代理人可以要求对死者生前遭受的痛苦和伤害进行赔偿,还包括判决前所产生的利息;但不可用金钱支付的损害赔偿,如亲属权的丧失和惩罚性赔偿,则被排除,但因伤害或“危险境地”导致的精神伤害的赔偿会得到支持。《公海死亡法》对海上事故造成的死亡只规定了用金钱支付的损害赔偿,如丧葬费、支助的丧失、死者工作的丧失、指导和继承上的损失等。

身伤亡案件损害赔偿的具体规定(试行)》第3条规定,受害人伤残情况下,应对其赔偿收入损失、医疗费用、护理费、安抚费和其他必要的费用,包括运送伤残人员的交通、食宿之合理费用、伤愈前的营养费、补救性治疗(整容、镶牙等)费、残疾用具(假肢、代步车等)费、医疗期间陪住家属的交通费、食宿费等合理支出。该解释第4条规定,受害人死亡情况下,应赔偿收入损失、医疗费、护理费、安抚费、丧葬费以及其他必要的费用,包括寻找尸体、遗属的交通、食宿及误工等合理费用。

综合以上各国关于赔偿范围的规定可以看出,对于受害人财产损失赔偿项目及范围主要分为两大类,分别是所受损害的赔偿和所失利益的赔偿。所受损害的赔偿,也叫直接财产损失赔偿;所失利益的赔偿也叫间接损害赔偿,或称未来收入利益的损失等,主要包括全部或部分丧失劳动能力或受害人死亡导致的未来收入损失,即残疾赔偿金与死亡赔偿金。

一、直接财产损失赔偿

直接财产损失赔偿,在英美国家被称为"因损害事故的发生而增加的必要支出",[299]在德国称作"直接损害",[300]是指对受害人人身遭受侵害导致其现有财产的不当减少这一损害的赔偿。主要包括三类:一是为治疗损伤支出的医疗费、护理费、交通费、住宿费、住院伙食补助费、营养费以及康复护理后续治疗支出的康复费等;二是受害人死亡时支付的丧葬费;三是受害人因生活需要增加而被迫支出的费用,如配置残疾用具、长期护理依赖支出费用。

(一)医疗支出赔偿

医疗支出的费用是指受害人遭受人身伤害后接受医学上的检查、治

〔299〕 John G. Fleming, *The Law of Torts*, The Law Book Company Limited, 1992, P. 230; Ricard A. Epstein, *Torts*, Aspen Law & Business Press, 1999, pp. 441 – 445.

〔300〕 B. S. Markksinis, Hannes Unberath, *the German Law of Torts: A Comparative Treatise*, Hart Publishing, 2002, pp. 907 – 910.

疗、抢救以及康复所必须支出的费用。如受害人遭受一般伤害后[301]为恢复健康所支出的医疗费用,受害人遭受严重侵害身体致残为保命使体征稳定所支出的医疗费用,以及受害人死亡前所必须支出的抢救医疗费用。[302]

对于受害人医疗费用的赔偿依据通常按照受害人所就医医院开具的诊断证明和医药费、住院费以及后续治疗费用正规单据等的书面记载为准。医疗支出不仅包括实际已经支付的医疗费用,也包括将来必须支付的医疗费用,如为恢复器官功能而进行的训练所支出的康复费、整容费和其他后续治疗费。[303]

关于受害人及其家属对医院的选择权和医院性质,最高人民法院《关于贯彻执行〈中华人民共和国民法通则〉若干问题的意见(试行)》第144条[304]进行了限制,这条规定不利于医疗支出的节俭和受害人伤害的及时治疗,所以在司法实践中,人民法院的判例都突破了这点规定。如前所述,对于医疗开支范围要把握好必要性、相关性原则,不能随意增加医疗支出,开支范围要与所受伤害相关,必须是恢复健康、保命抢救之必要。同时,对于后续治疗费用的必要性和计算标准必须有主治医生的医嘱等依据。

(二)康复费支出赔偿

康复治疗是确保受害人在遭受人身侵害后恢复其正常生理状态的基

---

[301] 受害人遭受一般伤害是指经过治疗后,受害人可以恢复健康,并且不会造成身体全部或部分劳动能力丧失的一般轻度的伤害。

[302] 具体来说,医疗支出项目大致包括以下几种:(1)挂号费,包括医院门诊挂号费、专家门诊挂号费等;(2)医药费,即购买药品所支付的费用;(3)检查费,包括为治疗所需的各种医疗检查费用,如血液检查费用、透视费用、CT费用、B超费用、彩超费用等;(4)治疗费,即受害人接受治疗所支付的费用,如换药、打针、理疗、手术、化疗、矫形、整容等费用;(5)住院费,即患者住院治疗所需支付的费用;(6)其他医疗费用,如进行器官移植的费用、专家会诊聘请费用等。

[303] 后续治疗费是指对损伤治疗后体征固定而遗留后遗功能障碍需要治疗的费用,或伤情尚未恢复需要二次治疗所必须支出的费用。

[304] 最高人民法院《关于贯彻执行〈中华人民共和国民法通则〉若干问题的意见(试行)》第144条规定:“医药治疗费的赔偿,一般应以所在地治疗医院的诊断证明和医药费、住院费单据为凭。应经医务部门批准而未获批准擅自另找医院治疗的费用,一般不予赔偿;擅自购买与损害无关的药品或者治疗其他疾病的,其费用则不予赔偿。”

本治疗方法,主要包括物理疗法、作业疗法、语言治疗、心理治疗、康复护理、康复工程、职业疗法以及传统康复疗法。物理疗法是指物理治疗、体育疗法、运动疗法等。作业疗法包括功能训练、心理治疗、职业训练等,目的是让患者能适应个人生活、家庭生活及日常生活。语言治疗是对失语、发音障碍及听觉障碍患者进行训练。康复工程是指利用矫形器、假肢及辅助器械等补偿生活能力和感官的缺陷。传统康复疗法是指利用传统中医针灸、按摩、推拿疗法促进康复。[305]

我国最高人民法院《关于审理人身损害赔偿案件适用法律若干问题的解释》专门就后续治疗费用和残疾辅助器具费的赔偿进行了明确规定,因此,其第 19 条规定的“器官功能恢复训练所必要的康复费”仅指为受害人遭受损害的器官功能恢复而进行训练所支出的费用,包括物理疗法、语言疗法以及作业疗法中的“功能训练”所支付的费用。职业疗法所付出的费用没有包括在赔偿范围之内。心理疗法支付的费用可以通过精神损害赔偿进行赔偿。

笔者认为,将康复费作为赔偿责任人对受害人赔偿项目更符合社会经济现实,也有利于实现对受害人损失的充分全面赔偿。首先,整个国家经济持续发展,人民生活水平也大大提高,应该提高和改善受害人待遇,以分享经济发展成果。[306] 其次,受害人遭受人身侵害后,为了更好地适应社会、适应生活,需要使因病、伤、残已经丧失的功能尽快、尽最大可能地恢复和重建,使他们在体格上、精神上、社会上和经济上的能力得到尽可能的恢复。

---

〔305〕 参见张新宝主编:《人身损害赔偿案件的法律适用》,中国法制出版社 2004 年版,第 319 ~ 320 页。

〔306〕 参见张新宝:《侵权责任法原理》,人民大学出版社 2005 年版,第 499 页。

(三)护理费用支出赔偿

护理费用支出,[307]是指受害人在住院就医期间和出院后恢复健康期间,因行动能力和自理能力所限,需要其亲属或雇佣专人陪同和护理照顾其生活、就医而支出的额外费用或其亲属的收入损失。由此可见,依据护理期间不同,受害人一般伤害情况下的护理支出包括受害人在住院就医期间的护理费用和伤情治愈后康复期间的护理费;在受害人残疾的情况下,包括他人长期持续的帮助而支出的护理费。护理费用还可以分为雇用专门从事护理工作的人员的护理费用,受害人的亲属或配偶进行护理而导致的护理人员收入损失。对于亲属护理人员进行护理的,是否应该纳入赔偿项目曾经存在一定争议,有的国家法律不予承认,如日本有判例认为:"亲属进行无偿看护是亲情的体现,受害人并没有支出看护费用,因此不应纳入赔偿义务人赔偿项目和范围。"[308]我国台湾地区判例也支持这种观点。[309]

笔者认为,亲属护理人员基于亲情看护受害人,受害人虽然没有支出护理费用,但受害人亲属为看护受害人会损失收入,而且这种亲情行为不能施加给加害人,加害人不能因此免除其赔偿护理费的责任。

护理费支出多少与护理人员的收入状况、护理人数和护理期限有关。护理人员原则上为一人,如果医疗机构或者鉴定机构有明确意见,可以参照确定护理人员的人数。[310] 护理期限一般计算到受害人恢复生活自理能力时止。受害人因遭受侵害导致残疾不能恢复生活自理能力的,根据其年

---

[307] 在受害人住院治疗期间,医院统一安排的护士护理费用,因为已纳入医疗费的范围,因而不应列入护理费。

[308] 日本大判昭和 12 年 11 月 12 日民集,第 16 卷第 1 号。

[309] 参见我国台湾地区"最高法院"1955 年台上字第 1700 号,1958 年台上字第 425 号、第 1799 号等。

[310] 最高人民法院《关于审理人身损害赔偿案件适用法律若干问题的解释》第 21 条。

龄、健康状况等因素确定合理的护理期限,但最长不超过20年。[311]

如果护理人员是受害人的家属或朋友的,按照误工费的计算方法计算护理人员的收入损失。如果护理人员是专门雇佣的护工,则参照当地护工从事同等级别护理的劳务报酬标准计算。[312]

(四)交通费赔偿

这里的交通费是指受害人自身、协助其就医的家属以及亲属护理人员在当地或到外地就医期间来往奔走所支付的必要的费用,包括市内公共汽车费用、紧急情况下必要的出租车费和包车费以及火车费等费用。[313] 对于交通费的计算标准,原则上应当按照国家机关一般工作人员的差旅标准进行赔偿,如轮船应当是三等舱等。同时,也应该考虑到受害人的伤情、治疗的紧急程度等多种因素,在此基础上综合加以认定。如受害人被人砍断双腿需要转院治疗时,让他乘坐火车硬席显然是不恰当的。如果受害人或其家属自驾车前往医院就医,当地就医则依据出租车费赔偿,到外地就医则依据包车费用标准进行赔偿。在受害人遭受侵害无法或不宜移动,由专家医生上门治疗时,如果医生出诊的交通费没有计入医疗费,对于医生出诊的交通费也应该进行赔偿。

(五)住宿费赔偿

住宿费是受害人到外地就医所必须支付的受害人自身和亲属护理人

---

[311] 如果受害人实际需要的护理期限,超过了法院判决的期限,甚至超过了20年的最长期限,就超过期限的护理费,受害人有权再次请求赔偿。参见最高人民法院《关于审理人身损害赔偿案件适用法律若干问题的解释》第33条规定:"超过确定的护理期限,赔偿权利人向人民法院起诉请求继续给付的,人民法院应当受理。经审理认定赔偿权利人确实需要继续护理的,人民法院应当判令赔偿义务人继续给付相关费用五至十年。"如果受害人实际被护理的期限,短于法院判决确定的期限(例如,受害人在此期限内康复已无须护理,或者在这个期限未满时受害人就死亡的)而赔偿义务人一次性已经支付了该期限内的全部护理费,受害人基于法院的判决一次性取得该笔护理费的,受害人或者其继承人不负返还的义务。

[312] 最高人民法院《关于审理人身损害赔偿案件适用法律若干问题的解释》第21条。

[313] 如最高人民法院《关于审理涉外海上人身伤亡案件损害赔偿的具体规定(试行)》第3条第4款。

员以及家属的必要的住宿费用,包括到外地等待病床位期间的住宿费用和治疗期间家属及亲属护理人员必须的住宿费用。我国目前医疗水平各地差异很大,而医疗服务又处于供不应求的情况,受害人根据需要前往医疗水平较高的大城市,如北京、上海等地治疗时,常常因医院病床已满而无法住院治疗,只能暂住在旅社或宾馆里。对于这些费用赔偿义务人应当予以赔偿。最高人民法院《关于审理人身赔偿案件适用法律若干问题的解释》第 23 条第 2 款对此进行了明确规定。[314]

(六)住院伙食补助费赔偿

伙食补助费是指受害人在住院治疗期间补助伙食所需要的费用。关于伙食补助费是否应该纳入赔偿范围,理论上存在一些争议。一些人认为,受害人不住院治疗也要吃饭,不能将受害人日常生活需要部分纳入赔偿项目。另有一些人认为,应该将伙食补助费纳入医疗费中。笔者认为,其一,伙食补助费不同于伙食费,伙食补助费是由于受害人住院治疗而高于平常伙食所需费用部分,因此,应该纳入赔偿项目。其二,伙食补助费本质上是饮食方面的费用,与医疗费在功能上有本质区别。因此,应该将住院伙食补助费纳入赔偿义务人赔偿范围,这也符合司法正义要求。

需要注意的是,这里的住院伙食补助费不但包括受害人本人的住院伙食补助费,还包括受害人在外地就医期间其陪护人员的伙食补助费。最高人民法院《关于审理人身损害赔偿案件适用法律若干问题的解释》第 23 条第 2 款对住院伙食补助费的赔偿给予了明确规定。

关于赔偿标准,对住宿费和住院伙食补助费一般只赔偿实际支出费用,按照受害人提供的票据为准,但不能超过国家工作人员在同地区的出

[314] 最高人民法院《关于审理人身损害赔偿案件适用法律若干问题的解释》第 23 条第 2 款规定:“受害人确有必要到外地治疗,因客观原因不能住院,受害人本人及其陪护人员实际发生的住宿费和伙食费,其合理部分也应予赔偿。”

差补助标准。[315]

(七)营养费赔偿

营养费是指受害人人体遭受侵害后发生代谢改变,通过日常饮食不能满足受损机体对热能和各种营养素的要求,需要从其他食品中获得营养所给付的费用。营养费的赔偿计算应该把握同加害行为的因果关系。要区分受害人遭受侵害前就需要补充的营养和受到损害后才需要补充的营养。只有由于加害人的侵害行为导致受害人额外需要增加的营养费支出才能纳入赔偿范围。其因果关系表现在:人体在正常情况下,可以通过正常饮食摄取到满足生命需求的足够营养物质;加害人的不法行为影响甚至破坏了受害人机体正常的代谢功能,导致损害后机体营养储备消耗或因损害导致机体摄入、吸收或利用营养不足等情况,在这种情况下,受害人必须通过从一些特定药品或食品中摄取营养物质来满足机体的需求。从药品中摄取营养的费用计入医药费给予赔偿,从食品中摄入营养的费用则需要计入营养费由赔偿义务人进行赔偿。

另外,赔偿义务人支付营养费还具有医学上的必要性。大量临床资料表明,病人营养不良是世界性的。住院病人营养状况恶化原因是多方面的:可能是病人由于恶心、呕吐、吸收不良等,术后部分消化道切除,肾病透析使营养素的丢失增加,吸收不良,利用下降;也可能是因大面积烧伤、骨折、感染等产生应激反应,分解代谢紊乱,营养需要增加;还可能由于某些药物的影响使营养素的破坏加剧,或者近期饮食受到限制,或为了化验检查的需要,多处禁食。凡此种种都可能造成原发性或继发性营养缺乏。[316]对需要营养的受害人及时给予营养支持,可以显著改善受害人营养状况,有效地配合临床治疗,提高手术成功率和治愈率,缩短住院时间,促进尽快

〔315〕 主要是指 1996 年 2 月 1 日生效的财政部制定的《关于中央国家机关、事业单位工作人员差旅费开支的规定》第 8 条第 1 款的规定。国家对此有调整的按照最新的标准支付。

〔316〕 参见查良锭等:《实用营养手册》(第 2 册),中国标准出版社 1994 年版,第 329 ~ 330 页。

康复。因此,对于营养费,赔偿义务人应当给予赔偿。对此最高人民法院《关于审理涉外海上人身伤亡案件损害赔偿的具体规定(试行)》第3条第4项和《关于审理人身损害赔偿案件适用法律若干问题的解释》第17条都明确将营养费作为人身伤害中财产赔偿项目。

营养费给付要根据受害人伤残情况并参照医疗机构医嘱和专门的意见确定。对此,最高人民法院的司法解释也给予了明确规定。[317] 对于具体给付标准,在司法实践当中存在不同的做法,如"当地居民平均生活费标准的40%~60%"[318]或"一般每天2~10元"。[319] 笔者认为,这些规定,尤其是固定每天赔偿数额的规定非常不符合客观实际,更不具有科学性。营养费的给予标准要严格按照受害人受伤害的实际情况,根据需要补充营养的程度、营养品的类型,并充分考虑医疗机构的专门意见酌定。

(八)受害人死亡的丧葬费支出赔偿

丧葬费是指受害人死亡后,为其办理丧事而支付的费用。对于丧葬费是否应该纳入赔偿范围,理论上存在一定争议。有人认为,人总有一死,丧葬费的支出是必然的,加害行为无非是让支出提前而已,因此,不支持将丧葬费纳入赔偿范围。[320] 笔者认为,上述观点欠妥。首先,将丧葬费纳入赔偿范围是加害人的道德义务。人固有一死,但受害人因疾病或生理过程自然死亡与因受侵害死亡在残忍程度及对亲属感情的冲击力度上不同。让受害人家属自己承担丧葬费用,加害人亲属心理和情感上也难以接受。侵害致死赔偿丧葬费是对加害人道德上的非难。其次,将丧葬费纳入赔偿范

---

[317] 最高人民法院《关于审理人身损害赔偿案件适用法律若干问题的解释》第24条规定:"营养费根据受害人伤残情况参照医疗机构的意见确定。"

[318] 江苏省高级人民法院《关于审理人身损害赔偿案件中若干具体问题的意见》第83条和《湖南省高级人民法院人身损伤医疗赔偿暂行规定》第52条。

[319] 河南省高级人民法院《关于审理人身损害赔偿案件中确定赔偿范围及标准的意见》第10条第2款。

[320] 参见徐念怀:《生命权侵害之损害赔偿研究》,台湾辅仁大学2003年硕士学位论文,第57页。

围是世界各国及地区赔偿责任规定的共同做法。如《德国民法典》第 844 条第 1 款、[321]《瑞士债务法》第 45 条第 1 款、[322]《俄罗斯联邦民法典》第 1094 条第 1 款[323]以及我国台湾地区"民法典"第 192 条第 1 款[324]等对此都作了明确规定。

综合世界各国和地区规定，丧葬费赔偿标准主要存在两种：固定数额标准和通过司法人员在综合各种因素的基础上确定。前者如我国最高人民法院《关于审理人身损害赔偿案件适用法律若干问题的解释》第 27 条和 1992 年《关于审理涉外海上人身伤亡案件损害赔偿的具体规定（试行）》第 4 条第 4 款关于丧葬费赔付标准的规定。后者如日本和我国台湾地区，法官在考虑丧葬费时通常根据死者身份、地位、经济状况、当地风俗习惯以及实际有无必要来确定。

笔者认为，采取固定数额的丧葬费的懒惰做法虽然简便易行，但缺乏灵活性，在一定程度上也缺乏对一个地区丧葬风俗的足够尊重。丧葬费包括的具体项目以及支出多少都应该结合当地风俗习惯、受害人的经济状况、参与送葬亲属人数以及受害人身份等因素综合考察，在此基础上确定具体的赔偿数额。当然，为防止司法权之滥用，可以采取相对限制的做法，如规定丧葬费赔偿额不能超过死亡赔偿金的一定比例。

（九）受害人残疾情况下的残疾辅助器具费用支出赔偿

所谓残疾辅助器具费，是指受害人由于身体功能全部或部分丧失后，

---

〔321〕《德国民法典》第 844 条第 1 款规定："在杀害的情况下，赔偿义务人应向承担埋葬费的人赔偿埋葬费。"

〔322〕《瑞士债务法》第 45 条第 1 款规定："伤害致人死亡的，支付的赔偿金应当包括所支出的费用和丧葬费。"

〔323〕《俄罗斯联邦民法典》第 1094 条第 1 款规定："对受害人死亡负有责任的人，应向支付丧葬费的人赔偿必要的丧葬费。"

〔324〕我国台湾地区"民法典"第 192 条第 1 款规定："不法侵害他人致死者，对于支出医疗及增加生活上需要之费用或殡葬之人，亦应负担赔偿责任。"

为了生活需要不得不购买、配置生活自助用具而支出的费用。[325]

关于残疾辅助器具赔偿标准，最高人民法院《关于审理人身损害赔偿案件适用法律若干问题的解释》第26条[326]对此作了明确的规定：首先，是否需要配置残疾辅助器具不需要医院出具专门证明，也不限制是国产的还是进口的，残疾辅助器具是否配置以及配置标准和赔付费用标准完全是在充分考虑受害人的伤情和真实生活需要的基础上，通过参照辅助器具配置机构的专业意见确定的；其次，规定了残疾辅助器具的更换周期问题，更好地保护了残疾受害人的合法权益。

笔者认为，在把握具体需用什么器具、什么标准的问题的时候，需要把握一个原则，那就是在目前科技水平允许的情况下，尽可能地让受害人受破坏的身体功能通过器具得到弥补，从而能够保持正常的生活状态。同时，要秉着科技发展的眼光确定残疾者需用的这些辅助器具，随着科技发展，会出现新的器具更好地便利受害人，在这种情况下，只要这种新的残疾辅助器具价格在合理范围之内，也应该由赔偿义务人承担。同时应该在经济便利的原则下，尽量避免给赔偿义务人增加过多的赔偿负担。

(十)受害人聘请律师费是否纳入赔偿范围之争议

关于受害人为索取赔偿而聘请律师所需要的费用是否应该纳入赔偿项目，我国现行法律对此不予承认。在司法实践中，也是由受害人自己承担。在美国有学者认为，律师费是受害人为行使损害赔偿权所必要的费用，应该纳入赔偿项目。[327] 在美国司法实践中，只有当赔偿责任人拒绝提

---

[325] 这些残疾辅助用具通常包括：肢残者需用的支辅器，假肢以及其零部件，假眼、假鼻、内脏拖带、矫形器、代步工具、生活自助器等，对于视力残疾者需用的盲杖、导盲镜、助视器、盲人阅读器等；语言、听力残疾者使用的语言训练器、助听器；智力残疾者使用的行为训练器、生活能力训练用品等。参见汪治平：《人身损害赔偿若干问题研究》，中国法制出版社2001年版，第62页。

[326] 该条规定："残疾辅助器具费按照普通适用器具的合理费用标准计算。伤情有特殊需要的，可以参照辅助器具配置机构的意见确定相应的合理费用标准。""辅助器具的更换周期和赔偿期限参照配置机构的意见确定。"

[327] See Peter Barrie, Peter Barrie, *Personal injury law: liability, compensation, and procedure*, Oxford University Press, 2005, p. 452

供供养费和医疗费时，受害人聘请律师费用才纳入赔偿项目。如在 Vaughan v. Atkinson 案中，由于被告"无情地""故意地"不赔偿供养费和医疗费，因此，法官要求被告承担受害人聘请律师的费用。Curtis v. Curtis 案[328]进一步确认了赔偿责任人对一方不得已聘请律师费用的赔偿义务。

二、所失利益的赔偿

所失利益的赔偿，也叫"赚钱能力的减少"的赔偿和"间接损害"的赔偿，它是指对加害行为导致赔偿权利人应获得的财产无法获得这一损害的赔偿。英美法国家称为"未来工作能力损失"即"future loss of working capacity"。[329] 加拿大学者库伯－斯蒂芬（Cooper-Stephenson）认为，"未来工作能力损失应该包括受害人未来通过劳动工作所获收入全部，而不应该仅仅指受害人未来工资收入"。[330] 他还认为："法院在实际评估其实际损害程度时，应该合理估计受害人的未来盈利能力的增强等因素，而不是仅仅停留在受害人已有的获得收入的能力状态。对该项目的赔偿应该适当考虑到受害人遭受侵害前收入状态以及其他人从事类似工作收入的一般标准等因素。"[331]

本书认为，所失利益赔偿具体包括受害人因伤治疗期间的收入损失、受害人因全部或部分劳动能力丧失而损失的未来收入以及受害人残疾或死亡情况下被抚养人抚养利益的丧失。

---

[328] See David W. Robertson, "Applicability of State Law in Maritime Cases after Yamaha Motor Corp. v. Calhoun", *Tulane Maritime Law Journal*, March, 1996, p. 81.

[329] 英美法国家的未来工作能力损失主要是根据丧失工作能力的程度是全部还是部分，该赔偿项目数额的计算通常比较复杂，由于影响该数额的很多因素都是不确定性的，在英美国家，为了使数额的计算更准确，通常是综合运用专家证据、经济统计数字以及概率等经济手段计算出来的。See Cooper-Stephenson, "Damages for Loss of Working Capacity for Women", *Saskatchewan Law Review*, July, 1978, pp. 168 – 171.

[330] Robert B. Acomb, "Maritime Personal Injury and Death", *Tulane Law Review*, June, 1999, pp. 1731 – 1781.

[331] R. Graycar, "Compensation for Loss of Capacity to Work in the Home", *Sydney Law Review*, *October*, 1983, p. 528.

(一)直接受害人就医期间收入损失赔偿

直接受害人就医期间的收入损失,也称误工费,是指受害人接受医学治疗期间内[332]劳动或工作强度的降低导致收入的损失。收入损失具有以下特征:一是个体差异性大。社会生活中的每一个人,由于其智力、体力、生活环境和机遇等多方面因素的差异,从事的工作和劳动也千差万别,这导致在每一不同的人遭受人身伤害后,因无法工作或劳动而失去的收入各不相同,具有非常明显的个体差异,是一种具体的损失。二是计算标准无法固定统一。社会生活中每一个人所从事行业不同,有的在机关、事业单位等固定收入单位,有的人的收入则不固定。即便同在固定工作岗位的人之间,由于每个人所在单位性质、效益不同,所获收入也不同,这给司法实践造成了困难。三是具有一定程度的推测性。受害人遭受侵害后,由于无法从事劳动和工作,其究竟丧失多少收入,完全是凭借受害人遭受侵害前的收入水平进行推测,这种推测在司法实践中往往存在一个假设,即受害人遭受侵害前正常工作和劳动时不存在其他偶然的影响其收入的不利因素。受害人人身遭受侵害后就医期间的收入损失大小与就医期间长短和受害人自身收入水平或计算标准有关。对于就医期间长短的核算应该依据受害人所就医医院出具的证明或伤势鉴定情况,并在结合受害人实际伤害程度、恢复状况综合考虑的基础上,按照必要性、合理性的原则进行认定。[333] 所谓必要性是指就医期间的长短为治疗伤情所必要,不能故意延长就医期间而不合理增加收入损失额。受害人残疾的,以"定残日"[334]作为计算误工时间标准。定残日之后因完全或部分丧失劳动功能而导致的预期收入损失,以残疾赔偿金方式给予赔偿。受害人遭受侵害当场死亡的不

[332] 这段期间包括三个类型:一是受害人遭受一般伤害到完全恢复健康期间;二是受害人遭受严重侵害到经过治疗生命体征稳定期间;三是受害人遭受侵害到伤亡这段期间接受的医疗期间。

[333] 最高人民法院《关于贯彻执行〈中华人民共和国民法通则〉若干问题的意见(试行)》第143条。

[334] "定残日"是指伤残鉴定机构对受害人的残疾程度或残疾等级出具鉴定意见之日。

发生医疗期间的收入损失（误工费），受害人经过一段时间的抢救才死亡的，赔偿义务人不仅要赔偿受害人医疗期间的误工费，还要支付死亡赔偿金。

受害人收入水平或计算标准的确定主要与受害人从事的职业性质有关。若受害人从事的是有固定收入的工作，如受害人是全民所有制和集体所有制企业、事业单位，各种合营单位，各级国家机关、政党机关和社会团体中工作人员等，则依据其工资标准进行计算。根据我国《关于工资总额组成的规定》[335]，工资范围包括计时工资、计件工资、奖金、津贴和补贴、加班加点工资以及特殊情况下支付的工资。对于一般伤害来讲，就医期间较短，受害人工资额度一般不会变化很大，因此一般以受害人受侵害前固定工资标准计算。

对于受害人是城乡专业承包户、个体工商户等非固定收入者，其收入损失应该在考察当地个体同行业、同等劳力当月的平均收入水平的基础上确定。[336] 在司法实践当中，对于没有固定收入的，一般参照其最近三年平均收入计算。如果受害人不能举证其收入状况的，按照最高人民法院《关于审理人身损害赔偿案件适用法律若干问题的解释》第20条规定，参照法院地相同或相近行业上一年度职工平均工资计算。对于这一规定，有人认为，参照受害人住所地或经常居住地收入标准更为合理。笔者认为，为更好地保护受害人合法权益，应该参照受害人住所地、经常居住地和法院地收入标准中最高者作为计算标准，赋予受害人对三个收入标准的选择权。

关于无收入人遭受侵害后是否应该赔偿误工费用问题，存在肯定说和否定说。否定说认为，无收入者遭受侵害前没有收入，因此不存在收入损

---

[335] 1989年9月30日国务院批准，1990年1月1日国家统计局令第1号发布。

[336] 最高人民法院《关于贯彻执行〈中华人民共和国民法通则〉若干问题的意见（试行）》第143条第2款。比较最高人民法院《关于审理涉外海上人身伤亡案件损害赔偿的具体规定（试行）》第6条规定：“伤亡者本人无固定工资收入的，其收入损失可比照同岗位、同工种、同职务的人员工资标准，或按其所在地区正常年度内的收入计算。伤亡者为待业人员及其他无固定工资收入的，按其所在地的平均生活水平计算。伤亡者为未成年人的，可参照本款以18岁为起点计算。”

失问题。肯定说认为,没有收入但在从事劳动的人,其为家庭提供的劳动服务也具有经济价值,在其遭受侵害无法正常从事家务劳动时,家庭生活负担也会加重,因此,应该对家庭主妇给予误工费赔偿。笔者认为,上述两种观点都存在一个想当然的假设,即受害者在人身遭受侵害前没有收入,遭受侵害后也一定没有收入。这个假设与客观实际不太符合。受害者遭受侵害前没有收入,并不意味着一直都不会有收入,其收入状况处于极大的不确定状态,我们不能随意地对受害人收入状态武断下结论。在这种情况下,只能依据当地上年度职工平均收入水平进行计算。这样一方面更好地保护了受害人的合法权益,另一方面也体现了法律的人文精神。

（二）残疾赔偿金赔偿

海上人身伤亡事故造成受害人残废,加害方应该承担赔偿责任。

1. 残疾赔偿金理论根据

关于残疾赔偿金的性质,我国以前法律规定将残疾赔偿金和对受害人的精神痛苦予以抚慰的精神损害赔偿混为一谈,认为残疾赔偿金就是对受害人精神痛苦抚慰的精神损害赔偿。现行的最高人民法院《关于审理人身损害赔偿案件适用法律若干问题的解释》明确规定了残疾赔偿金是对受害人遭受侵害后全部或部分劳动能力丧失的损害赔偿。对于残疾赔偿金损害赔偿性质的认识或者残疾赔偿金理论根据主要存在三种理论,分别是所得丧失理论、劳动能力丧失理论和生活来源丧失理论。

所得丧失理论,也叫"收入丧失理论""差额理论"等,该理论认为,损害赔偿的目的在于填补受害人实际损失,残废者在遭受侵害前后如果没有发生实际收入损失或者损失很小,则不能进行赔偿。无论是部分残疾还是全部残疾,残疾赔偿金都是对受害人遭受侵害前后收入差距的赔偿。目前,德国承认该理论。[337] 我国涉外海上人身伤亡赔偿的审判实际采纳该理

[337] 参见史尚宽:《债法总论》,中国政法大学出版社 2000 年版,第 217 页。

论。对于无收入者的赔偿,最高人民法院1992年《关于审理涉外海上人身伤亡案件损害赔偿的具体规定(试行)》对涉外海上伤残及死亡者的赔偿基础是“伤残前的实际收入水平计算的收入损失”。[338] 按照所得丧失理论,在遭受人身伤害前没有实际收入的失业者、无业人员、未成年人以及家庭主妇等因伤致残不能得到残疾赔偿。其不公平性显而易见。

劳动能力丧失理论主张,残疾者的损害不限于实际收入的损失,对其劳动能力的减少或丧失本身就是一种财产损失。劳动能力本身虽不具有交换价值,但可以通过雇佣关系体现出其价值,劳动能力丧失本身就是对受害人的一种损害,对劳动能力损害赔偿不局限于现实的收入损失。个人收入是否减少、受害人于事后的工作情况不能作为评价劳动能力损害的标准,而只是对损害进行评价的一种依据和信息资料。[339] 按照该理论,对未成年人、失业人员以及家庭主妇遭受侵害导致全部或部分劳动能力丧失的,也应该进行赔偿。[340]

生活来源丧失理论认为,受害人因残疾而部分或全部丧失劳动能力,致生活来源丧失或生活发生困难,或增加生活上的需要,加害人应对减少或丧失的生活费进行赔偿。该理论主张残疾赔偿金是受害人遭受侵害前后生活来源的差额。[341] 按照该理论进行赔偿,受害人获得的残疾赔偿金非常少,赔偿标准也是仅仅维持基本生活需要。因为,对残废者丧失劳动能力的赔偿不是根据其受伤前后劳动收入的差距,也不考虑受害人受伤害前身体状况、掌握的技能、受教育程度等劳动能力、创收能力因素,赔偿金额

[338] 最高人民法院《关于审理涉外海上人身伤亡案件损害赔偿的具体规定(试行)》第3条第1款规定:“伤残赔偿范围:收入损失。是指根据伤残者受伤致残之前的实际收入水平计算的收入损失。因受伤、致残丧失劳动能力者,按受伤、致残之前的实际收入的全额赔偿;因受伤、致残丧失部分劳动能力者,按受伤、致残前后的实际收入的差额赔偿。”第6条第1～2款规定的是如何计算无固定工资收入者和待业人员的收入损失,实际上是推定这些人员有收入。

[339] 参见日本东京高裁昭和50年3月31日判决,见判例时报第718号,第76页。

[340] 参见曾隆兴:《现代损害赔偿法论》,台北,泽华彩色印刷事业公司1998年版,第196～197页。

[341] 参见杨立新:《侵权法论》(下),吉林人民出版社1998年版,第637页。

与所得丧失无关,仅仅是考虑受害人受害后能否维持基本的生活甚至生存需要,赔偿的标准也是“当地居民基本生活费的标准”或者是“当地的平均生活水平”。

与劳动能力丧失理论相比,生活来源丧失理论有效地解决了受害前全部或部分丧失劳动能力的残疾人、老年人以及精神障碍者和不具备劳动能力的未成年人或虽具有劳动能力但因身体不佳、教育程度所限无谋生手段的人在受害后取得基本的生活保障的问题。但这种理论以牺牲受害人的合法利益为代价,过分保护加害人的利益。[342] 对大多数受害人而言,尤其是健全的、有收入来源但在受害后部分或全部丧失一般劳动能力的受害人,因没有得到全部损失的赔偿,又不再有从事其他必要活动以获得收入的能力,只能靠极其微少的生活补助费度其余生。而且,这种理论也严重背离了法律的公平价值和全面充分赔偿原则的要求。

我国立法和以前司法实践中是单一采纳生活来源丧失理论的国家,如《民法通则》第119条“残疾者生活补助费”的规定和最高人民法院《关于贯彻执行〈中华人民共和国民法通则〉若干问题的意见(试行)》第146条补助标准的规定都留下了该理论的痕迹。

通过比较可以发现,三种学说中劳动能力丧失理论最科学合理,它的采纳解决了未成年人、无业者和家庭主妇受到人身侵害的残疾赔偿金问题,能更好地保护受害人合法权益和实现对受害人全面充分的赔偿。本书采纳劳动能力丧失理论,认为在确定受害人因劳动能力丧失导致的收入损失数额时,要综合考虑受害人的受伤害前身体状况、掌握的技能、受教育程度等劳动能力、创收能力因素,而不能简单地以现有收入标准为计算基础。由于受害人收入受多种因素影响,有些影响收入的因素是偶然性的,而有的是必然性的,要按照对受害人收入影响的程度具体分析。对于从事商业

---

[342] 按照当地居民基本生活费标准所确定的赔偿额大大低于固定工资收入和其他收入者的收入损失。

经营的人来说,其营业收入是其财产、劳动力以及机会等多种因素共同运作的结果,不能把这些营业收入一股脑地当作劳动能力之所得,应该剥离其他因素对收入的影响部分。

目前,我国台湾地区[343]及英美普通法国家[344]采纳此理论。[345] 日本现在司法判例也支持该理论。[346] 我国最高人民法院《关于审理人身损害赔偿案件适用法律若干问题的解释》第25条关于残疾赔偿金的规定采纳了"劳动能力丧失理论"。[347]

2. 残疾赔偿金的赔付标准

关于赔偿标准,理论上主要有以下两种,即差额主义和定型化主义。差额主义就是按照受害人发生损害前后费用增加或者财产减少的差额作为赔偿依据,也就是学者所称的利益说,为德国学者莫门森于1855年首创。[348] 定型化主义不考虑具体受害人个人财产损失的差额,而是基于社会公正性,有时甚至是源于司法懒惰,为损害确定固定赔偿标准的做法。我国最高人民法院《关于审理人身损害赔偿案件适用法律若干问题的解释》对于伤残赔偿金、死亡赔偿金等收入损失采取的是定型化主义。

相较而言,笔者更认可差额主义。因为,定型化主义的采纳与其说是

---

[343] 如我国台湾地区"民法典"第193条第1款规定:"不法侵害他人之身体或健康者,对于被害人因此丧失或减少劳动能力时,应负赔偿责任。"对于此款的损害赔偿标准的司法解释认为:"身体或健康受侵害而减少劳动能力者,其减少及残存劳动能力之价值,不能以现有之收入为标准,该现有收入每因特殊因素之存在而与实际所余劳动能力不能相称,现有收入高者,一旦丧失其职位,未必能自他处获得同一待遇,故所谓减少及残存劳动能力之价值,应以其能力在通常情况下可能取得之收入为标准。"

[344] See Harvey McGregor, *McGregor on Damages*, Sweet & Maxwell, 1997, p. 1020; Gordon Exall, John H. Munkman, *Munkman on damages for personal injuries and death*, LexisNexis UK, 2004, p. 45.

[345] 参见杨立新:《人身权法论》,中国检察出版社1996年版,第385页。

[346] 参见曾隆兴:《详解损害赔偿法》,中国政法大学出版社2004年版,第296页。

[347] 最高人民法院《关于审理人身损害赔偿案件适用法律若干问题的解释》第25条规定:"残疾赔偿金根据受害人丧失劳动能力程度或伤残等级,按照受诉法院所在地上一年度城镇居民人均可支配收入或农村居民人均纯收入标准,自定残日起按二十年计算。但六十周岁以上的,年龄每增加一岁减少一年;七十五周岁以上的,按五年计算。"

[348] 参见曾世雄:《损害赔偿法原理》,中国政法大学出版社2001年版,第118页。

由于其简便易行，倒不如说是司法懒惰、司法人员法律素质低下和社会知识缺乏的体现。赔偿金额确定标准的公正性是法律公平正义的体现。每个人的受教育程度、掌握的知识程度以及社会经验等多个方面具有差异性，体现在收入水平上也具有很大的差距，不能简单为了审判方便就以统一的固定的赔偿标准进行赔付，那将严重背离法律的公平正义价值，又如何保护受害人合法权益？差额主义相对而言体现了受害人个体在能力以及个人素质方面的差异，能更好地实现受害人损害的全面充分赔偿。

我国对残疾赔偿金的赔付标准分为国内海上人身伤亡案件赔偿体制和涉外海上人身伤亡案件赔偿体制。

(1)国内海上人身伤亡案件赔偿体制

根据最高人民法院《关于审理人身损害赔偿案件适用法律若干问题的解释》第25条规定，残疾赔偿金的数额与四个因素密切相关：一是受害人丧失劳动能力程度或伤残等级。[349] 原则上，受害人丧失劳动能力程度越重、伤残等级越高，获得的残疾赔偿金就越高。二是受害人是农村居民还是城镇居民。残疾赔偿金在考虑受害人伤残等级的基础上，如果是农村居民则按照受诉法院所在地上一年度农村居民人均纯收入标准计算，[350] 如果是城镇居民则按照受诉法院城镇居民人均可支配收入作为计算标准。[351] 上一年度是指一审法院辩论终结时的上一年度。受诉法院所在地是指受理案件的法院所在的省、自治区、直辖市以及经济特区和计划单列市。三是受害人年龄情况。根据该解释规定，一般是按照定残日起20年的固定

---

[349] 在审判实践中，人民法院对受害人丧失劳动能力程度的认定可以参考《职工工伤与职业病致残程度鉴定》执行，还可以参考人事劳动保障部颁布的《职工非因工伤残或因病丧失劳动能力程度鉴定标准(试行)》。

[350] 农村居民人均纯收入，是指农村住户当年从各个来源得到的总收入相应地扣除所发生的费用后的收入总和，包括工资收入、家庭经营收入、财产性收入和转移性收入。

[351] 城镇居民人均可支配收入，是指城镇居民可用于最终消费支出和其他非义务性支出以及储蓄的总和，它是家庭总收入扣除缴纳的所得税、个人缴纳的社会保障费以及调查户的记账补贴后的收入。

赔偿年限计算,对于75周岁以上的受害人按照5年计算,60周岁以上的,年龄每增加1岁减少1年。四是受害人残疾对其创收能力影响大小。该司法解释的立法基础是劳动能力丧失理论。根据该解释规定,受害人遭受侵害前所获收入与其劳动能力关系不大的,残疾赔偿金数额可以由审判人员酌情调整。同时,虽然伤残较轻,但对所从事职业妨害造成严重影响的,也可以适当增加,还应该考虑每个受害人自身的实际情况,包括其教育状况、掌握专门技术情况、工作经验、学习态度、发展规划等多个因素。[352]

(2)涉外海上人身伤亡案件赔偿体制

按照最高人民法院1992年《关于审理涉外海上人身伤亡案件损害赔偿的具体规定(试行)》的规定,对于残疾赔偿金的计算根据残疾者受伤害前的实际收入水平。因残疾丧失全部劳动能力者,按照残疾前的实际收入全额进行赔偿。因残疾丧失部分劳动能力者,按照受伤害前后的实际收入的差额赔偿。该解释对于赔付年限、赔付标准以及具体的计算都作了明确规定。[353] 国外对于残疾赔偿金的计算方法与我国稍有不同。如日本在计算受害人残疾赔偿利益损失时,不但考虑到因受害人残疾对本应可以提升收入的影响,还考虑到中间利息的影响因素等。[354]

3. 残疾赔偿金赔付标准存在问题

最高人民法院《关于审理人身损害赔偿案件适用法律若干问题的解

---

〔352〕 参见孙森焱:《民法债总论》(上),法律出版社2006年版,第346页。

〔353〕 对残疾者赔偿金的计算年限为70年。对于70岁以上致残的,计算年限不足5年的,按照5年计算,并且一次性支付。对于无固定工资收入的残疾者,赔付标准可以比照同岗位、同工种、同职务的人员的工资标准或者按照其所在地区正常年度内收入水平计算。对于受伤害前没有工作或没有固定工资收入以及未成年人,按照所在地的平均生活水平计算,未成年人以18岁为计算起点。

〔354〕 日本海事裁判所在实际计算伤残利益损失时规定,伤残利益损失 = 因伤残停止工作减少收入的金额。在确定具体数额时应考虑由于伤残影响收入提升的因素,伤残利益损失同样应考虑中间利息的扣减;后遗症利益损失 = 减少收入的金额 × S% 中间利息;关于赡养费数额的确定规定:对于20岁以下的受害人,根据伤残等级,给37万日元到1000万日元的赔偿,其他赔偿在30万日元到800万日元。参见王小勇:《海上人身伤亡损害赔偿范围及责任限制研究》,大连海事大学2003年硕士学位论文,第19页。

释》按照受害人身份适用不同的赔偿标准,在理论界引起了学者们的普遍关注,在司法实践当中造成了不同身份在同一事故中适用不同的赔付标准,从制度上造成了不公平。随着农业生产力水平和国家城镇化速度的提高,农村大量的富余劳动力向城市转移,大量农民工长期在城市从事和城市居民同样的工作,但适用的赔付标准却不一样,这种由身份造成的不公平严重背离了社会主义和谐社会建设的理念。目前,在司法实践当中,河南省高级人民法院率先在其《关于加强涉及农民工权益案件审理工作,切实保护农民工合法权益的意见》第15条中规定:“在受害人为农民工的医疗损害、交通肇事及其他损害赔偿案件的审理中,凡在城镇有经常居住地,且其主要收入来源地为城镇的,有关损害赔偿费用根据当地城镇居民的相关标准计算。”该规定有效地解决了农民工的司法赔偿不公问题。也有学者对赔付标准建议全部适用城镇居民赔付标准。[355]

针对赔偿期限问题,20年的固定赔偿期限过短。首先,如果受害人致残时刚成年不久,按最高人民法院《关于审理人身损害赔偿案件适用法律若干问题的解释》规定的20年再加上该解释第32条[356]规定的“继续赔偿5至10年”的年限,最多也只能赔付到50多岁,那么受害人50多岁时,其生活将无法得到保障。其次,随着人民生活水平的提高,人们的健康意识也大大提高,人的生存寿命也逐年提高,据国家统计局统计,2010年我国平均预期寿命73.5岁。有学者预测,未来50年,人均寿命将达到90岁。因此笔者认为,应该将20年的固定赔偿期限改为受害人定残日时的年龄与

---

[355] 中国人民大学民商事法律科学研究中心“侵权责任法司法解释研究”课题组在《中华人民共和国侵权责任法司法解释草案建议稿》第23条中规定:“残疾赔偿金、死亡赔偿金按照国家上年度城镇职工年平均工资标准,按十五年计算,并根据受害人的年龄、收入等因素,适当增加或者减少。”

[356] 最高人民法院《关于审理人身损害赔偿案件适用法律若干问题的解释》第32条规定:“超过确定的护理期限、辅助器具费给付年限或者残疾赔偿金给付年限,赔偿权利人向人民法院起诉请求继续给付护理费、辅助器具费或者残疾赔偿金的,人民法院应予受理。赔偿权利人确需继续护理、配置辅助器具,或者没有劳动能力和生活来源的,人民法院应当判令赔偿义务人继续给付相关费用五至十年。”

当年人均寿命之间差额的年限。同时,考虑到个体健康状况及其他未来不可预测因素,规定残疾赔偿金的计算年限最低不少于10年。对于有的学者建议15年的固定赔偿期限,笔者不敢苟同。最高人民法院《关于审理涉外海上人身伤亡案件损害赔偿的具体规定(试行)》规定的计算年限也偏低。

(三)死亡赔偿金赔偿

死亡赔偿金,有的文献和规范性文件称为“死亡抚慰金”或“死亡的精神损害抚慰金”。对死亡赔偿金的界定取决于对其性质的认识。

1.死亡赔偿金赔偿理论根据

受害人遭受侵害死亡后,加害人赔偿死亡赔偿金的理论根据分别是抚养丧失论和继承丧失论。抚养丧失论认为,受害人死亡遭受财产损害的是其生前负有抚养义务的人,受害人的死亡导致被抚养人丧失了生活来源。按照该理论,赔偿义务人赔偿的范围就是被抚养人在受害人生前从其收入获得或有权获得的自己抚养费的份额。目前,德国、英国和美国的大多数州以及我国台湾地区持此观点。继承丧失论主张,受害人的死亡导致其法定继承人丧失了本可以从受害人处继承得来的财产。按照该说法,赔偿义务人赔偿的是因受害人死亡而丧失的未来可得利益。我国和美国少数州持此观点。

通过比较两个学说我们可以发现,继承丧失论的采纳更有利于对赔偿权利人的保护,其缺点在于:在既有卑亲属,又存在尊亲属的情况下,卑亲属所获死亡赔偿金要比尊亲属所获金额高。

我国最高人民法院《关于审理人身损害赔偿案件适用法律若干问题的解释》和《关于审理涉外海上人身伤亡案件损害赔偿的具体规定(试行)》采取了继承丧失论。该学说的采纳很好地解决了《关于审理人身损害赔偿案件适用法律若干问题的解释》中关于死亡赔偿金和被抚养人生活费规定的冲突,也更好地保护了受害人亲属的合法权益。

2. 死亡赔偿金的赔付标准

世界各国关于死亡赔偿金的计算方法和标准存在一定差别。日本计算方法：按照死者生前年收入扣减每年必要的花费等[357]作为受害人一年的死亡利益损失，然后乘以按照平均寿命算出的其假想工作年限得出。[358]当然所得之数额需要扣除一定的利息。[359] 英国计算方法：死者收入主要来自工资情况下，对每年收入损失的计算同日本，但其具体假想工作年限的确定主要由法院行使自由裁量权进行确定。

在我国，死亡赔偿金的赔偿体制可以分为国内案件和涉外案件的赔偿体制。

(1) 国内海上人身伤亡案件赔偿体制

对死亡赔偿金性质的不同认识，决定了死亡赔偿金的计算标准和数额的不同。最高人民法院《关于审理人身损害赔偿案件适用法律若干问题的解释》第29条[360]人为地以户籍因素划分生命价值的高低，造成实践上的同命不同价，严重背离了人人在法律上平等这一理念。这种做法受到了学者们的严厉批评。对此，中国人民大学民商事法律科学研究中心"侵权责任法司法解释研究"课题组起草的《中华人民共和国侵权责任法司法解释草案建议稿》第22条第3款规定："残疾赔偿金、死亡赔偿金按照国家上年度城镇职工年平均工资标准，按15年计算，并根据受害人的年龄、收入等因素，适当增加或者减少。"可以看出，课题组认为，对于受害人无论其户籍

[357] 其中对于生活费的扣除，东京地方裁判所一般是按照有无抚养家属和其他因素考虑扣除30%～50%的费用。具体做法一般是，有抚养家属的扣30%；其他情况扣50%；特殊情况允许有10%左右的增减幅度。参见沈延军：《海上人身伤亡损害赔偿范围及责任限制研究》，大连海事大学2003年硕士学位论文，第13页。

[358] 对于工作年限，多数裁判所采用男子平均寿命67岁作为工作结束的时间，67减去死者现有年龄即得到工作年限。

[359] 一般从所得之积中扣除每年5%的中间利息。

[360] 最高人民法院《关于审理人身损害赔偿案件适用法律若干问题的解释》第29条规定："死亡赔偿金按照受诉法院所在地上一年度城镇居民人均可支配收入或农村居民人均纯收入标准，按二十年计算。但六十周岁以上的，年龄每增加一岁减少一年；七十五周岁以上的，按五年计算。"

一律按照城镇职工身份对待,很好地解决了现行法律中对人户籍的歧视性待遇。同时,该建议稿规定按15年的固定期限计算,减少了赔付年限,这与目前人民生活水平和人的平均寿命均提高这一事实不符合。笔者认为,赔付年限不但不应该减少,反而应该适当增加。

(2)涉外海上人身伤亡案件赔偿体制

按照最高人民法院1992年《关于审理涉外海上人身伤亡案件损害赔偿的具体规定(试行)》第4条规定,对于死亡赔偿金的赔偿根据死者生前的综合收入水平进行计算。计算公式为:收入损失=(年收入-年个人生活费)×死亡时起至退休的年数+退休收入×10。死者年个人生活费占年收入的25%~30%。

根据该计算公式可以发现该解释的几个推定假设。首先,该解释推定受害人存活寿命是退休年龄加上10年,我国法定退休年龄是男60周岁,女55周岁,按照该解释的规定,男人存活年龄是70周岁,女人是65周岁。这样的推定和我国卫生保健事业发展不相符。按照国家"十一五"规划,2010年我国人均寿命将达到72.5周岁。而女人由于生理和心理因素一般比男人长寿10岁到15岁,而且随着人们保健意识的提高和社会医疗保健事业的发展,在未来50年实现人均寿命95周岁是不成问题的。因此,该解释对于赔偿年限的规定过短。其次,该解释假设死者具有退休收入,按照我们国家社会保障的实际,不是每一个人都有退休收入,所以这点假设也不符合社会实际。

3.最高人民法院《关于审理人身损害赔偿案件适用法律若干问题的解释》第30条的适用

最高人民法院《关于审理人身损害赔偿案件适用法律若干问题的解释》第30条规定:"赔偿权利人举证证明其住所地或经常居住地城镇居民人均可支配收入或农村居民人均纯收入高于受诉法院所在地标准,残疾赔偿金或死亡赔偿金可以按照其住所地或经常居住地的相关标准计算。"对于赔偿权利人住所地和经常居住地的确认依据民法和诉讼法的有关规定。[361] 该规定在一定程度上解决了大量农村户口的人在城镇生活工作的赔付不公平问题。当一些发达国家的受害人在我国发生海上人身伤亡事故进行诉讼时,其是否能够依据该解释第30条规定,要求计算基地采取住所地或经常居住地标准,值得研究。如果按照住所地或经常居住地标准,势必会加重我方负担;如果适用受诉法院标准也会造成受害人利益不能完全保护的情况。对此,日本采取"生活实态说",按照该理论,对于外国受害人未来可得利益的损失,就其在我国居住期间应当以我国标准计算,对于其回国后期间,按照受害人本国标准计算。我国法院在处理此类案件时可以参考此说,但不能超过最高人民法院《关于审理涉外海上人身伤亡案件损害赔偿的具体规定(试行)》中第8条关于"海上人身伤亡损害赔偿的最高限额为每人80万元人民币"的规定。

(四)被抚养人利益的丧失

被抚养人利益是指由于受害人的残疾或死亡而致使其丧失全部或部分劳动能力时,导致被抚养人丧失从受害人收入中取得生活费的利益。此处的"抚养"是广义的抚养,不但包括父母对子女的抚养,也包括子女对父母的赡养,还包括夫妻双方之间的扶养。被抚养人是海上人身伤亡赔偿中的间接赔偿权利人,关于其具体范围的界定理论上存在两种模式。第一种模式是将抚养人界定为受害人对其负有法定抚养义务的人。目前德国[362]和我国台湾地区采取此种模式。第二种模式是将被抚养人界定为受害人对其负有法定抚养义务的人和实际抚养的人。目前,《俄罗斯联邦民法典》

---

[361] 我国《民法通则》第15条规定和最高人民法院《关于适用〈中华人民共和国民事诉讼法〉若干问题的意见》第4条。

[362] 如《德国民法典》第844条规定:"被抚养人包括受害人被侵害前对其负有法定抚养义务的人;在侵害时为胎儿,尚未出生的人。"

采取此种模式。[363] 我国采纳第二种模式。[364] 按照我国相关规定,被抚养人应包括受害人依法应当抚养的未成年人和丧失劳动能力又无其他生活来源的成年近亲属。这些近亲属范围包括:父母、继父母,不能独立生活的子女,[365]子女已经死亡或子女无力赡养的祖父母、外祖父母,缺乏劳动能力又缺乏生活来源的兄、姐。[366] 另外,根据婚姻法有关规定,夫妻一方需要对方抚养的,也属于被抚养人范围。

比较国外立法和实务,确定被抚养人生活费范围的基本要求是,被害人于可推知之生存期间内,所应给予被抚养人之抚养费数额,这就是赔偿义务人应赔偿的数额。对被抚养人抚养的程度,即承担多大的抚养义务,应该按照被抚养人的实际需要和受害人的经济能力以及与被抚养人之间关系确定。[367] 在德国,对被抚养人抚养生活费的赔偿,赔偿期限是推定受害人生存的期间,采取的标准是负义务的限度内,具体方法是采取定期支付的方法。而《苏俄民法典》采取的方法与此不同。《苏俄民法典》规定,被抚养人"应当获得的金额应该是它自己过去作为生活来源获得或有权获

---

〔363〕《俄罗斯联邦民法典》第1088条第1款规定:"在受害人死亡时,享有因抚养人死亡而受到损失的赔偿请求权的人是:(1)依靠死者供养或在死者生前有权要求死者供养的无劳动能力的人;(2)死者死后出生的子女;(3)父亲或母亲,配偶或家庭其他成员,不论有无劳动能力,只要不工作并从事照管死者应供养的未满14岁或已满14岁、但根据医疗机关的证明其身体状况需要他人照管的死者的子女、孙子女、兄弟姐妹;(4)靠死者供养并在死者死后5年内丧失劳动能力的人;(5)父亲或母亲、配偶或者不工作而从事照管死者的子女、孙子女、外孙子女、兄弟姐妹并在照管期间内也丧失劳动能力的家庭其他成员,他们在结束对上列人的照管后,仍有损害赔偿请求权。"

〔364〕如我国《民法通则》第119条关于"死者生前抚养的人"的规定和最高人民法院《关于审理人身损害赔偿案件适用法律若干问题的解释》第28条第2款关于"受害人依法应当承担抚养义务的未成年人或者丧失劳动能力又无其他生活来源的成年近亲属"的规定。

〔365〕按照最高人民法院《关于适用〈中华人民共和国婚姻法〉若干问题的解释(一)》第20条规定,《婚姻法》第21条规定的"不能独立生活的子女"是指在校接受高中及其以下学历教育,或者丧失或未完全丧失劳动能力等非因主观原因而无法维持正常生活的成年子女。

〔366〕依据最高人民法院《关于对年老、无子女的人能否按照婚姻法第23条类推判决有负担能力的兄弟姐妹承担抚养义务的复函》的规定,对年老、无子女的人,其具有负担能力的兄弟姐妹也应承担抚养义务。

〔367〕参见何孝元:《损害赔偿之研究》,台湾,商务印书馆1982年版,第131页。

得的受害人工资中的那一份”,[368] 对于同时丧失双亲的子女的赔偿,应当按照死者工资的总额确定。[369]

按照我国最高人民法院《关于审理人身损害赔偿案件适用法律若干问题的解释》第 28 条的规定,我国对被抚养人生活费的赔付标准是按照被抚养人是农村居民还是城镇居民,分别适用受诉法院上一年度城镇居民人均消费支出和农村居民人均年生活费支出标准。赔偿限度以维持被抚养人日常生活支出为限。根据该标准可以看出,这里的消费支出标准包括教育、医疗、交通等消费支出。关于赔付年限,对于未成年人的赔付年限计算到 18 周岁;对被抚养人无劳动能力又无其他生活来源的,按照 20 年计算;对于 60 周岁以上的,赔付年限逐渐递减;对于 75 周岁的,赔付年限为 5 年。

对此,笔者认为:

第一,该司法解释对未成年人的赔付年限过低,虽然法律规定 18 周岁为成年年龄,但在社会现实中,18 周岁刚成年的人还在读高中或刚进入大学学习。在中国目前教育体制下,高中学生和大学生几乎还不能自立,其教育费、生活费支出很大部分甚至完全靠抚养人支付。如果支付到 18 周岁,对于这些被抚养人来说,以后的生活和教育问题无法解决。建议将赔付年龄延长至 23 周岁为宜,此时被抚养人大学毕业几乎能够自立。

第二,该解释对于需要抚养的配偶的赔付年限没有规定,给司法实践中赔付数额的确定造成了一定的困难。笔者认为,应该在综合考虑需要抚养的配偶的年龄、受教育程度、社会经验以及身体状况等各个因素的基础上,由审判人员按照至少 10 年的年限酌情进行赔付。如果被抚养人还有其他抚养人的,赔偿义务人只承担自己依法应当承担的部分。

第三,该司法解释对于受害人的被抚养人对其他被抚养人有抚养义务

---

[368] [苏]B. 格里巴诺夫:《苏俄民法》(下册),中国社会科学院译,法律出版社 1984 年版,第 426 页。

[369] 同上书,第 427 页。

的情况如何赔付没有规定。笔者认为,如果受害人的被抚养人有自己的被抚养人,如40岁的受害人因海上事故死亡,该受害人的父母没有劳动能力,且还有一个需要他们抚养的人,而这个人与受害人没有抚养和被抚养关系,在这种情况下,笔者认为,赔偿义务人不但要支付受害人的被抚养人的生活费,还要赔付受害人被抚养人的被抚养人的必要的生活费。

三、海上人身伤亡财产损失赔偿金支付

(一)支付方式的利弊之辩

前已述及在海上人身伤亡赔偿中,对赔偿权利人的财产损失赔偿包括两个部分,即所受直接损害和未来减少的收入。所受直接损害,也就是赔偿权利人财产上的直接减少,或支出的增加,如医疗支出、护理支出、受害人死亡时的丧葬费支出等。未来减少的收入,主要是指由于受害人人身遭受侵害导致本应获得的收入的丧失。残疾导致全部或部分劳动能力丧失情况下未来收入的丧失以及受害人死亡情形下的死亡赔偿金均属此类。对于精神损害赔偿金和财产直接损害赔偿以及受害人医疗期间的收入损失支付,各国一般的做法是采取一次性核算并一次性支付的方式,不考虑支出费用的时间价值,〔370〕除非是经过司法审判拒不履行判决的。对于残疾赔偿金、死亡赔偿金以及被抚养人生活费这些所失利益的赔付,各国在支付方式以及具体数额的核算方面存在一些差异。支付方式主要分为一次性支付和定期支付两种方式,不同的支付方式对于赔付金额的核算也有一定区别。

1. 赔偿金的一次性支付

赔偿金的一次性支付能够做到一次纠纷一次解决,避免将来引发不必要的纠纷和矛盾,能够方便快捷处理案件,节约诉讼成本和双方当事人的

---

〔370〕 所谓金钱的时间价值,属于财务学上的概念,是指按照资本收益率计算出来的同一笔资金在两个不同时点的价值差额。

时间和精力。但其不利因素也是显而易见的，主要表现在：

第一，无法准确地对受害人进行全面充分赔偿，赔偿额的计算存在一些不确定因素，难以准确体现受害人的损失。受害人因部分丧失或全部丧失劳动能力而导致预期收入损失的多少存在过多的预测性因素，如未来经济发展水平、教育及就业形势、个人机遇等，采取一次性赔付对具体数额的确定基本上是依据目前的情况对未来进行推定，无法体现未来真实状况。

第二，无法适当考虑通货膨胀等贬值因素[371]对赔偿金额的影响。现代社会的通货膨胀产生的货币贬值对受害者的影响极大，以损害发生时为时间基准点进行人身损害赔偿数额的一次性支付很难体现其公平合理性。在发生严重通货膨胀时，货币严重贬值，一次性赔付给受害人的赔偿金购买力大大降低，其价值严重贬损，对受害人极为不利。相反，在货币升值时，一次性支付又给赔偿义务人造成了不利。基于此，英国著名法官丹宁勋爵士认为，让法官通过预测未来三四十年将会发生的事情，来确定对未来的支出以及未来收入的损失是不可取的，其赔偿额的计算总会和实际有较大差距。因此，他建议，应该采取三年一次的分期审核赔偿的制度。[372]

第三，一次性赔付方式也容易给赔偿义务人造成过大压力，影响其正常的生产经营。海上生产经营本来就是一个风险过多的行业，而且海上人身伤亡事故一般具有伤亡人数多、赔偿金额巨大等特点。如果全部一次性

---

[371] 通货膨胀(Inflation)一般是指因纸币发行量超过商品流通中的实际需要的货币量而引起的纸币贬值、物价持续上涨现象，其实质是社会总需求大于社会总供给。

[372] 丹宁勋爵士在其著作《法律的未来》中写道："我以为在确定未来的损失——未来的支出以及未来收入的损失——赔偿时，让法官预料未来三四十年的事情或猜想大概要发生什么情形，在原则上是错误的。只要法官在判决的时候一次性判给某个人全部赔偿费，这类事情就是不可避免的。你肯定会觉得这种判决是错误的。结果判决不是太多，就是太少，总是不合适。这个问题似乎应该这样解决：不要判给总的一笔，而应有个分期赔偿的制度。如果不可能的话，最好是对支出以及未来收入的全部实际损失予以赔偿。我认为也许这是不太可能的。但还有另一种最好的办法，即在审理中，法官可以安排后三年的赔偿，每三年进行一次审核。这样就可以注意到受害人的伤势是在不断好转，还是在继续恶化，同时也就注意到通货膨胀、货币价值的变化以及他的晋升的希望或工作的变化"。参见[英]丹宁勋爵：《法律的未来》，刘庸安、张文镇译，法律出版社 1999 年版，第 164 ~ 165 页。

支付赔偿金,对赔偿义务人来说负担瞬间过重,很容易导致支付不能而破产,不利于海上产业的健康发展。

第四,一次性支付容易导致未成年人的监护人对未成年利益的损害。在未成年人作为受害人的时候,由于受到自身权利能力、行为能力以及社会经验的限制,一次性支付的赔偿金很容易为其监护人挪作他用,从而损害其合法权益。

2. 赔偿金的定期支付

定期支付方式,是指法院判决赔偿义务人在未来的一段时间内按照一定期限(如按年、季或月)向受害人支付赔偿金。定期支付方式只是针对因受害人死亡、完全或部分丧失劳动能力而产生的所失利益的损害进行赔偿时适用。定期赔偿支付方式与一次性支付方式相比,能够真实准确计算出赔偿额,排除一次性支付中过多的推测和虚拟因素;能够更好地适应形势变化,按照支付期间通货膨胀因素和社会工资收入标准提升等新形势新变化及时对赔付标准进行调整;能够适当减轻赔偿义务人的支付压力,确保赔偿金的全额支付;还能够真正实现人身损害赔偿金对受害人及其家属的生活保障机制,避免赔偿金的随意挥霍和挪用。定期支付方式也存在一些缺陷,主要体现在:使赔偿金的全额支付受未来不确定因素影响的概率增大,在赔偿支付期间,如果赔偿义务人财务状况恶化或出现其他经营危机,都会影响到对赔偿权利人赔偿金的全额支付,基于此,双方也会出现新的矛盾纠纷;同时,为了实现赔偿金的及时支付,也会给赔偿义务人增加联络成本、支付成本等交易成本。

通过比较可以看出,定期支付方式与一次性支付方式相比,在赔偿金计算的准确度上、赔偿权利人权益保障力度上、海上产业利益的保障以及实现赔偿金功能力度上都具有明显的优势。其尽管也具有一定的缺陷,但完全可以通过其他方法弥补。如可以通过赔偿义务人提供担保的方式降低赔偿金不能全额实现赔付的风险。

(二)各国和地区有关支付方式立法体例的比较

目前世界各国和地区对于赔偿金支付的立法体例主要有四种,包括绝对的一次性支付、一次性支付为原则定期支付为例外、定期支付为原则一次性支付为例外和由法官自由裁量确定支付方式。

1. 绝对的一次性支付

采取此种立法体例的国家或地区主要包括英国、美国、丹麦以及西班牙。以英国为例,英国法院通常会基于"一了百了"(once and for all)的原则,要求赔偿义务人将损害赔偿金一次性全部支付给赔偿权利人。但这种一次性支付的规定也存在两个例外性规定:一是按照 1982 年《司法管理法》(the Administration of Justice act 1982)第 6 条规定,由受害人申请法院判给受害人的"临时性给付"(provisional awards)[373];二是为克服漫长的诉讼程序给受害人带来更多损失而采取的"预先支付方式"(interim awards)。另外,对于"临时性支付",受害人可以再次对赔偿义务人就继续发生的损害提起赔偿之诉。[374] 丹麦对因丧失劳动能力的赔偿也采取一次性赔偿,西班牙法院原则上也是仅仅作一次性赔偿判决。[375]

2. 一次性支付为原则定期支付为例外

采取此种立法体例的地区主要是我国澳门特别行政区和我国台湾地区。如《澳门特别行政区民法典》第 561 条、[376] 我国台湾地区"民法典"第

[373] 假如受害人能够证明由产生诉因的某种作为或不作为会导致其本人在未来某个确定或不确定的时间内,将会出现某种严重疾病或其他生理心理状况上的恶化后果,那么受害人有权要求法院判给。

[374] 参见[德]克里斯蒂安·冯·巴尔:《欧洲比较侵权行为法》(下册),张新宝译,法律出版社 2001 年版,第 235 页。

[375] 同上书,第 236 页。

[376] 《澳门特别行政区民法典》第 561 条规定:"考虑到损害的连续性,法院可以依据受害人的申请,就全部或部分损害赔偿定出终身或暂时定期金的赔偿方式。如果受害人没有提出此种申请,则应当判决一次性给付赔偿金。"

193 条第 1 款、第 2 款都作了具体的规定。[377] 与澳门特别行政区有关规定相比，我国台湾地区对于定期支付方式规定了加害人的担保义务。

3. 定期支付为原则一次性支付为例外

德国和俄罗斯联邦主要采取此种体例。如《德国民法典》第 843 条第 1 款、[378] 第 844 条第 2 款和第 845 条具体规定了适用定期支付方式的范围，主要包括被抚养人生活费、死亡赔偿金和残疾赔偿金。《俄罗斯联邦民法典》第 1092 条第 1 款规定了原则上的按月支付，在赔偿权利人提出申请时可以一次性支付，但对于 3 年以上的赔偿例外。[379]

4. 由法官自由裁量决定支付方式

采取此种立法体例的国家主要是荷兰。如《荷兰民法典》第 105 条第 1 款规定："法官可以全部或部分推迟对尚未发生的损害之估价；也可在进行盖然性评估之后立即对未来的损害进行估价。对于后一种情形，法官可以判决债务人一次性支付赔偿金，也可以判决债务人附履行担保或不附履行担保分期支付赔偿金；具体由法官按照具体情况自由裁量。"

（三）我国海上人身伤亡赔偿金支付方式立法体例及建议

我国有关海上人身伤亡赔偿支付方式立法体例的法律法规依据主要有适用于涉外海上人身伤亡赔偿案件的最高人民法院《关于审理涉外海上人身伤亡案件损害赔偿的具体规定（试行）》，和适用于国内海上人身伤亡赔偿案件的最高人民法院《关于审理人身损害赔偿案件适用法律若干问题的解释》。对于涉外案件，最高人民法院《关于审理涉外海上人身伤亡案件

---

[377] 我国台湾地区"民法典"第 193 条第 1 款、第 2 款规定："不法侵害他人之身体或健康者，对于被害人因此丧失或减少劳动能力或增加生活上之需要时，应负赔偿责任，法院得因当事人之申请，定为支付定期金。但须命加害人提出担保。"

[378] 《德国民法典》第 843 条第 1 款规定："因伤害他人身体或健康致被害人丧失或减少劳动能力的，或增加其生活需要者，加害人对被害人应支付定期金以赔偿其损害。"

[379] 《俄罗斯联邦民法典》第 1092 条第 1 款规定："对于受害人劳动能力丧失或降低或因受害人死亡引起的赔偿，原则上按月支付。但如果赔偿权利人申请并有正当理由，法院可以判决一次性支付，但对于 3 年以上的赔偿例外。"

损害赔偿的具体规定(试行)》规定的是一次性支付方式,[380] 在司法实践中,人民法院也是按照一次性支付方式作出判决。笔者认为,之所以该司法解释规定一次性支付方式,原因在于对于涉外性的海上人身伤亡案件,如果采取定期支付方式,对受害人来说后期赔偿金的索赔成本更高,所需要花费的诉讼成本、联络成本都是国内案件所不能相比的。基于此,法律规定采取一次性支付,一次性了结。当然根据该司法解释规定,也会充分考虑利率波动和物价上涨因素,充分保护受害人的合法权益。

对于国内海上人身伤亡赔偿金支付方式的立法体例,我国《关于审理人身损害赔偿案件适用法律若干问题的解释》第 31 条第 2 款明确规定了对于物质损害赔偿金和精神损害抚慰金采取一次性支付的原则。另外,在该司法解释的第 33 条、第 34 条明确规定,对某些人身伤亡的财产损害赔偿项目按照赔偿义务人的申请可以采取定期支付的方式。因此,目前对于国内海上人身伤亡赔偿案件,在司法实践中采取的是“以一次性给付为原则,以定期给付为例外”的模式。

对上述规定分析可以看出,我国对于国内海上人身伤亡赔偿案件支付方式的规定主要有以下特点:第一,定期支付方式只适用于残疾赔偿金、被抚养人生活费、残疾辅助器具费。该解释第 33 条第 1 款对此作了明确规定。[381] 对于在一审法庭辩论终结前已经发生的费用、死亡赔偿金和精神损害抚慰金,应当一次性给付。[382] 对于已经发生的费用,世界各国一般都是采取一次性支付原则。关于精神损害赔偿,尽管对于受害人及其亲属而

---

〔380〕 最高人民法院《关于审理涉外海上人身伤亡案件损害赔偿的具体规定(试行)》第 5 部分规定:“受伤者的收入损失,计算到伤愈为止;致残者的收入损失,计算到 70 岁;死亡者的收入损失,计算到 70 岁。70 岁以上致残或死亡的,其计算收入损失的年限不足 5 年的,按 5 年计算,并予以一次性赔付(综合考虑利率及物价上涨因素)。”

〔381〕 最高人民法院《关于审理人身损害赔偿案件适用法律若干问题的解释》第 33 条规定:“赔偿义务人请求以定期金方式给付残疾赔偿金、被扶养人生活费、残疾辅助器具费的,应当提供相应的担保。人民法院可以根据赔偿义务人的给付能力和提供担保的情况,确定以定期金方式给付相关费用。但一审法庭辩论终结前已经发生的费用、死亡赔偿金以及精神损害抚慰金,应当一次性给付。”

〔382〕 最高人民法院《关于审理人身损害赔偿案件适用法律若干问题的解释》第 33 条第 1 款。

言，精神上的伤痛或持续一段时间，但是从法律的角度来说，一项侵权行为对受害人及其亲属只能造成一次精神损害，所以对该精神损害的赔偿也是一次性的，不可能对未来持续的精神痛苦持续赔偿，而且采取分期支付方式也不符合赔偿本旨。基于此，各国通例亦如此。但是对于死亡赔偿金，我国没有规定定期支付方式。笔者认为，目前我国死亡赔偿的理论根据是继承丧失理论，而且死亡赔偿金主要是弥补被抚养人生活费之不足，在本质上与被抚养人生活费没有区别，在计算标准上也与被抚养人生活费和残疾赔偿金采取的标准一样。因此，死亡赔偿金也应该与残疾赔偿金和被抚养人生活费一样采取定期支付方式。

第二，定期支付方式的采取通过赔偿义务人的请求提起。关于定期支付方式的启动，其他国家和地区通常规定受害人申请或当事人双方均可以提出申请。如《澳门民法典》采取的是受害人申请采取定期支付模式，[383]而我国台湾地区“民法典”第 193 条第 1 款、第 2 款规定了当事人双方均有权提起采取定期支付方式的申请。[384] 因此，笔者建议，既然定期支付方式对赔偿义务人更有利，赔偿义务人尚能申请，赔偿权利人更应该被赋予申请的权利。

(四)一次性支付条件下未来收益损失中间利息核算

海上人身伤亡导致伤亡者未来可得利益的丧失的数额通常按照受害人的基本收入乘以未来收入的丧失期间。在赔偿权利人采取一次性支付方式的情况下，对未来收入损失的核算通常以工资或其他赔付标准为基础一次性计算。而工资或其他收入都是未来逐渐取得的，这就涉及未来收入

---

[383] 《澳门民法典》第 561 条规定：“经考虑损害的连续性，法院可以依照受害人的申请，就全部或部分损害赔偿定出终身或暂时定期金的赔偿方式。如果受害人没有提出此种申请，则应当判决一次性给付损害赔偿金。”

[384] 我国台湾地区“民法典”第 193 条规定：“不法侵害他人之身体或健康者，对于被害人因此丧失或减少劳动能力或增加生活上之需要时，应负损害赔偿责任。前项损害赔偿，法院得因当事人之申请，定为支付定期金。但须明加害人提出担保。”

在丧失期间的利息(期限利息)核算问题。[385]

对未来收入损失的计算有三种方法,即加尔布奥津法(Carpzowchen)、赖布尼茨法(Leibnizchen)和霍夫曼法(Hooffmanchen)。[386] 在这三种核算方法中,加尔布奥津法很少为各国使用,原因在于在计算利率上不太合理;赖布尼茨法和霍夫曼法的计算原理均是以将来应得金额按照法定利率扣除中间利息得出实际可得赔偿额。但后者由于采取单利计算,扣除较少的利息,更有利于受害人,因此为各国所推崇。霍夫曼法的适用具有严格的条件,主要要求有明确合理的赔偿年限、赔偿年限内固定不变的利率以及稳定不变的工资标准。笔者认为,霍夫曼法的适用具有很大的局限性,其原因在于:其一,当代经济条件下,各国法定利率总是处于不断的变化之中,人员的工资标准也会随通货膨胀、物价上涨而逐渐调整。这些客观的经济现象无法满足霍夫曼法的适用条件。其二,霍夫曼法的计算方法不考虑物价上涨、货币贬值这些影响收入购买力的重要因素,无法实现赔偿金的补偿受害人损失的功能,严重侵害了受害人的合法权益。我国在确定人身伤亡金钱损害赔偿时,无论是国内赔偿还是涉外赔偿,在采取一次性支付方式下,对赔偿金数额的确定通常不考虑中间利息扣除、收入增长因素。笔者认为,这种做法虽简单易行,却背离了赔偿制度补偿受害人损失的功能和法律的公平价值理念。在现代经济社会中,金钱的时间价值是影响金钱购买力的一个非常重要的因素。按照资本学观点,两个时点的用数字表达同样数额的金钱其价值或购买力是不一样的,原因就在于资本的收益功能。因此,在确定实际赔偿额时,应该将金钱的时间价值原则作为赔付的基本原则,只有这样才能真正体现出赔偿制度的公平价值理念。

---

〔385〕 一次性赔偿还涉及未来收入的通货膨胀因素,所得税和受害人生活费支出等问题。有关生活费问题、通货膨胀问题和税收问题受篇幅所限此处不做论述。

〔386〕 参见曾兴隆:《现代损害赔偿法论》,泽华彩色印刷事业有限公司 1998 年版,第 597 ~ 600 页、第 603 页、第 608 ~ 615 页。转引自邓瑞平:《船舶侵权行为法基础理论问题研究》,法律出版社 1999 年版,第 384 页。

第四节 海上人身伤亡精神损害赔偿

海上生产作业,包括海上航运、港口作业、工程建设、海底资源开发以及海上捕捞业等。海上的各行各业与陆地经营相比要承受更多来自海洋和大自然的风险,一旦发生海上人身伤亡事故便无法挽回,对受害人及其家属造成的身心痛苦将是非常严重的。基于此,事后加强对受害人及其家属的损害赔偿理应成为海上人身伤亡赔偿制度的重要内容。

一、精神损害和精神损害赔偿的内涵

(一)精神损害和人身伤亡精神损害

1. 精神损害

精神损害,在英国法上被称为"nervous shock",在美国法上被称为"mental distress"或者"emotional distress"。《牛津法律大辞典》对精神损害这样解释:"精神损害现在被看作同人身损害一样可以提起诉讼的一种损害。它本质上不仅是一种恐惧,也是一种可识别的身体或精神上的损害,它并非由身体撞击引起,而是因所见、所闻或其他经历经由心理而产生。"[387] 在英国,精神损害已经成为一种独立的侵权损害赔偿的诉因。[388] 英国法官、学者阿尔弗雷德·汤普森·丹宁勋爵在 Hinz v. Berry 案中对什么是精神损害也作出了明确具体生动的注释。[389] 由此可见,英美法系国家

〔387〕 [英]戴维·M. 沃克:《牛津法律大辞典》,李双元等译,法律出版社 2003 年版,第 1035 页。

〔388〕 参见王泽鉴:《侵权行为法》,中国政法大学出版社 2001 年版,第 213 页。

〔389〕 阿尔弗雷德·汤普森·丹宁勋爵在 Hinz v. Berry 案中这样解释精神损害:"在英国法上,因为一个人的死亡而导致的忧伤和伤痛是不会给予赔偿的,因为对于孩子的担心,或者因财政上的紧张或压力,或因为适应新生活导致的困难都不会给予赔偿。然而,因精神打击而导致的损害是可以重新获得的,或者用医学上的术语说,对于因被告违反义务而导致的任何可疑辨别出的精神上的疾病都是可以重新获得的。""我们中的所有的人在生活中都要在某种程度上承受打击,值得庆幸的是对于我们中的大多数人来说,这种打击仅仅是暂时的,我们很快能够恢复正常的生活。但是由于我们在被告违反义务而导致的一次事故后而不能恢复到正常的生活,并且开始承受精神上的疾病或者是个性的变化,法律将这种归为 nervous shock。"

对精神损害持广义的观点，即凡是能够致人精神上受损的行为，都可以成为精神损害。“故意施加精神损害说”就是其理论界典型的主张，该学说将精神损害分为“故意施加的严重精神害”[390]和“故意施加的单纯精神伤害”。[391] 只有少数国家对精神损害在立法上予以界定，如俄罗斯、菲律宾等，[392]而且要么是以类型代替定义，要么规定得过于笼统。通过考察目前世界各国法律，只有《南斯拉夫债务法》第一次提出“精神损害”一词，并给出明确的定义。[393]

学术界对精神损害存在广义说和狭义说两种观点，本书坚持狭义说观点，认为精神损害本质上是指自然人生理与心理的痛苦，它是人类的一种意识机能对外界刺激的反应，在法律意义上的精神损害可以界定为以法律之规定能够获得赔偿之痛苦。[394] 法律意义上的精神损害包括两个方面的含义：其一，严重程度，即必须具有一定严重性的心理和生理痛苦，才能认为是法律上所认可的精神损害；其二，以法律明确规定为准。为维护社会一般成员行为的自由与受害人之救济间的平衡，各国法律一般均以法律明

---

[390] “故意施加的严重精神害”，简称精神损害或者相对精神损害，是指“如果一个神志正常、身体健康人不能妥善对付案件情况所带来的精神压力就可以认为存在严重的精神上的害”。

[391] “故意施加的单纯精神伤害”也称单纯精神伤害（stand-alone emotional distress）或者绝对精神伤害。它是指行为人在许多场合以恐吓、恐惧、悲伤、羞耻、伤害自尊或者是伤害感情等方式对他人实施单纯精神上的伤害行为。

[392] 如《菲律宾民法典》第2217条规定：“精神损害包括身体遭受痛苦，精神受到恐吓，极度焦急，诋毁名誉，伤害感情，精神刺激，社会的贬抑以及类似的损害。”《俄罗斯联邦民法典》第151条第1款规定了“精神损害赔偿”，第2款规定：“如果公民因侵犯其人身非财产权利的行为或侵害属于公民的其他非物质利益的行为而受到精神损害，以及在法律规定的其他情况下，法院可以责成侵权人用金钱赔偿上述损害。”《越南民法典》第310条规定：“损害赔偿责任包括物质损害赔偿责任和精神损害赔偿责任；由于侵害他人生命、健康、名誉、人格、威信而造成他人精神损害的，侵权人除必须停止侵害、公开赔礼道歉外，还必须赔偿被侵害者精神损害费”。参见杨立新：《精神损害赔偿》，人民法院出版社1999年版，第84页。

[393] 1978年《南斯拉夫债务法》第155条规定：“对于他人造成生理、心理的或引起恐惧的损害”。参见梁慧星：《中国民法经济法律问题》，中国法制出版社1999年版，第69页。大多数国家都没有使用精神损害这一术语，更没有对精神损害进行明确定义。如《法国民法典》第1382条称为“损害”，《德国民法典》第253条、第847条和第1300条称为“非财产上的损害”，《瑞士民法典》第28条使用抚慰金术语以及《日本民法典》第710条使用“财产以外的损害”等。

[394] 参见曾世雄：《损害赔偿法原理》，中国政法大学出版社2001年版，第294页。

文规定来限制精神损害赔偿请求权之发生范围。具体而言，这些痛苦包括心理上的痛苦和生理上的疼痛及其他严重异常。心理上的痛苦包括心理上的恐惧、悲痛、愤怒、烦恼、焦虑、绝望、忧郁以及精神打击等；这些精神上的痛苦并不以健康受损害或达到疾病状态为前提。即使没有健康上的损害，也可以发生精神损害。[395]

2. 人身伤亡精神损害

人身伤亡精神损害是指受害人由于人身遭受侵害导致其身体的痛苦、精神上的折磨以及其亲属在心理上的不舒服和煎熬。“这种精神上的打击不是直接受害人那种有生命危险的身体上的休克，也不是那些发生在虽没有受任何伤害却被直接卷入事故的当事人，而是指某种介于死者近亲属丧失生活乐趣、歇斯底里反应和严重情况下甚至是精神病之间的一种突然、剧烈的情绪震动。”[396]而对于“第三人之休克”是否纳入精神损害赔偿的问题，学界主要有四种倾向：第一，肯定“第三人休克”损害作为自成类型的法律问题有研究价值；第二，认为“第三人休克”为直接损害；[397]第三，应该依据一般侵权法进行索赔，对具体如何适用存在因果关系说、适用立法目的说、[398]不问结果为肯定或否定说；第四，肯定“第三人休克”可以进行赔偿。[399]

海上人身伤亡事故发生后，直接受害人由于人身遭受侵害导致身体受到伤害、残疾，甚至死亡。首先，直接受害人本人会引起身体上的疼痛、痛苦；其次，亲属看到受害人身体的残疾和伤痛会引起情感上的折磨和煎熬，

---

〔395〕 参见德国联邦最高法院 1971 年 5 月 11 日判决，载 BGHZ56，第 163 ~ 167 页。

〔396〕 德国联邦最高法院 1971 年 5 月 11 日判决，载 BJHZ56，第 163 页、第 167 页。

〔397〕 See Gerald E. Meunier, “Elements of Recovery in maritime injury loses”, *Tulane Law Review*, June, 1997, pp. 805 – 817.

〔398〕 See Sebok Anthony J., “Using Comparative Torts Materials to Teach First-Year Torts”, *Journal of Legal Education*, *May*, 2007, p. 562.

〔399〕 英国法学家希佩尔教授认为分目击故意侵害、目击过失侵害、闻知故意或过失侵害、非父母子女配偶间之目击或闻知故意或过失侵害四种情形，然后参考发生第三人休克损害之概率大小及加害人之过失程度，作不同的解决。

尤其是面对失去亲人的情况,心情更是悲痛。英美法谓之“疼痛与痛苦”,[400] 并将其作为独立的人身侵权形态和诉因。

(二)人身伤亡精神损害赔偿范围

关于精神损害赔偿范围,主要存在狭义的金钱赔偿说和广义的金钱赔偿说。[401] 本书采狭义说。人身伤亡精神损害赔偿,是指对人身伤亡所引起的受害人本人及其家属肉体上的疼痛、精神上的痛苦、生活乐趣的丧失、心理失衡、精神障碍的赔偿。

关于人身伤亡精神损害赔偿责任适用范围,各国对此规定不同。英国法律规定的人身伤亡精神损害赔偿适用类型包括:第一种是“伤害之痛”,即受侵害人身体遭受直接侵害后导致其身体的疼痛;[402] 第二种是为治疗伤害所采取的医疗手段带来的疼痛和痛苦,如手术过程中受害人所承受的痛苦等;第三种是将来的疼痛和痛苦,包括诉讼过程中的医学可以确诊的赔偿金精神官能症;第四种是其他可赔偿的“疼痛和痛苦”,包括因毁容而产生的难堪,以及因伤而产生的悲痛、恐惧情绪,但是对没有受伤的恐惧本身不适用赔偿。[403] 在英国司法实践中,在受害人成为植物人或处于昏迷状态的情况下也不适用精神损害赔偿,原因在于受害人无法感知疼痛和痛苦。[404]

---

[400] 在英美法国家被称为“疼痛与痛苦”,是指“在侵权法体系中,可获得赔偿的身体上的不适与精神上的痛苦”。参见 Henry Cambell Black, *Black' s Law Dictionary*, West Publishing Co. ,1979, p. 999。著名侵权法学者 Harvey McGregor 认为:“疼痛不但包括受伤时以及受伤以后真实的肉体上的疼痛,还包括在治疗受伤处所引起的肉体上疼痛”;而“痛苦则是受伤的后果,原告感觉到的精神上的或情绪上的痛苦。”也就是说,“疼痛是从身体上感觉到的对身体的伤害,而痛苦则是身体上的疼痛感觉在情绪上的反应”。参见王启庭:《各国关于精神损害赔偿的法律规定》,载《比较法研究》1989 年第 2 期。

[401] 广义的精神损害赔偿不仅包括金钱赔偿,还包括恢复名誉、消除影响、赔礼道歉等非财产责任方式。狭义的精神损害赔偿仅指给付金钱的责任方式。

[402] See John Cooke, *Law of Tort*, Law Press, 2003, p. 359.

[403] 布里奇勋爵(Lord Bridge)对此解释说,“法律规定得相当清楚,不论是何种程度的恐惧,其本身都是一种正常的人类情感,因此,对此不能裁定任何的赔偿金……在死亡来临之时所感受的恐惧尚不足以构成‘精神病学上的疾病’,还不是一种损害”。See W. V. Horton Rogers, *Damages for Non-Pecuniary Loss in a Comparative Perspective*, Springer Wien Press, 2001, p. 63.

[404] “伤害本身所引起的及在外科手术中所承受的任何疼痛和痛苦都可以得到赔偿,包括对现在和将来的疼痛的赔偿”。See John Cooke, Law of Tort, Law Press, 2003, p. 359.

按照英国法律确定的标准，疼痛和痛苦是否能够成为索赔请求人的索赔理由取决于对疼痛和痛苦的感知能力，无感知则无索赔。[405]

美国《第二次侵权法重述》第905条明确规定对由于遭受人身侵害导致的精神痛苦可以进行精神损害赔偿。《统一产品责任示范法》规定人身伤亡适用精神损害赔偿的两大类，分别是由人身肉体遭受伤害以及由此引起的精神方面的不舒适和痛苦。肉体伤害，如四肢断落等精神损害如直接受害人或其他利益相关人在精神方面的不舒适和痛苦。[406] 具体赔偿范围包括：(1)生理(肉体)痛苦和精神痛苦。美国疼痛评估委员会(Commission of the Evaluation of Pain，CEP)认为，别人根本无法了解受害人的疼痛，而且也没有科学的方法去检测。因此要求法院调整好客观事实和原告对疼痛的意识之间的关系。(2)恐惧。恐惧是指因某一特定事件或突发事件造成的一种生理和心理现象。[407] (3)享受生活乐趣方面的损失。[408] (4)与家人共享生活的损失。该部分赔偿起源于对配偶权的保护，现在进一步发展为对侵犯亲属权利的补偿。[409] 此类诉讼的提起是有严格限制的，仅仅限于家庭成员方能提起。[410] (5)寿命缩短。传统上，美国法院不支持这项赔偿，[411]但是在1966年的Downie v. Untied States Lines Co.

---

[405] 斯卡曼勋爵认为："对疼痛和痛苦这种非金钱损害是否进行赔偿，取决于请求人个人对疼痛的意识和其对痛苦的承受力。"

[406] 贺光辉：《产品责任精神损害赔偿问题探析》，载《理论学刊》2006年第1期。

[407] 如船舶沉没事件、船舶剧烈碰撞以及船舶爆炸等严重事故使原告受到惊吓，有时会导致原告某些生理上的反应或使其患上某种疾病。

[408] 目前，美国法律界争论的一个热点问题就是"享乐"赔偿问题，也就是享受生活乐趣损失方面的赔偿问题。此项赔偿可出现在非正常死亡案件中，也可出现在人身伤害之诉中。各州法院对此问题的做法不同，有的将它纳入"疼痛和折磨"的范围，另一些法院将它作单独的一部分来处理。

[409] 美国著名侵权法学者Prosser认为：以前家庭成员死亡案件的经济赔偿只是衣、食、住及财产方面的补偿；而现在则认为死者与生者的交往或对生者的关怀是给生者提供的"服务"，对活在世上的人来说是有经济价值的，可以得到赔偿。参见张平：《论美国侵权法上的精神损害赔偿》，载王军：《侵权行为法比较研究》，法律出版社2006年版，第526页。

[410] 此处的家庭成员是法律上认可或承认的血缘、拟血缘以及姻亲关系。未婚同居者也不能得到这方面的赔偿。同理，一方配偶也不能因婚前对方受到的伤害提出此类诉讼。

[411] 传统上，美国法院不支持原告就寿命缩短提出赔偿要求，主要有三个原因：一是除非成文法中有规定，判例法不支持原告的赔偿要求；二是法院担心会导致双重赔偿；三是此赔偿很难计算。

案中打破了传统的观点。[412] 与英国司法实践相同,美国法院采取无感知则无赔偿的原则。[413]

与英美法国家相比,大陆法系国家对非财产损害赔偿的规定非常笼统。如《法国民法典》第1382条规定了损害赔偿的一般原则。[414] 日本法中精神损害赔偿适用的范围极为广泛,[415]其依据主要是《日本民法典》第709条、第710条[416]和第711条。德国的精神损害赔偿主要依据的是《德国民法典》第253条、[417]第823条、[418]第847条,[419]2002年8月1日施行的《第二次损害赔偿法》[420]和司法判例。司法实践中,在判断人身伤害是否适用精神损害赔偿时,受"微不足道"损害原则的限制。[421] 同英美法系国

[412] See G. S. Staring, "Contribution and Division of Damages in Admiralty and Maritime Cases", *California Law Review*, May, 1957, p. 304.

[413] 比如,艾奥瓦州法院曾经在"Lang v. City of Des Moines"案中判决,只有在受害人清醒地意识到自身的状况时,才能裁定"疼痛和痛苦"的损害赔偿金。在受害人死亡的情况下,绝大多数的司法辖区都排除了"疼痛和痛苦"的损害赔偿请求权。只在受害人清醒的状态下,裁定"疼痛和痛苦"的赔偿金。

[414] 《法国民法典》第1382条规定:"任何行为使他人受损害时,因自己的过失而致使损害发生之人,对该他人负赔偿责任"。

[415] 参见贺光辉:《产品责任精神损害赔偿问题探析》,载《理论学刊》2006年第1期。

[416] 《日本民法典》第710条规定:"对财产以外的损害,亦应赔偿。"

[417] 《德国民法典》第253条规定:"仅在法律有规定的情况下,才能因非财产损害而请求金钱赔偿。"按照德国法院的判例和学界的理解,这里涉及的非财产损害,是指所有对受害人身体和精神状态不利的结果,如疼痛、不舒服、因外形损坏造成的压抑、性格的改变,生活乐趣的减低、因谋杀威胁导致对死亡的持久恐惧并产生精神上的负担。甚至心理损害也可包括在内,只要它是身体损害、剥夺自由以及医学上可诊断的健康损害的结果。

[418] 《德国民法典》第823条规定:"因故意或过失,不法侵害他人之生命、身体、健康、自由、所有权及其他权利者,对于该他人,负赔偿所生损害之义务。违反以保护他人之法律者,亦负同样的义务。依法律之内容,行为人虽无过失,亦有违反法律的可能时只有行为人有过失时才负赔偿责任。"

[419] 《德国民法典》第847条第1款规定了侵害身体或健康以及剥夺自由等情形适用精神损害赔偿。

[420] 德国《第二次损害赔偿法》认为:精神损害赔偿如同物质损害赔偿一样,都是建立在补偿而非惩罚的思想之上的。任何加重他人生活负担的人,都应当通过支付金钱而使得他人的生活重新轻松起来,因为只有这样受害者才可以享有另外的舒适或通过转向其他途径更好地实行其利益。

[421] 在德国的司法实践中,如果受害人的健康只是短时间而且微不足道地受到损害,比如,在不重要位置受到的创伤、轻微的创伤、黏膜发炎、轻微的淤伤、不显著的血肿,则不能请求抚慰金。参见韩赤风:《精神损害赔偿制度的划时代变革——〈德国民法典〉抚慰金条款的调整及其意义与启示》,载《比较法研究》2007年第2期。

家规定相同，在受害人死亡的情况下，不对其本人进行精神损害赔偿。[422] 欧洲其他国家如奥地利和荷兰也规定了对人身伤害造成的疼痛和痛苦给予金钱救济。《奥地利民法典》第 1325 条规定了人身伤害的赔偿责任。[423] 荷兰对非财产损害适用规定了限制条件，即“只有在法律明文规定时才能获赔”。[424]

二、精神损害金钱赔偿方式的理论根据

对于精神损害采取金钱赔偿方式进行救济的理论曾经历了长达一个世纪的争论，主要存在否定学说和肯定学说。否定精神损害金钱赔偿方式的学说主要有人格商品化说、[425] 道德违反说、[426] 精神损害无法补偿说[427] 以及精神损害无法计量说[428] 四种观点。精神损害可获得金钱赔偿的理念，目前已经被世界大多数国家和地区所接受。精神损害赔偿制度的确立和发展标志着人类社会的文明程度已经到了一个崭新的阶段。精神损害金钱赔偿理论基础主要有惩罚功能说、补偿功能说、满足功能说、调整功能说。

（一）惩罚功能说

惩罚功能说认为，对精神损害进行金钱赔偿主要是基于加害行为的社

[422] See Christian Von Bar, The Common European Law of Torts, *Oxford University Press*, 1998, p. 18.

[423] 《奥地利民法典》第 1325 条规定：“对于受害人因身体伤害而遭受痛苦、苦楚时可以获得损害赔偿。”

[424] 如《荷兰民法典》第 6 条、第 106 条分别规定了“疼痛和痛苦”、四肢的丧失、疤痕等适用非财产损害赔偿金的各种情形。See U. Magnus, *Unification of Tort Law*: *Damages*, Kluwer Law International, 2001, pp. 7 - 8, 12 - 13, 81, 94 - 96, 144, 148 - 149, 176.

[425] See André Tunc, International *Encyclopedia of Comparative law*, *Torts*, J. C. B. Mohr, 1983, p. 36.

[426] 参见[英]丹宁勋爵：《法律的未来》，刘庸安、张文镇译，法律出版社 1999 年版，第 178 页。

[427] 参见申政武：《论人格权及人格损害的赔偿》，载《中国社会科学》1990 年第 2 期。

[428] 参见[日]加藤一郎：《抚慰金的比较法研究》，载《比较法研究》1982 年第 4 期。转引自徐明：《人格损害补偿论》，中国人民大学 1993 年博士学位论文，第 61 页。

会可谴责性和可责难性。该观点更加关注加害人对其加害行为在主观上的过错。典型的代表如日本戒能通孝博士的“制裁说”。[429] 德国 Deutsch 教授在其著作《责任法》中认为精神损害赔偿金的本质在于制裁。法国学者理培尔也认为:“法官在具体确定赔偿数额大小时,要考虑到被告人对其侵害行为的过错程度以及其财产状况,这种赔偿本身就隐藏着的是惩罚。”[430] 还有学者认为:“那是对做错事的侵害人的一种惩罚。”[431]

(二)补偿功能说

补偿功能说认为,现代法律发展的结果是刑事法律和民事法律的分离,对加害人行为的惩罚功能归属刑事法律,而民法以补偿受害人损失作为基本的功能,精神损害赔偿作为一种民事责任制度,同样以补偿受害人损失为己任。有学者认为,侵权法基本的目标是矫正正义。[432] “给无辜造成伤害的受害人进行经济补偿,以弥补他所受到的伤害。”[433] “加害人侵害了一个人的人身权益,那么受害人在道义上有权向加害人提出索赔,加害人也有义务在经济上对被害人进行补偿。”[434] 大陆法系国家一般持此学说。

---

[429] 戒能通孝博士 1923 年在其论文“侵权行为中的无形损害赔偿请求权”一文中,通过抚慰金的比较研究,给抚慰金赋予了私罚性质,认为:给予抚慰金的发生要件,要求加害行为是具有重大的必须制裁的违法性的行为;关于抚慰金的请求权人,可以请求制裁的,不仅是直接受害人,而且是“家团”,给予直接受害人以代替“家团”起诉的资格;关于无形损害的一身专属性,认为必须承认向第三人转让;关于抚慰金的算定,认为只要是私罚,就应该按照违法性程度确定赔偿额。参见于敏:《日本侵权行为法中的抚慰金制度研究》,载《外国法译评》1998 年第 2 期。

[430] [日]加藤一郎:《抚慰金的比较法研究》,载《比较法研究》1982 年第 4 期。转引自徐明:《人格损害补偿论》,中国人民大学 1993 年博士学位论文,第 62 页。

[431] [英]彼得・斯坦、约翰・香德:《西方社会的法律价值》,王献平译,中国法制出版社 2004 年版,第 178 页。

[432] See Dan B. Dobbs, *the law of torts*, West Group, 2001, p. 1201.

[433] W. Page Keeton, William Lloyd Prosser, *Prosser and Keeton on Torts*, West Publishing Company, 1984, p. 592.

[434] John Borgo, 'Causal Paradigms in Tort law", *The Journal of Legal Studies*, August, 1979, p. 419.

(三)抚慰功能说

抚慰功能说,又称为满足功能说。该说主张:之所以对受害人所受痛苦进行补偿,主要是可以通过金钱的给予实现受害人生活条件和财富占有状况的改善,让受害人心理上产生一种满足感,这种满足感可以抵消受害人经受的痛苦。尽管金钱赔偿永远无法弥补受害人人身伤害带来的痛苦,但在一定程度上,"金钱给付可使被害人知悉加害人为其加害行为承担了不利后果,从而可以逐渐平复其内心之怨愤,其报复之感情将可因此而得到慰藉"。[435] "损害赔偿金在某种程度上能够重新树立受害人的自信,逐渐扫除其愤怒的情绪。"[436]也有学者认为:"金钱可以给被害人精神上的支撑,让你脱离受伤害带来的愤慨和难过等不良情绪反应,从而给受害人心理上的抚平和安慰。"[437]更有学者全面肯定金钱的万能功能,认为:"金钱可以修复世间所有痛苦和伤痛。"[438]还有学者认为:"疼痛是人体客观的、令人不快的感觉;而且没有合理理由导致他人的痛苦是不公正的。因此,如果能用某种方式由侵权人消除他造成受害人身体不公平的疼痛,他将在法律上有义务这样做。例如,有一种装置,可以吸收受害者的侵权行为人造成的痛苦的,侵权人有义务将租用受害人使用该设备。我们都知道,今天(不幸)没有神奇的疼痛消除机器存在。当一个真正的疼痛消除机器不存在的,真正的问题就在于如何补偿受害者的痛苦经历对她的伤害。"[439]

我国也有学者认为,对于损害重大的受害人,如由于遭受侵害失去手

---

[435] Michael Napier, Kay Wheat, *Recovering Damages for Psychiatric Injury*, Blackstone Press, 1995, pp. 145 - 146.

[436] Louis L. Jaffe, Damages for Personal Injury: The Impact of Insurance, Duke University School of Law, 1953, pp. 219 - 224.

[437] Louis L. Jaffe, Damages for Personal Injury: The Impact of Insurance, Duke University School of Law, 1953, p. 220.

[438] Christian Von Bar, *The Common European Law of Torts*, Oxford University Press, 1998, p. 138.

[439] Louis L. Jaffe, *Damages for Personal Injury*: The Impact of Insurance, Duke University School of Law, 1953, p. 226.

臂、腿脚等身体器官,而遭受社会歧视等引起其精神及肉体终生痛苦,在这样的情形下,哪怕给予被害人巨额金钱赔偿也无法填补或克服其精神上的痛苦及不便,但是财富占有程度的变化可以让被害人得到金钱的满足,而获得心理上的慰藉。[440]

(四)调整功能说

调整功能说又称作补充性功能说。该说认为,精神损害赔偿只是一种调整或补充手段,当依据法律规定对受害人财产损失赔偿额较少,或者当受害人存在举证困难不能获得满足的赔偿额时,可以通过增加精神损害赔偿数额,责令责任人赔偿金钱来补偿非财产损害的方法实现公平正义。[441]笔者认为,该种学说本质上并没有把精神损害赔偿作为一种独立的赔偿项目,只是作为财产损失赔偿的附属。该理论为日本所采纳。

(五)克服功能说

该说是德国民法学者从医学角度论证的,其将影响人体状况的世界分成非生物外环境和生物内环境两个系统,并且认为,这两个系统是相互作用相互影响的,任何一个系统的改变都会影响另一个系统对人体状况的影响程度。精神损害的金钱赔偿可以改变人的生存或生活状况,也就是改变人所处的外环境,从而促进生物内环境向好的方向发展,帮助受害人恢复身心健康。按照该理论,给予受害人金钱,可以给予受害人从事其他活动的机会,通过从事其他活动的快乐和幸福感一定程度上转移其对伤痛的回忆,从而达到逐渐解脱的功效。如法国学者认为,金钱具有购买力,可以使被害人有所满足而缓解痛苦。[442]

除这些学说以外,有的学者坚持精神损害赔偿的理论是以上这几种理论的组合,主要有:为瑞士民法所采纳的双重功能说,如瑞士著名法学家伯

---

[440] 参见何孝元:《损害赔偿之研究》,台北,商务印书馆1982年版,第28页。

[441] See U. Magnus, Unification of Tort Law: Damages, Kluwer Law International, 2001, pp. 7 – 8, 12, 81, 144, 148 – 149.

[442] 参见王泽鉴:《民法学说与判例研究》(第2册),北京大学出版社2009年版,第251页。

克汉主张抚慰金具有填补与抚慰双重功能;[443]我国学者曾兴隆主张的填补功能、克服功能及满足功能的三重功能说;法国学者主张的四重功能说。

笔者认为,精神损害赔偿的功能具有多元性,从不同的角度体现的功能也不同。从受害人角度来看,精神损害赔偿金对受害人有进行补偿、抚慰的功能;从加害人角度来看,精神损害赔偿金又具有对加害人不法行为的惩罚功能。精神损害赔偿虽然不能直接弥补受害人人格上的损害,但通过直接增加受害人财产的方式,让受害人在物质方面得到满足,从而可以间接填补受害人精神上所受创伤,使受伤害的心灵得以慰藉。同时,精神损害赔偿通过强调不法行为人支付金钱给受害人,客观上也起到了一定的惩罚作用。因此,本书坚持精神损害赔偿的三元说,认为精神损害赔偿具有补偿、抚慰和惩罚功能。

三、确定人身伤亡精神损害赔偿金的一般原则

(一)确定人身伤亡精神损害赔偿金原则的外国法规定

国外对于人身伤亡精神损害赔偿金的确定主要有以下几个原则:第一个是法官酌定原则,也就是说法律不制定具体的赔偿标准,而是由法官根据具体案情和当事人双方情况自由裁量,确定具体的赔偿数额。该原则普通为目前各国所采取。如法国判例确定的“精神损害赔偿之计算由法院依主权的作用为之”的原则,[444]《德国民法典》第253条确定的“相当金额”的精神损害赔偿原则,以及《瑞士债务法》第47条[445]和《俄罗斯联邦民法典》第1101条第1款、第2款[446]等都确定了精神损害赔偿金数额由法院酌定

---

[443] 参见王泽鉴:《民法学说与判例研究》(第2册),北京大学出版社2009年版,第256页。

[444] 韩世远:《违约损害赔偿研究》,法律出版社1999年版,第422页。

[445] 《瑞士债务法》第47条规定:“对于致死或伤害,法院得斟酌特殊情事,许给被害人和死者之遗属,以相当金额之赔偿。”

[446] 《俄罗斯联邦民法典》第1101条规定:“精神损害补偿的数额,由法院根据给受害人造成身体和精神痛苦的性质决定。当以过错为损害赔偿的依据时,法院还要根据被害人的过错程度确定赔偿数额。在确定精神损害的补偿数额时,应斟酌请求的合理性和公正性。”

的原则。第二个是最高限额原则。也就是对精神损害赔偿金确定一个最高的限额,具体案件的判决数额原则上不准超过这个限额。目前英国和美国采用该原则。该原则一方面为当事人提供了一定程度的法律的可预期性,也给法官的具体判决提供了一定的价值指引和规范,尤其是能够防止法官自由裁量权的滥用而损害赔偿义务人的利益。另一方面,该原则也有一定的缺陷,尤其是受害人情况千差万别,最高限额原则在一定程度上难以实现对受害人损害的充分全面赔偿。第三个是限制幅度原则。也就是根据不同情况制定精神损害赔偿的具体幅度,由法官根据具体案情在此幅度内具体确定赔偿数额。该原则主要为日本所采用,如日本律师协会交通事故咨询中心制定的《住院、就医抚慰金表》和日本律协公布的《死亡精神损害赔偿数额基准》。[447] 第四个是相当于满意原则。该原则主要为德国所采纳。按照该原则所确定的精神损害赔偿金具有很大的主观性,与前述几个原则相比,法官的自由裁量权也最大。在实践中,德国法官通常结合当事人双方具体情况,包括加害人是否有责任保险,受害人肉体痛苦程度、持续时间等,在此基础上确定具体的赔偿数额。该原则的适用一方面可以充分实现对受害人的全面赔偿,但另一方面也对司法人员的素质提出了更高的要求。结合我国情况,该原则在我国司法实践中不适用。第五个是日标准原则。也就是明确规定每日赔偿标准,按照一定标准确定应该赔偿的天数,在此基础上得出精神损害赔偿额。如根据丹麦法律规定,需住院治疗的病人每日精神损害赔偿标准在1968年以前是15丹麦克朗,在1968年以后是25丹麦克朗;对其他病人在1968年以前和以后分别是7.5丹麦克朗和10丹麦克朗。[448] 该原则虽然简便易行,但其弊端也极其明显。同样是住院,不同的病人经受的痛苦和折磨也不同,对他们适用同样的标准完全没有公平公正可言。在没有肉体痛苦只有强烈精神痛苦的情况下不应

---

[447] 参见李薇:《日本机动车事故损害赔偿法律制度研究》,法律出版社1997年版,第67页。

[448] 参见邓瑞平:《人身伤亡精神损害赔偿研究》,载《现代法学》1999年第3期。

该适用日标准原则。康复时间的长短与受害人精神损害程度没有必然联系。

(二)我国确定人身伤亡精神损害赔偿金原则的建议

我国学者对于精神损害赔偿金确定原则主要有以下几种观点:第一种观点认为,精神损害赔偿原则是赔偿限额原则、区分不同损害原则和法官酌定原则;第二种观点认为,精神损害赔偿原则应为抚慰为主适当加处原则、赔偿金额法定幅度原则、综合考虑确定原则;[449]第三种观点认为,精神损害赔偿金原则应为适当经济补偿原则、合并吸收原则、既必要又适当加处原则、个人负责与连带责任相结合原则及公平原则;[450]第四种观点认为,这些原则应该为抚慰为主补偿为辅原则、有所限制原则、法官自由酌定原则。[451]

笔者认为,精神损害赔偿计算方法或原则应该坚持赔偿幅度适当限制原则、具体损害具体分析原则、法官自由酌定原则和对侵害人适当惩处原则。其中,前两个原则是主要原则,后两个是辅助原则。

1. 赔偿幅度适当限制原则包括:第一,对精神损害赔偿总额按照国家总的经济发展状况以及其他相关指标,按照公平、公正的原则确定一个最低赔偿额和最高赔偿额。在此基础上,允许各省、自治区、直辖市的高级法院结合本省实际经济发展状况在国家规定的幅度内确定限额。第二,按照赔偿权利人不同分别设置不同的赔偿幅度。受害人本人以及其不同类型的亲属都按照同直接受害人关系远近,按照社会风俗和道义规定不同的赔偿幅度。

2. 具体损害具体分析原则,是指按照人身伤亡对受害人本人及其亲属造成伤害的性质和程度分别规定不同幅度的赔偿标准。这些不同性质的

[449] 参见王彦、刘文彦:《精神损害赔偿问题研究》,载《河北法学》2000年第6期。
[450] 参见杨美华、孙曙东:《精神损害赔偿几个问题》,载《法学》1997年第11期。
[451] 参见王利明主编:《人格权法新论》,吉林人民出版社1994年版,第698页。

伤害可以分为直接的精神损害和反射性的精神损害。直接性的精神损害包括受害人身体遭受侵害直接引起其肉体的疼痛和心理上的痛苦;受害人经过治疗后丧失了已有的美好生活以及对未来美好生活追求的机会,由此带来精神上的痛苦和折磨。反射性精神损害包括受害人在受伤害的情况下给其亲属带来的忧伤、焦躁、痛苦等心理不适;受害人在死亡的情况下给其亲属带来的精神打击,如丧亲之痛、悲伤以及休克等。对精神损害的不同程度的比较是基于同一性质的精神损害基础上的比较。如受害人的肉体疼痛和精神痛苦表现因伤势轻重以及受伤部位不同而不同,经受痛苦的时间越长、残废等级越高、受伤部位越关键,其肉体与精神损害程度就越高,表现在赔偿额上,赔偿金就应该越高。如在我国香港特区的海上致残案件中,香港还根据残废程度将“伤痛及舒适”损失赔偿额依伤势严重程度不同分为四类:对于严重伤害,赔偿额是135,000港元到180,000港元;对于实质性的伤害是180,000港元到225,000港元;对于惨重的伤害是225,000港元到340,000港元;灾难性伤害是340,000港元以上。这些赔偿额是1989年6月的情况,而且根据法律规定,赔偿额还将按照实际通货膨胀而逐渐调整。

3. 法官自由酌定原则,是指法官在赔偿幅度适当限制原则和具体损害具体分析原则的限制下,根据受害人精神损害实际情况,并结合整个案件的具体情况确定精神损害赔偿金的原则。在确定人身伤亡精神损害赔偿额时,需要考虑的精神损害的实际情况包括受害人伤势程度、伤痛情况、残废程度、住院治疗期间长短、受伤到就医期间长短、残疾或死亡者与其亲属亲密程度等;需要考虑的整个案件的具体情况可以分为:受害人情况、加害人情况和侵害的具体情节。受害人的情况包括受害人性别、年龄、身份、职业、社会知名度和社会地位以及家庭经济状况。一般来说,受害人年龄越小,承受能力就越弱,所受的精神损害就越大。女性一般受到侵害时受到的精神痛苦比男性更大。受害人职业、身份、社会知名度和社会地位也是影响精神损害赔偿金的因素之一。一般来说,社会地位越高,从事的职业越风光,身份越高、职位越高,在面对侵害时心理反应也就越大,遭受的精神痛苦也越大。在确定精神损害赔偿金额时,之所以要考虑受害人经济状况,在于精神损害赔偿金的抚慰功能。同一笔财产,对家庭经济状况好的受害人的抚慰程度要低得多,为体现其抚慰功能,在确定精神损害赔偿额时,应该适当考虑受害人经济状况。需要考虑的加害人的情况包括加害人过错程度、具体的侵权情节恶劣程度、加害人之态度。需要考虑的侵害的具体情节主要包括造成的后果、侵权行为地生活水平等。

4. 对侵害人适当惩处原则。民事责任之本质在于对受害人进行救济,但也并不排斥对不法行为人的惩戒。人类社会追求和谐、平等、共存,而对人格的尊重是实现这一目标的基本要求。任何人对他人人身权的侵犯都是对社会共同价值的侵犯,其可惩罚性不言而喻。精神损害赔偿体现一定的惩罚性,有利于阻止加害人进一步实施侵害行为,体现了法律的预防功能。

四、人身伤亡精神损害赔偿程度或标准的几种学说

人身伤亡精神损害的赔偿不像财产利益损失的赔偿有具体的计算标准和依据,精神损害具有无形性。在具体计算人身伤亡精神损害赔偿金数额时,应该首先确定赔偿对受害人精神损害修复需要达到的标准或尺度。对此,国外主要有以下几种学说:

(一)替代标准说

该学说认为,赔偿责任人支付的人身伤亡精神损害赔偿金应该作为一种受害人承受疼痛的替代享受品,即原告提供的资金数额应该足以体验愉快的活动或物品,这些心理上的愉快体验应该足以抵消疼痛,或弥补原告遭受的痛苦。肯尼思亚伯拉罕(Kenneth Abraham)主张该学说,他陈述道:"即使原告的痛苦和苦难是永远不能完全用金钱补偿,原告可以使用金钱

提供活动或作为有关精神受伤而失去的享受的替代品。举例来说,如果原告因为瘫痪不再可以玩足球,他一般可能会使用赔偿金购买的碟形卫星天线电视放在他的家里,或原告将使用赔偿金进行新的业余爱好活动。"[452]

有学者对此学说提出严厉批评,认为:"那些支持这一学说的学者是错误理解了对痛苦和受难的损害赔偿的基本概念。他们认为人身伤亡精神损害赔偿是通过痛苦和受难的损害赔偿,而不应该被认为是通过损害赔偿从精神受损害走向享乐。此外,从医疗的角度来看,没有任何经验证明到Bermuda旅行将使受害人的痛苦或会比较容易承受(尽管此行可能会提高受害者的心情)。"[453]"那些将快乐享受和痛苦折磨的比较是将苹果和橙子简单的混合了。"[454]

(二)受害人权益尊严恢复标准说

该学说认为,人身伤亡精神损害赔偿应该足以恢复和加强受害人的权益意识,通过为受害人提高心理疏导能够恢复其尊严。[455]

也有学者对该学说持反对观点认为,受害人根本没有任何身体上的伤害和疼痛,恢复其尊严和公平意识也许是值得承认的赔偿目的,但试图通过与疼痛和痛苦无关的赔偿类别来实现受害人尊严恢复是很愚钝的。而且从现实角度看,受害人身体上的疼痛和尊严的降低,或身体上的疼痛和公平、权益意识的降低之间好像也没有什么必然的关联。陪审团肯定错误地认为受害人身体上疼痛的程度就是其尊严意识损害的程度。

---

[452] Kenneth S. Abraham, *The Forms and Functions of Tort Law*, Foundation Press, 2007, p. 210.

[453] James N. Fischer, *Understaning Remedies*, M. Bender Press, 1999, pp. 383 - 384.

[454] Daniel W. Shuman, "The Psychology of Compensation Law", *U. Kan. L. Rev.* May, 1994, p. 39.

[455] 该学说认为:"受害人身体遭受侵害会感到愤怒,货币的补偿可以消除其愤怒感。之所以能'消除愤怒感'原因在于社会对金钱赋予比较高的评价,认为金钱可以作为一种手段就像衡量货物价值一样来衡量非经济损失的价值"。See Louis L. Jaffe, "Damages for Personal Injury: The Impact of Insurance", *Duke University School of Law*, 1953, pp. 219 - 224. Steven D. Smith, "The Critics and the Crisis: A Reassessment of Current Conceptions of Tort Law", *Harvard Law Review*, June, 1995, pp. 765 - 784.

(三)完整恢复标准说

该学说认为,身体上的疼痛和精神上的痛苦兼容的精神损害,只要金钱赔偿可以使受害人恢复遭受意外前的情况,就可以认定人身伤亡赔偿达到标准。关键的问题是"恢复"意味着什么?仅仅是表面上返回到以前的状态,还是就像法律经济学家提出来的恢复到受害者遭受侵害前的身体心理的功能状态?

法理经济学家根据杰里米·边沁(Jeremy Bentham's)创建了"效用函数"理论,该理论假设任何经历都可以以正和负的以美元表示的"效用函数"。[456] 我们每个人都有一个基本的功能,也称为无差异曲线。效用曲线上的任何一点和该曲线上的任何其他点都是一样。因此,如果一个人说没有受伤(无须补偿),也就是说事故之后她仍然处于遭受意外前效用曲线的原处。即使有第三者的行为改变了她在其效用曲线的位置,也可以认定她没有受到损害。如果说A的行为造成了B的损害,此时可以说A的行为导致B到达一个较低的效用函数。此时,可以说身体的疼痛和精神的痛苦导致受害人享受财富的能力降低,导致其"效用函数"值的降低。[457] 马克·盖特菲尔德(Mark Geistfeld)教授认为:"相对于受伤前的状态而言,受害人的疼痛和痛苦降低了他的幸福感。由于在事故发生后其本人的财富效用得到一定程度减少,因此痛苦改变了其个人的效用函数。"[458]

(四)矫正道德失衡说

矫正正义说认为:"当一个人伤害到另一个受害者时,则受害人就有道德权利要求,以及加害人负有向他支付损害赔偿的道义责任。"[459] 侵权法

[456] See J. Bentham, J. H. Burns, *An Introduction to the Principles of Morals and Legislation*, Athlone Press, 1970, p. 241.

[457] See Robert Cooler Thomas Ulen, *Law and Economics*, Pearson Addison Wesley, 2004, p. 311.

[458] Mark Geistfeld, "Placing a Price on Pain and Suffering: A Method for Helping Juries Determine Tort Damages for Nonmonetary Injuries", *California Law Review*, March, 1995, pp. 773 – 794.

[459] John Borgo, "Causal Paradigms in Tort Law", *The Journal of Legal Studies*, August, 1979, p. 419.

是一个机制,用以恢复由侵权人破坏了的侵权人和受害人之间的道德平衡。[460] 因此,该学说认为,如果没有对疼痛和痛苦的损害进行赔偿,则当事人之间的道德失衡必将持续下去。对受害人的经济赔偿额应该足以恢复被打破的道德平衡。[461]

五、我国人身伤亡精神损害赔偿金的确定

(一)人身伤亡精神损害赔偿适用的法律依据

我国关于精神损害赔偿的法律依据主要有:我国《民法通则》第 120 条、[462] 最高人民法院《关于贯彻执行〈中华人民共和国民法通则〉若干问题的意见(试行)》第 150 条、[463] 我国《侵权责任法》第 22 条、[464] 1992 年《关于审理涉外海上人身伤亡案件损害赔偿的具体规定(试行)》第 3 条、[465] 最高人民法院 2001 年颁布的《关于确定民事侵权精神损害赔偿责任若干问题的解释》[466] 和《关于审理人身损害赔偿案件适用法律若干问题的解释》第 18 条的规定。[467]

---

[460] See Dan. Dobbs, *The Law of Torts*, West Group, 2001, p. 276.

[461] See Joseph H. King, Jr., "Pain and Suffering, Noneconomic Damages, and the Goals of Tort Law", *SMU Law Review*, July, 2004, p. 205.

[462] 我国《民法通则》第 120 条规定:"公民的姓名权、肖像权、名誉权、荣誉权受到侵害的,有权要求停止侵害,恢复名誉,消除影响,赔礼道歉,并可以要求赔偿损失。"

[463] 《关于贯彻执行〈中华人民共和国民法通则〉若干问题的意见(试行)》第 150 条规定:"公民的姓名权、肖像权、名誉权、荣誉权和法人的名称权、名誉权、荣誉权受到侵害,公民或者法人要求赔偿损失的,人民法院可以根据侵权人的过错程度、侵权行为的具体情节、后果和影响确定其赔偿责任。"

[464] 我国《侵权责任法》第 22 条规定:"侵害他人人身权益,造成他人严重精神损害的,被侵权人可以请求精神损害赔偿。"

[465] 1992 年《关于审理涉外海上人身伤亡案件损害赔偿的具体规定(试行)》第 3 条规定:"安抚费,是指对受伤致残者的精神损失所给予的补偿。可按伤势轻重、伤痛情况、残废程度,并考虑年龄、职业等因素作一次性的赔付。"

[466] 该司法解释于 2001 年 2 月 26 日由最高人民法院审判委员会第 1161 次会议通过。

[467] 最高人民法院《关于审理人身损害赔偿案件适用法律若干问题的解释》第 18 条规定:"受害人或者死者近亲属遭受精神损害,赔偿权利人向人民法院请求赔偿精神损害抚慰金的,适用《最高人民法院关于确定民事侵权精神损害赔偿责任若干问题的解释》予以确定。"

其中我国《民法通则》第120条和《关于贯彻执行〈中华人民共和国民法通则〉若干问题的意见(试行)》只是笼统地规定了侵害姓名权、肖像权、荣誉权的精神损害赔偿问题,而对人身伤亡赔偿问题没有提及。我国《侵权责任法》第22条对人身伤亡精神损害赔偿问题只是笼统地规定了一个原则,即侵害他人人身权益,只有造成严重精神损害的才适用精神损害赔偿。但对到什么程度才是严重精神损害以及精神损害赔偿金的确定等问题都没有涉及。

1992年《关于审理涉外海上人身伤亡案件损害赔偿的具体规定(试行)》适用于涉外的海上人身伤亡精神损害赔偿。按照《关于审理人身损害赔偿案件适用法律若干问题的解释》第18条的规定,对于受害人及其亲属提起精神损害赔偿金的,适用《关于确定民事侵权精神损害赔偿责任若干问题的解释》的规定。因此,可以看出我国对于人身伤亡精神损害赔偿也可以分为涉外体制和国内体制。对于涉外海上人身伤亡精神损害赔偿确定问题,依据的是1992年《关于审理涉外海上人身伤亡案件损害赔偿的具体规定(试行)》;对于国内海上人身伤亡精神损害赔偿问题,依据的是最高人民法院2001年颁布的《关于确定民事侵权精神损害赔偿责任若干问题的解释》中的相关规定。

(二)我国人身伤亡精神损害赔偿金的确定

对于涉外的海上人身伤亡精神损害赔偿问题,按照1992年《关于审理涉外海上人身伤亡案件损害赔偿的具体规定(试行)》第3条第1款第3项规定,我们可以知道:其一,人身伤亡精神损害赔偿只适用于受害人残疾或死亡的情况;其二,对受害人受伤致残的精神损害赔偿金的确定要充分考虑受害人伤势轻重、伤痛情况、残废程度和受害人年龄职业等因素;其三,精神损害赔偿金采用一次性支付方式。

对于国内海上人身伤亡精神损害赔偿主要适用最高人民法院《关于确定民事侵权精神损害赔偿责任若干问题的解释》。该解释第1条第1款明确了对于侵害自然人生命权、健康权以及身体权适用精神损害赔偿制度。尤其是新颁布实施的我国《侵权责任法》更是明确了人身伤亡的精神损害赔偿制度，解决了关于人身损害是否可以请求精神损害赔偿的争论。

根据最高人民法院《关于确定民事侵权精神损害赔偿责任若干问题的解释》第10条的规定，在确定精神损害赔偿金具体数额时，要考虑到以下几个因素：(1)侵权人的过错程度。侵权人的过错程度主要考虑的是侵权人主观上究竟是故意还是过失，是一般过失还是重大过失等因素。如果侵权人是故意，则精神损害赔偿数额应当从高确定，反之则从低。对于适用无过错原则的精神损害赔偿案件不以过错为要件。(2)侵害的手段、场合、行为方式等具体情节。之所以要考虑这些因素，原因在于这些因素决定了对受害人精神打击的程度，体现了侵权人的主观恶性程度。(3)造成的后果。最高人民法院《关于确定民事侵权精神损害赔偿责任若干问题的解释》第8条第2款和我国《侵权责任法》第22条都规定了精神损害赔偿适用于严重的精神损害，但是对于何为“严重”都没有给出具体的参考依据。按照我国司法实践，加害人导致他人死亡或残疾，或虽未残疾但造成受害人长期精神痛苦并严重影响其工作、生活的，应该认定为严重的精神损害。(4)侵权人获利情况。该条主要适用于以获取经济利益为目的侵犯他人精神性人格权利的，对人身伤亡赔偿一般不适用该要件。(5)加害人承担责任的经济能力。之所以如此规定，主要是考虑到精神损害赔偿制度的惩戒性和顾及加害人正常的生活和经营。如果责任人经济承受能力比较弱，判令较高的精神损害赔偿金意味着较重的负担，会严重影响其正常的生产经营或生活。如果责任人经济承受能力比较强，判令较低的精神损害赔偿金就不足以体现对其惩戒，意味着鼓励侵权，赔偿制度对加害行为的预防功能也将失灵。一般来说，法人或其他组织要比自然人加害人承担能力强些。在考察自然人承担责任的经济能力时，要考虑其职业、社会地位、经济收入。(6)受诉法院所在地平均生活水平。我国经济发展水平不平衡，城乡经济发展差异显著。因此,为了便于计算,赔偿标准主要依据受诉法院所在地水平。

第五节 惩罚性赔偿

一、惩罚性赔偿存在之正义价值

与补偿性赔偿相比,惩罚性赔偿更侧重于对责任人的惩罚性。惩罚性赔偿古来有之,[468]既存在,必然符合其存在之社会正义。按照法价值理论,任何一项法律制度的设计都应该符合维护社会公共秩序的价值要求,海上人身伤亡赔偿制度作为一项特殊的人身伤亡赔偿制度也不例外。按照海上生产经营秩序的价值取向要求,海上人身伤亡事故发生后,一方面既要对受害人进行全面充分赔偿,纠正被打破的利益平衡,也要侧重于对责任人故意和重大过失行为的惩处,以预防类似海上人身伤亡事故的发生。[469]而单纯补偿性的赔偿符合纠正正义理念,恢复或者说纠正了被打破的利益平衡,却忽视了海上人身伤亡赔偿制度应有的预防性措施,即加大对重大过错责任人的惩罚力度。惩罚性赔偿通过让加害人承担补偿性赔偿额外的责任,令其为自己故意及重大过失行为付出代价,从而起到惩戒作用。

---

〔468〕 如《汉谟拉比法典》第 8 条、第 106 条、第 107 条以及第 112 条等。参见《世界著名法典汉译丛书》编委会:《汉谟拉比法典》,法律出版社 2000 年版,第 187 页。又如,《古罗马法》第 8 条、第 9 条、第 18 条以及第 19 条等规定。参见《世界著名法典汉译丛书》编委会:《十二铜表法》,法律出版社 2000 年版,第 65 页。

〔469〕 任何法律规则都包含某种秩序方面的诉求,即便是以维护意思自治为核心目标的私法体系也不例外。只不过,在私法领域,秩序维持的方法通常并不在于以严厉的制裁措施,力图禁止违背私法规范的行为,相反,很多时候,私法只是要求行为人就其违背相关规范的行为对受害人承担补偿责任,毕竟,在某些情况下,预防事故发生的成本极高,达到了行为人完全无法承受的地步(比如,彻底避免车祸发生的方法唯有不开车),此时,若企图以严厉的制裁迫使行为人杜绝事故之发生,其结果必将是对个体行为自由的过度伤害。必须注意的是,尽管私法规范一般不应采取强硬措施来禁止加害行为的发生,但这并不意味它应该一味地容忍,甚至激励加害行为的发生。尤其,对于那些预防成本极低,低到只在乎行为人一念之间的故意侵权或违约的行为,私法亦必须表现出严厉的否定,以形成有效的阻碍,若是纵容此等故意加害行为,则无异于允许故意加害人玩弄法律于股掌之间,私法秩序将因此遭到极大的破坏。

另一方面,也对潜在的违法行为人起到教育作用。从这个意义上讲,惩罚性赔偿符合社会对公共秩序、正义价值理念。

二、惩罚性赔偿之适用与金额确定

美国在海事案件中适用惩罚性赔偿经历了反复循环的过程,第一次认可惩罚性赔偿在海事案件中的适用是"CEH,Inc. v. F/V Seafarer"案的判决。[470] 在随后的"Wahlstrom v. Kawasaki Heavy Industries,Ltd."案中又否定了惩罚性赔偿的适用。[471]

惩罚性赔偿之目的和功能在于惩戒加害人之不法行为,督促行为人履行谨慎注意义务,因此,惩罚性赔偿的可惩罚性主要侧重于加害人不法行为之高度可苛责性,主要体现在其对加害结果之主观恶性,通常包括故意、严重过失。因此,惩罚性赔偿金额之确定也以实现惩罚性之功能为限。在确定数额方面,主要存在两种体制,一种是英美法国家采取的陪审团模式,另一种是大陆法国家的法官裁量模式。英美法系国家的陪审团模式,主要依赖于陪审团在考虑到加害人之主观恶性程度、受害人损害程度以及加害人财力状况等因素基础上确定,[472] 而法庭主要是提供有限的指引,[473] 在美

---

[470] See Helmut Koziol, Vanessa Wilcox, Bjarte Askeland,"Punitive damages: common law and civil law perspectives",Springer Press,2009,pp. 157 – 158.

[471] G. E. Meunier,"Elements of Recovery in Maritime Personal Injury Cases",*Tulane Law Review*,March,1997,p. 259.

[472] 如新西兰在确定惩罚性赔偿数额时主要考虑:(1)被告人不法行为严重程度;(2)原则上,惩罚性赔偿数额必须是适当并温和的;(3)原告将因惩罚性赔偿获得意外收益的情况;(4)被告的财力;(5)原告所受的伤害或遭受的损失;(6)被告是否因同一行为受有其他惩罚。其中,最核心的因素,即为被告之不法行为的严重程度。See Jonna manning,"Reflections on punitive Dammages and Personal Injury Liability in New Zealand",*New Zealand Law Review*,May,2002,pp. 143 – 148.

[473] 澳大利亚法院认为,法官必须给予陪审团适当的指引,令其能够明了温和化惩罚性赔偿判决的政策要求。在 Backwell v. AAA 案中,初审法官告知陪审团,其判定的惩罚性赔偿数额必须是合理且适当的;陪审团必须谨慎地判定惩罚性赔偿金,在数额方面,它不能高于也不能低于惩罚被告之恶劣行为的必要程度。在该案的上诉程序中,vicotoria 上诉法院认为,初审法官对陪审团的指引尚不足以避免产生过高惩罚性赔偿裁决的风险。该上诉法院指出,初审法官应该具体地告知陪审团,其关于惩罚性赔偿金数额的裁决必须能够体现出"节制"与"适当"的相关政策要求。参见余艺:《惩罚性赔偿制度研究》,西南政法大学 2008 年博士学位论文,第 48 页。

国,陪审团的裁决还要经过初审法官及上诉法院的审查。大陆法国家采取法官裁量模式,量定标准一般是补偿性赔偿金,通常按照补偿性赔偿金的2倍到4倍确定。陪审团裁量模式的特点在于不具有确定性,缺乏预期性,完全由陪审团在考虑相关因素的基础上,并参照历史司法判例确定的赔偿额确定。而法官裁量模式在惩罚性赔偿额的确定上其稳定性和可控性更强,在数额量定标准上更加客观,缺点是其赔偿倍数过于固定,不具有灵活性。笔者认为,无论是英美国家的陪审团裁量模式,还是大陆法国家实行的固定的标准,在实现惩罚性赔偿目的和功能方面都具有一定的局限性。结合两种模式的优点,在补偿性赔偿额的基础上,确定一个相对更加灵活的倍数范围,并充分考虑加害人主观恶性程度、伤亡事故历史记录情况以及加害人经济承受能力等相关因素,赋予法官相对宽松的自由裁量权,这样既能实现赔偿额的可控、可预期,又能充分体现其惩罚性。

小　　结

损害赔偿制度之根本目的在于避免受害人因遭受侵害而影响其正常生活,恢复其在遭受侵害之前的状态,[474]同时也体现一定程度的对加害人的惩罚性。因此,在确定海上人身伤亡赔偿的原则、范围、计算标准以及支付方式等时,应该符合根本的制度理念。赔偿范围不但应该包括受害人因遭受侵害直接导致的财产损失、可期财产利益的丧失、受害人因身体疼痛

[474] See William L. Prosser, *Cases and Materials on Torts*, Eighth, The Foundation Press, 1988, p. 233. 澳大利亚在确定惩罚性赔偿金方面考虑的因素主要有:(1)被告之不法行为的恶劣程度;(2)被告给原告造成的损失程度(这也是从另一个方面反映出被告行为的可苛责性);(3)惩罚性赔偿将对被告及对一般人产生的威慑效果;(4)被告因不法行为所获利益的程度;(5)是否由原告激怒了被告才导致不法行为发生;(6)被告之财力,当惩罚性赔偿判决将给被告带来不可承受的负担时,应当减少或免除;(7)惩罚性赔偿致使原告获利的情况。除去这些力图规范惩罚性赔偿判决的参考标准,澳大利亚并不要求惩罚性赔偿的数额必须与补偿性赔偿数额保持适当的比例关系。See J. Y. Gotanda, "Puntive Damages: A Comarative Analysis", *Columbia Journal of Transnational Law*, June, 2003, p. 8.

和心理遭受挫折的精神损害赔偿,也应该包括惩罚性赔偿。对于赔偿金计算标准的选择、设定以及支付方式也应该充分考虑受害人遭受侵害前正常的生活状态和按照其正常发展路径可获得的生活状态。

第五章　海上人身伤亡赔偿责任限制

第一节　海上人身伤亡赔偿责任限制之正当性基础

一、赔偿责任限制概述

赔偿责任限制一方面可以说是责任人的权利，在进行海上人身伤亡赔偿时，是法律赋予责任人在一定限制内承担赔偿责任的权利。赔偿责任的限制可以分为海事赔偿责任限制和单位责任限制，前者属于综合性或总括性的限制，即针对的是一次事故或者一个航次所引发的所有责任，一般限于侵权责任。其权利的享有者属于事故责任人，数额的计算一般以船舶吨位或船价为基础，性质属于抗辩权，[475]客观上导致债权人的损失不能得到

---

[475]　对于海事赔偿责任限制的性质，存在多种不同的观点：(1)请求权说。该观点认为海事赔偿责任限制权利是请求权，可以独立之诉的方式行使。其理由是，海事赔偿责任限制具备诉的三要素，构成独立之诉。(2)抗辩权说。该观点认为，海事赔偿责任表现为海事请求权人要求责任主体为海事赔偿这一特定行为的请求权，海事赔偿责任限制则是对该请求权的防御和抗辩，仅仅是一种"抗辩权"。参见司玉琢、吴兆麟：《船舶碰撞法》，大连海事大学出版社 1995 年版，第 243 页。(3)形成权说。该观点认为，责任人根据单方意思表示即可行使海事赔偿责任限制权利，且在行使该权利后无须任何人的配合和行为就可达到限制责任的目的，具有形成权的法律特征。参见李旭东：《我国海事赔偿责任限制相关问题的司法探求》，载《海事司法论坛》2004 年第 4 期。(4)法定权利说。该观点认为，海事赔偿责任限制是海商法赋予船舶所有人、经营人、承租人等海事责任人限制其责任的一项法定特权。参见司玉琢等：《新编海商法》，大连海事大学出版社 1999 年版，第 433 页。(5)程序权利说。该观点认为，海事赔偿责任限制是不从属于权利而从属于赔偿。参见[美]G. 吉尔摩、C. L. 布莱克：《海商法》，杨召南等译，中国大百科全书出版社 2000 年版，第 1227～1233 页。(6)选择说。该观点认为，海事赔偿责任限制，既可由责任人单独提出申请主张责任限制，也可作为抗辩在已存在的索赔诉讼中援引。See Susan Hodges, Christopher Hill, *Principle of Maritime Law*, Lloyd's of Press, 2002, p. 526. 本书持抗辩权说。

充分赔偿。单位责任限制侧重于对承运人权益的保护，即针对旅客或货物及行李运输的承运人对每一旅客或每一单位财物的责任，一般限于违约责任。当责任人同时享有这两种责任限制时，具有适用何种责任限制的选择权。

为了鼓励海洋运输业的发展和保护船东利益，世界各国很早就取消了对海事赔偿实行恢复原状原则的赔偿，[476]并且建立了赔偿责任限制制度。[477] 这种制度很早就存在于罗马法律中，并一直被作为对船东危险行为的保护制度。[478] 船东应该对损害承担赔偿责任，但是不必按照恢复原状原则进行赔偿。在19世纪，世界各国关于责任限制的立法体例主要有三种：法国法律规定，船东可以放弃船舶而免于承受赔偿责任。这对于船舶所有人往往是最有利的，因为可以让他们逃避更大的赔偿责任。[479] 而德国规定，船东可以放弃船舶，但是只有其船舶在航行之时价值能满足受害人索赔时，才可以放弃船舶。美联邦海事法也采取这种制度。[480] 该规定的难度在于船舶价值难以估计。按照盎格鲁－撒克逊(Anglo-Saxon)法律，船东按照船舶吨位大小组成基金，船东对受害人赔偿额限于其在基金中的份额。该基金刚开始只是参与国际海事委员会的船东参加，现代的赔偿责任限制制度就是从那发展而来的。责任限制权利对海上事故责任人来说是一种法定抗辩权，在行使的同时也会在一定程度上损害受害人的利益。因此，法律对责任限制的条件都进行了严格的限制。

首先是对主体的限制，即责任限制主体必须满足一定的条件，才能享

---

[476] See Wetterstein, *Damage from International Disasters in the Light of Tort and Insurance Law*, s. n. Press, 1989, p. 99.

[477] See ohn H. Bates, Charles J. W. Benson, *Marine Environment Law*, Lloyd's of London Press, 1993, p. 211.

[478] See Antoine Vialard, *Droit maritime*, Presses universitaires de France, 1997, p. 125.

[479] Ibid., p. 128.

[480] See Allan I. Mendelsohn, *Maritime liability for oil pollution: domestic and international law*, George Washington University, 1969, p. 47.

受责任限制。按照《1957 年船舶所有人责任限制国际公约》规定，有权享受海事赔偿限制的主体是船舶所有人、承租人、经营人、船长、船员、引航员等。《1976 年海事赔偿责任限制》在上述基础上增加了救助人及受雇人、代理人以及责任保险人。《海牙维斯比规则》、1978 年《联合国海上货物运输公约》规定的则是船舶所有人、承租人及上述主体的受雇人或代理人。

其次是责任主体享受责任限制权利的法定性标准，一旦责任主体违反该条件即丧失责任限制权利。从有关国际公约和各国立法分析，趋向是采用故意或重大过失原则，责任主体非因故意或重大过失而造成他人损害时才能享受责任限制权利。如《1957 年船舶所有人责任限制国际公约》规定，船舶所有人存在实际过失或私谋(actual faulty or privity)，不能享受责任限制。《1976 年海事赔偿责任限制》也有排除了责任人对伤亡后果存在故意或重大过失情况下享有限制权利的规定。

最后是享受责任限制必须履行一定的程序。海事赔偿责任限制中，责任人必须向法院申请，经批准后提供限制基金，才能享受责任限制。单位责任限制是一种实体法上的补偿，是不以请求为条件，承运人也无须提交责任限制基金。

二、赔偿责任限制存在的社会根源及正义价值

《海事赔偿责任限制》是海商法独特的法律制度，是一种与民法实际损害赔偿制度相悖的特殊的民事损害赔偿责任形式。首先，它不是独立的赔偿制度，不解决归责原则、责任构成要件、责任形式和赔偿范围问题，它仅仅是将赔偿数额限制在一定范围之内。其次，它是特殊的赔偿责任。一般的民事损害赔偿以实际损害完全赔偿为基本原则，旨在恢复到受害人被侵权前或订约前的状态或恢复到合同如期履约的状态。而海事赔偿责任限制允许责任人在一定限度内赔偿受害人损失，导致受害人损失不能得到充分有效的赔偿，是对传统民事损害赔偿制度的背离。因此，有学者认为该

制度违背了公平正义原则。[481] 更有学者甚至怀疑其在现代社会存在之必要性,原因在于,责任限制之初衷是分担海上风险,目前海上保险制度已经将海上风险转嫁。[482]

笔者认为,限制性赔偿制度既然存在,既然是现实的,必然是合乎理性的,[483] 必然具有其能够长期存在发展的合理性。

(一)存在之社会根源

任何一项法律制度都是上层建筑,按照马克思主义法学观,经济基础决定上层建筑,作为上层建筑的法律制度是一个国家、民族和社会在特定历史时期和经济社会发展状况的体现。虽然表现为人为的设计,但其本质上是“那些内在地、默默地起作用的力量”的产物,[484] 根植于一个国家、社会、民族“普遍的信念、习惯和共同意志”。在人类社会漫长的发展过程中,逐步形成了“公共利益优先于个人利益”这样一种社会中人人根植于内心的理念。如在原始的狩猎时代,个体为了生存和群体的发展,在资源分配等方面必须服从群生存的优先性。[485] 在我国传统思想中,个人人格和利益要让位于国家和民族的利益。西方国家在第二次世界大战以后逐渐由个人本位向社会本位转化,实质上是在某些方面一定限度内,对个体权利进行限制,确保个体和社会整体利益在协调中稳步发展。在海事赔偿中,由于海运业需要巨额投资,而且也承担着独特和巨大的风险,一旦发生海上事故,如船舶碰撞、油污等,损失惨重,甚至会超过船舶本身的价值。如要求责任人全额赔偿,势必会导致船舶所有人等责任主体因偶然的一次海难

---

[481] 参见许美玲:《船舶所有人责任限制之历史发展与国际统一化之研究》,载《东吴大学法律学报》1997 年第 1 期。

[482] See Eriling Selvig et al., *Linitation of Ship owner' s Liability: The New Law*, Sweet & Maxwell, 1986, p. 163.

[483] 参见[德]黑格尔:《法哲学原理》,范扬、张企泰译,商务印书馆 1982 年版,第 10 页。

[484] [美]E. 博登海默:《法理学:法律哲学与法律方法》,邓正来译,中国政法大学出版社 1999 年版,第 88 ~ 89 页。

[485] 江山:《广义综合契约论》,载梁慧星主编:《民商法论丛》(第 6 卷),法律出版社 1997 年版,第 112 页。

事故而处于破产边缘,这样就极大地制约海运业的健康发展。在个人利益与国家利益存在冲突的时候,社会的潜在价值取向是限制个人利益以保护公共利益。因此,各国基于国家航海政策考虑,基于保证和促进海运业的稳健发展、保护海运业资本安全性等因素,仍然保留海上赔偿责任限制。正如有学者认为,海事赔偿责任限制正是为减少和防范海上风险而创设。[486] 可以说,限制性赔偿责任制度作为一种特别的海商法律制度,是我们社会特定时期伦理观念、社会经济生活发展状况的积淀和体现。

(二)存在之正义价值探析

一项制度要想被社会所接纳并长久存在发展,就必须符合正义的一般法则。何为正义?笔者认为,正义是一种理念,这种理念从小处讲,要能够满足个体一定时期基本合理的需要,同时必须能够促进社会整体进步发展和"提高社会内聚性程度"。[487] 关于损害赔偿,盖尤斯认为:"因他们(家子、奴隶和四足动物)的不良行为而使父亲或主人遭受超过其本身价值的损失,这是不公正的。"[488] 博登海默认为:"正义有着一张普罗透斯似的脸,变幻无常、随时可呈不同形状并具有极不相同的面貌。"[489] 笔者认为,正义可以这样理解:它具有强烈的时代性,不同时代正义的内涵和标准也不同。判断一项制度是否合乎正义标准,主要看其对自由、机会、收入和财富在社会成员之间的分配是否公平。

实行海事赔偿责任限制,似乎并不正义,有偏袒船东之嫌,仔细分析却并非如此。无论是对船东还是货主而言,海上运输都意味着风险。但船东对于运输的收益仅仅是运费,货主相对于船东收益而言,其收益却要大得

[486] 参见郭瑜:《海商法教程》,北京大学出版社2002年版,第263页。

[487] [美]罗尔斯:《正义论》,何怀宏等译,中国社会科学出版社1988年版,第1页。

[488] [古罗马]盖尤斯:《法学阶梯》,徐国栋译,中国政法大学出版社2000年版,第328页。

[489] [美]E.博登海默:《法理学:法律哲学与法律方法》,邓正来译,中国政法大学出版社1999年版,第252页。

多。如在中世纪,海上贸易利润高达30% ~40% ,[490]甚至达到十几倍之多。[491] 因此,海事赔偿责任限制对货主利润影响小,而对薄利的海运业影响巨大,“受害人就要求货主对其引致的损失承担部分责任”。[492] 其实质体现了国家的海事政策,是商业利润的一次再分配。也可以说,海事赔偿责任限制符合亚里士多德所谓的“平衡正义”。

第二节 海上人身伤亡赔偿责任限制的国际公约规定

一、《1957 年船舶所有人责任限制国际公约》及其议定书

《1957 年船舶所有人责任限制国际公约》是在布鲁塞尔召开的第十届海洋法外交会议上通过的,迄今已有 45 个国家批准或加入,其中大部分是欧陆国家。《1957 年船舶所有人责任限制国际公约》对海上人身伤亡赔偿责任限额的规定采用“单一限责吨位计算法”,以净吨位为基础,区分人身伤亡和财产损害,分别适用两个不同的单位责任限额,并适用于单独一次事故引起的赔偿请求。[493]

随着海运业的发展和通货膨胀问题的日益严重,《1957 年船舶所有人责任限制国际公约》规定的责任限额已不能满足需求。基于此,1979 年 12 月 21 日,CMI 在布鲁塞尔通过《修正 1957 年〈船舶所有人责任限制国际公约〉的 1979 年议定书》。该议定书将《1957 年船舶所有人责任限制国际公

---

[490] 参见马克圭:《西欧封建经济形态研究》,人民出版社 2001 年版,第 356 页。

[491] 在十字军东征前,威尼斯一商船往返威尼斯与利凡得之间一次,有时可获得多至 1200% 的利润。

[492] Anderson, Delarue, “Liability of Charterers and Cargo Owners for Pollution from Ships”, *Tulane Maritime Law Journal*, Vol. 26, 2001, pp. 1 - 4.

[493] 《1957 年船舶所有人责任限制国际公约》规定,对于单纯的人身伤亡索赔,责任限额为每公约吨 3100 金法郎;对于同一事故既有人身伤亡又有财产索赔,责任限额为 2100 金法郎,如 2100 金法郎的人身伤亡责任限额不足以支付实际发生的人身伤亡索赔的,则不足部分与实际发生的财产损害索赔一起适用财产索赔,限额不足的按照比例分配。

约》的责任限额计算单位“金法郎”改为“特别提款权”(以下简称 SDR),并修改了责任限额:只有人身伤亡的,责任限额为船舶吨位每吨 206.67SDR 的总额;既有人身伤亡又有财产损害索赔的,责任限额为船舶吨位每吨 206.67SDR 的总额,其中按船舶吨位每吨 140SDR 计算的金额专门用于人身伤亡,如人身伤亡责任限额不足以赔付人身伤亡索赔的,不足部分与财产损害索赔按比例一起在财产损害责任限额中赔付。[494] 在《1957 年船舶所有人责任限制国际公约》的缔约国中只有部分国家采纳并实施了该议定书。

二、《1976 年国际海事索赔责任限制公约》及其议定书

《1976 年国际海事索赔责任限制公约》,采用超额累进的金额计算制度,计算单位为 SDR,大幅度提高了责任限额,对责任限制主体也做了重要补充,很大程度上取代了《1957 年船舶所有人责任限制国际公约》,代表了海事赔偿责任限制制度的发展方向。[495]

《1976 年国际海事索赔责任限制公约》规定,对于单纯的人身伤亡索赔,按照船舶吨位分成五个等级计算赔偿标准:船舶吨位不超过 500 吨的,赔偿标准是 333,000SDR。吨位超过 500 吨的船舶,除以上赔偿标准外,应增加下列金额:船舶吨位在 501 ~ 3000 吨的,按照每吨 500SDR 计算;船舶吨位在 3001 ~ 30,000 吨的,按照每吨 333SDR 计算;船舶吨位在 30,001 ~ 70,000 吨的,按照每吨 250SDR 计算;船舶吨位在 70,001 吨以上的,则按照每吨 167SDR 计算人身伤亡赔偿限额。

对于救助人的责任限额,《1976 年国际海事索赔责任限制公约》规定:只要不利用船舶作为救助工具,[496] 其人身伤亡责任限额为 833,000SDR;

---

〔494〕 参见胡正良主编:《国际海事条约汇编》(第 6 卷),大连海运学院出版社 1994 年版,第 278 ~ 280 页。

〔495〕 参见张湘兰、邓瑞平主编:《海商法论》,武汉大学出版社 2001 年版,第 331 页。

〔496〕 这里所谓的救助工具性质的船舶,是指驾驶除被救助船舶以外的进行救助,不包括在被救助船上对被救助船进行救助的情形。

如救助人使用其拥有、租用或经营的船舶对被救助船舶进行救助的，其人身伤亡赔偿标准按照《1976年国际海事索赔责任限制公约》的五个赔偿等级计算赔偿限额；对于旅客人身伤亡，其责任限额与船舶有关证书记载的额定旅客数有关，按照每名旅客16,666SDR计算赔偿限额，但最高不超过2500万SDR。

为提高责任限额，国际海事组织又通过了对《1976年海事赔偿责任限制公约》进行两次修订，目前对于人身伤亡赔偿标准为：不满2000总吨的船舶为302SDR；超过2000总吨的船舶，按照吨位数增加逐级计算赔偿：总吨数2001总吨至3000总吨的船舶，按1208SDR计算；总吨数3001总吨至70,000总吨的船舶，按照906SDR计算；总吨数70,000总吨以上的船舶，按照604SDR计算。

三、《1974年海上旅客人身伤亡及其行李损害赔偿责任限制国际公约》及其议定书

《1974年海上旅客人身伤亡及其行李损害赔偿责任限制国际公约》是调整海上旅客运输的专门性国际公约。该公约第7条规定，承运人对旅客伤亡或其他人身伤亡承担的赔偿责任是按照次进行计算的，每次运输最高限额700,000法郎。如按照受案法院地法律规定采取分期付款方式的，则这些付款金额本金价值不得超过上述限额。该公约允许缔约国国内法规定更高的限额，也允许承运人对旅客承诺更高的限额。

该公约1976年议定书将《1974年海上旅客人身伤亡及其行李损害赔偿责任限制国际公约》关于承运人赔偿责任限额中使用单位金法郎按照15金法郎等于1SDR换算成SDR。

1990年议定书将承运人对旅客人身伤亡赔偿责任限额提高到每名旅客每次运输17.5万SDR。由于该限额过高，超出绝大多数发展中国家承受能力。因此，参加该议定书的成员国很少，导致其至今没有生效。

2002 年议定书再次提高责任限额,并确立了双层责任限额体系。该议定书第 3 条规定,如果旅客的人身伤亡,承运人没有过错,则其赔偿责任限制在每名旅客 25 万 SDR;如果承运人对此有过错,则按照 2002 年议定书第 7 条规定,其赔偿责任限额为每名旅客 40 万 SDR。[497]

四、《1969 年国际油污损害民事责任公约》及其议定书

《1969 年国际油污损害民事责任公约》对每一个事故规定的责任限额是按照船舶吨位计算的,并限制了赔偿总额。[498]《1969 年国际油污损害民事责任公约》的 1976 年议定书赔偿限额没有改变,只是对《1969 年国际油污损害民事责任公约》所采用的计算单位修改为 SDR 而已,并按照 1SDR 等于 15 金法郎进行换算。其 1992 年议定书采取了累进赔偿限额制,具体规定如下:首先,船舶吨位小于或等于 5000 吨的,按照 300 万 SDR 计算单位确定赔偿限额;反之则将赔偿限额分为两个部分,对不超过 5000 吨位部分按照 300 万 SDR 计算单位计算,然后对于超过 5000 吨位的部分,对每一额外吨位另加 420SDR 计算单位,但两部分累积赔偿总额不得超过 5970 万 SDR 计算单位。

《1992 年国际油污损害民事责任公约》的 2000 年修订案规定的限额比《1992 年国际油污损害民事责任公约》规定的限额提高约 50.37%:对于 5000 吨以上船舶,将赔偿限额分为两个部分,对不超过 5000 吨位部分按照

---

〔497〕 一部分发达国家希望大幅提高承运人对旅客人身伤亡有过错的赔偿责任限额,建议规定为 50 万 SDR,甚至是无限额。关于是否应当就每一艘船舶承运人旅客人身伤亡赔偿设置总限额这一问题曾引起不小的争论。主张设置总限额的与会者认为,现代客船向大型化发展,完全按照单人赔偿责任限额而对赔偿总额不予以限制的话,将大大加重承运人的负担,因此建议按照最大 500 客位标准设置总限额。反对者认为,按照 500 客位标准设置总限额将出现乘坐 500 客位以上的船舶和以下的船舶旅客的权益出现差别,违背了立法初衷。而且也会与《1976 年海事赔偿责任限制公约》的 1996 年议定书规定相冲突。因此,最终《1974 年海上旅客人身伤亡及其行李损害赔偿责任限制国际公约》的 2002 年议定书没有设置总限额。

〔498〕《1969 年国际油污损害民事责任公约》第 5 条第 1 款规定,船舶所有人有权将他依本公约对任何一个事故的赔偿责任限定为按船舶吨位计算赔偿总额每吨 2000 法郎,但其赔偿总额不得超过 2 亿 1000 万法郎。

300 万 SDR 计算，然后对于超过 5000 吨位的部分，对每一额外吨位另加 631SDR，但两部分累积赔偿总额不得超过 8977 万 SDR。反之，则按照 451 万 SDR 确定为其赔偿限额。

五、关于海上核损害民事责任的国际公约

《关于核损害民事责任的维也纳公约》[499] 第 5 条规定，核装置管理人的赔偿责任可以由装置国限制为每一核事故不得少于 500 万美元，[500] 不包括法院在核损害赔偿诉讼中判定的任何利息或费用。同时，该公约规定，当核事故发生时，有关核材料在运输工具上时，管理人对该运输工具的核损害不承担责任。[501]《1997 年关于海上核损害民事责任的维也纳公约》对此修改为，对于核事故发生时其上装有核材料的运输工具所造成损害的赔偿不得使运营者关于其他损害的责任减到少于 1.5 亿 SDR 或缔约国立法所确定的较高的数额，或按照第 5 条第 1 款第 3 项所确定的数额。对于每一核事故的装置国的责任限额，《1997 年关于海上核损害民事责任的维也纳公约》规定了三种情况：第一种情况是可以限定为不少于 3 亿 SDR；第二种情况是限定为不少于 1.5 亿 SDR，但是对于超过 1.5 亿 SDR 到 3 亿 SDR 的数额应该由装置国提供公共资金进行核损害赔偿；第三种情况是在该议定书生效之日起的最多 15 年间，装置国的限额可以限定在不少于 1 亿 SDR 的数额，也可以规定少于 1 亿 SDR，前提是装置国提供公共资金赔偿该较少数额与 1 亿 SDR 之间的核损害。[502]

---

[499] 《关于核损害民事责任的维也纳公约》是 1963 年 5 月在国际原子能机构（IAEA）的主持下通过的，并于 1977 年 11 月 12 日生效。

[500] 按照《关于核损害民事责任的维也纳公约》第 5 条第 3 款的规定，此处的美元是一种计算单位，其价值指 1963 年 4 月 29 日美元与黄金的比价，即每一盎司纯金合 35 美元。

[501] 《关于核损害民事责任的维也纳公约》第 4 条第 5 款。

[502] 《1997 年关于海上核损害民事责任的维也纳公约》第 5 条第 1 款。

六、《1996年国际海上运输有毒有害物质损害责任和赔偿公约》

《1996年国际海上运输有毒有害物质损害责任和赔偿公约》规定,[503]船舶所有人可依法享有责任限制权利,总吨位不超过2000吨的,限额为100万SDR;总吨位在2001吨至5000吨的,每吨增加1500SDR;总吨位5万吨的,最大值为8200万SDR;总吨位50,001吨至100,000吨的,每吨增加360SDR;当吨位为10万吨时,最大值为1亿SDR;总吨位超过10万吨的,其限额为1亿SDR。

第三节 海上人身伤亡赔偿责任限制的外国法规定

一、英国法

英国是《1976年国际海事索赔责任限制公约》的缔约国,在公约之外,针对公约允许保留的项目作出特别规定。主要体现在:首先,对小吨位船舶的特别规定。根据《1976年国际海事索赔责任限制公约》第15条第2款之授权规定,《1995年商船航运法》对300吨以下及300吨至500吨吨位的船舶的赔偿限额作了特别规定。[504] 其次,关于气垫船的特别规定。《1998年气垫船〈海事索赔责任限制公约〉(修订)令》规定,对于不超过8000千克、不超过13,000千克和超过13,000千克的吨位船舶,其人身伤亡赔偿限额分别为852,085英镑、1,659,605英镑和每千克25.55英镑。

关于核损害赔偿限额,英国参加了《1960年关于核能领域内损害第三

---

[503] 《1996年国际海上运输有毒有害物质损害责任和赔偿公约》是73个国家的外交官及政府间组织、非政府组织代表于1996年5月3日表决通过的,我国交通部派代表参加了这次会议。该公约是国际海事组织自《1991年联合国国际贸易运输港站经营人赔偿责任公约》之后的又一重要国际公约。

[504] 《1995年商船航运法》第7章第2部分第5条规定:对300吨以下船舶其人身伤亡赔偿限额为167,000计算单位,对300吨至500吨船舶,适用公约关于500吨以下船舶的限额规定。参见[加拿大]威廉·台特雷:《国际海商法》,张永坚等译,法律出版社2005年版,第78~85页。

方责任的巴黎公约》、《1963 年布鲁塞尔补充公约》及议定书，并于 1965 年制定《核实施法》执行国际公约。《核实施法》最初规定限额为500 万英镑，1983 年并入《能源法》之后，逐步提高赔偿限额，并规定关于赔偿限额要与《1960 年关于核能领域内损害第三方责任的巴黎公约》关于限额的规定相一致，而无须通过立法程序。

二、美国法

美国立国之初，并没有制定海事赔偿责任限制的联邦规范，仅在马萨诸塞州[505]与缅因州[506]制定了州海事赔偿责任限制法。随着海运业的发展，美国在缅因州立法的基础上，制定了美国第一部联邦责任限制法，即《美国船东责任限制法》(Limitation of Vessel Owner's Liability Act of 1851)。[507] 该法采用船价与金额并用制，美国其他责任限制法都采用金额制。

(一)《美国船东责任限制法》之限制规定

《美国船东责任限制法》规定，船东对于非故意或不知情的碰撞或作出的行为、发生的意外造成损失及伤害责任，不得超过船东对该船利益的总和或总价值加应收运费。该规定在 1934 年"Morro Castle"号海难发生后引起了民众的反对，并逐渐进行了修订。[508] 此次修订法要求，当第 183 条第(a)款中分配给人身伤亡的请求数额不足以全额支付人身伤亡请求的，应

---

[505] 参见美国《1818 年马萨诸塞州立法汇编》第 122 章。

[506] 参见美国《1821 年缅因州立法汇编》第 14 章第 8～10 节。转引自中国远洋运输(集团)总公司编译:《美国航运法规选编》，人民交通出版社 2001 年版，第 24～89 页。

[507] W. R. Bisschop, *Limitation of shipowner's liability and compulsory insurance of passengers*, W. R. Bisschop, P. S. King, 1927. p. 42.

[508] 1934 年 9 月 8 日，一艘名为"Morro Castle"号的蒸汽船在新泽西州的海面上烧毁，死亡人数达 123 人，该船基本被烧毁，人身伤亡和财产损害索赔共计 145 万美元。船东申请的责任限制基金是 2 万美元。"Morro Castle"号灾难引起民众广泛兴趣，但当民众注意到《美国船东责任限制法》中奇特的责任限额条款时，兴趣变成了愤慨。随后，大规模反对导致《美国船东责任限制法》自 1851 年通过后的第一次实质性修改，美国国会于 1936 年修订增加第 183 条第(b)款至第(f)款。

当建立一个专为支付人身伤亡赔偿而设的每吨60美元的基金。随后,以"Marine Electric"案为导火索,[509]《美国船东责任限制法》的人身伤亡限额再次进行修订,将其提高至每吨420美元。[510] 该限额沿用至今。

(二)美国《1970年水质改善法》

美国《1970年水质改善法》(Water Quality Improvement Act of 1970)对责任限额规定了三个层次:第一,在不存在免责事由及故意和重大过失的情况下,岸上及离岸设施的所有人或经营人责任限额为800万美元;第二,造成油污排放的第三方是岸上或离岸设施的所有人或经营人,其责任限额为800万美元;第三,造成油污排放的第三方如果是船舶所有人或经营人,其责任限额为每净吨100美元或总额不超过1400万美元中取较小的标准。同时,该法还规定,其责任限额不受其他法律条款的影响。此规定造成了该法与《美国船东责任限制法》中有关规定相互冲突,对其具体冲突解决在理论界也有很多争议。[511]

(三)美国《1990年油污法》

美国《1990年油污法》(Oil Pollution Act of 1990)[512]确立了在美国可航水域或毗连岸线发生油类排放或油类排放的重大威胁的损害赔偿机制。[513] 美国《1990年油污法》关于赔偿限制的规定主要分为一般规定和特定情况下的赔偿限制。第一,一般规定。船东的责任限额为:3000总吨以下油轮,每总吨1200美元或总额200万美元,取其中较高者;3000总吨以上油轮,每总吨1200美元或总额1000万美元,取其中较高者;油轮以外的其他船舶,每总吨600美元或总额50万美元,取其中较高者;深水港口外

---

[509] 1983年2月12日,"Marine Electric"号驶离弗吉尼亚州海岸后,遭遇风暴,31名船员遇难。承运人支付给31名原告的全部赔偿金达到14,367,000美元,平均每个原告分到463,451美元。

[510] 如《美国船东责任限制法》第183条b款。

[511] See Nicholas J. Paulsen, Gordon W., Marine Oil Pollution and the Water Quality Improvement Act of 1970, Journal of Maritime Law and Commerce, 1970, p. 538.

[512] 美国《1990年油污法》于1990年7月26日通过,由美国总统签字后于1990年8月生效。

[513] 美国《1990年油污法》第2条(a)款。

的近岸设施,所有实际发生清污费用再加 7500 万美元;岸上设施和深水港口是 3.5 亿美元。[514] 第二,对于移动式近岸钻井装置,当清污费用和损害超过责任方依据油轮计算的赔偿限额时,视为近岸设施,否则按照油轮计算限额。

同时,OPA1990 还确立了行政部门对该法规定的责任限额随时调整制度,具体表现在:总统有权根据实际情况下调岸上设施的责任限额,至少每三年根据消费物价指数增长现状适当调整责任限额和经常向国会报告调整责任限额之必要性;交通部长有权根据调查研究下调水港口及相关船舶的责任限额。

(四)《2006 年海岸防卫及海上运输法》

《2006 年海岸防卫及海上运输法》(Coast Guard and Maritime Transportation Act of 2006)[515] 对赔偿限额的规定分为单壳油轮、双壳油轮及油轮以外船舶三种情况。对于 3000 总吨以下油轮,如果是单壳的,则每总吨 3000 美元或总额 600 万美元中取较高者,双壳的则是每总吨 1900 美元或总额 400 万美元中取其较高者;对于 3000 总吨以上的油轮,单壳的每总吨 3000 美元或总额 2000 万美元中取其较高者,双壳的则是每总吨 1900 美元或总额 1600 万美元中取其较高者;对于油轮以外的其他船舶,赔偿责任限额为每总吨 950 美元或总额 80 万美元中取其较高者。

通过比较可以发现,《2006 年海岸防卫及海上运输法》与 OPA1990 相比,大大提高了船舶所有人和经营人的赔偿责任限额,而且区分单壳油轮和双壳油轮并适用不同的责任限额,带有深深的鼓励建造单壳淘汰双壳油轮的政策意图非常明显痕迹。

---

[514] T. R. Post, "Solution to the Problem of Private Compensation in Oil Discharge Situations", *University of Miami Law Review*, 1973, p. 537.

[515] 《2006 年海岸防卫及海上运输法》由美国总统于 2006 年 7 月 11 日签署颁布,并适用于 2006 年 10 月 8 日之后在美国水域发生的溢油事故。参见张忠晖主编:《各国与地区海商法比较》,人民交通出版社 1994 年版,第 35 ~ 78 页。

第四节 海上人身伤亡赔偿责任限制的内国法规定

由于经济发展水平不同,关于海事赔偿责任限制,我国"一国四法域"的规定也各不相同。香港、澳门与国际接轨,采用的都是国际公约,我国台湾地区的规定也比较简单,此处主要是介绍我国大陆的相关规定。

我国《海商法》关于海事赔偿责任限制的规定基本是借鉴了有关国际公约的规定,如海上货物运输赔偿限制借鉴了《1976 年国际海事索赔责任限制公约》,海上旅客运输赔偿限制借鉴《1974 年海上旅客人身伤亡及其行李损害赔偿责任限制国际公约》,海上油污赔偿限制直接适用《1969 年国际油污损害民事责任公约》。责任限额大小也基本照搬上述公约的规定。因此,对于上述规定在此不再重复,主要就我国《海商法》第 11 章调整范围之外的事项,研究我国确立的自己独特的责任限额。

一、不满 300 总吨船舶及沿海运输、沿海作业船舶海事赔偿责任限额

对于内陆水域航行船舶的责任限额,《1976 年国际海事索赔责任限制公约》规定缔约国可以自行规定。日本、新西兰、西班牙、丹麦、[516]芬兰、[517]挪威、瑞典、克罗地亚、[518]爱尔兰[519]等国家对此没有特殊规定。而德国、[520]

---

[516] 《丹麦商船航运法》(Danish Merchant Shipping Act)第 7 章、第 9 章、第 12 章。

[517] 芬兰于 1984 年 5 月 8 日批准加入《1976 年国际海事索赔责任限制公约》。

[518] 克罗地亚 1998 年《内陆航行法》第 1 章第 2 段。克罗地亚共和国议会于 1992 年 11 月 27 日批准《1976 年国际海事索赔责任限制公约》,公约并入了 1994 年制定的《克罗地亚海商法》(Croatian Maritime Code)。

[519] 《1996 年商船航运(船东和其他责任)法》[Merchant Shipping(Liability of Shipowner and Others)Act 1996]第 10 条,参见张忠晖主编:《各国与地区海商法比较》,人民交通出版社 1994 年版,第 35 ~ 78 页。

[520] 德国和波兰两个国家都批准加入了《关于内水航行船舶所有者赔偿责任限制的斯特拉斯堡公约》(CLNI),该公约自 1999 年 7 月 1 日起生效。

荷兰、波兰[521]以及比利时[522]和希腊[523]都有不同于《1976年国际海事索赔责任限制公约》的规定。我国对于内陆水域航行船舶责任限额的规定也按照《1976年国际海事索赔责任限制公约》的授权作了特别规定。[524] 对于300吨以下船舶责任限额,《1976年国际海事索赔责任限制公约》仍然赋予缔约国一定的自由权。对此,《德国商法典》第487b节规定,在船舶达到250吨的情况下,责任限额为公约规定的500吨船舶限额的50%。《波兰海商法》(Polish Maritime Code)第312条第1款规定,对于小于300吨的船舶其人身伤亡和健康损害索赔为100,000计算单位。日本规定对于小于100吨的木船适用56,000SDR的限额。按照中华人民共和国交通部《关于不满300总吨船舶及沿海运输、沿海作业船舶海事赔偿限额的规定》规定,[525]我国对于300总吨以下船舶海事赔偿责任限额是这样规定的:"对于超过20总吨、21总吨以下的船舶,其人身伤亡的赔偿限额为54,000SDR;超过21总吨的船舶,超过部分每吨增加1000SDR。"对于20总吨以下的船舶不是《海商法》调整对象,因此,不适用其海事赔偿责任限额之规定,应该依据我国《民法通则》对其实际损失进行赔偿。

---

[521] 在波兰,《1976年国际海事索赔责任限制公约》只适用于海船。

[522] 根据《比利时海商法》第273条规定,《1976年国际海事索赔责任限制公约》第1条至第15条适用于意欲在内陆水域航行的船舶;但国王1989年11月24日颁布的王室法令(royal decree)却对意欲在内陆水域航行的船舶规定了不同的责任限额和责任限额的计算基础,与适用于《1976年国际海事索赔责任限制公约》中海船的责任限额不同。

[523] 希腊在海事私法中,意欲在内陆水域航行的船舶并不属于"船舶",因此,它们的船东无论在国际公约下还是在《1958年希腊海事私法典》下都不得限制其责任。参见张忠晖主编:《各国与地区海商法比较》,人民交通出版社1994年版,第35~78页。

[524] 《关于不满300总吨船舶及沿海运输、沿海作业船舶海事赔偿限额的规定》第4条规定:"从事中华人民共和国港口之间货物运输或者沿海作业的船舶,不满300总吨的,其海事赔偿限额依照本规定第三条规定的赔偿限额的50%计算;300总吨以上的,其海事赔偿限额依照《中华人民共和国海商法》第二百一十条第一款规定的赔偿限额的50%计算。"

[525] 该规定是根据我国《海商法》第210条规定:"总吨位不满300吨的船舶,从事中华人民共和国港口之间的运输的船舶,以及从事沿海作业的船舶,其赔偿限额由国务院交通主管部门制定,报国务院批准后施行。"因此,该规定属于行政规章,自1994年1月1日起施行,中华人民共和国国务院公报1993年第27号。

二、大陆港口之间海上旅客运输责任限额问题

根据我国《海商法》第 110 条、第 114 条、第 115 条和第 117 条的规定，国际海上旅客运输中人身伤亡的赔偿责任限额适用《1974 年海上旅客人身伤亡及其行李损害赔偿责任限制国际公约》规定。而我国港口之间海上旅客运输中旅客人身伤亡赔偿限额问题则适用 1994 年 1 月 1 日实施的《中华人民共和国港口间海上旅客运输赔偿责任限额规定》。[526] 按照该行政规章的规定，在大陆港口之间从事海上旅客运输造成旅客人身伤亡的，每名旅客的赔偿限额为 4 万元人民币，其责任限额按照船舶证书记载的旅客定额乘以 4 万元人民币计算，但最高不超过 2100 万元人民币，并且允许承运人和旅客双方约定高于法定的责任限额。

三、核事故致人身伤亡赔偿限额

关于核事故造成人身伤亡赔偿限额问题，由于我国没有参加任何核事故方面的国际公约，故只能依据国内法进行赔偿。这方面的国内法依据主要有 1986 年中央人民政府为处理好核责任问题而给有关部门的行政批复：《国务院关于处理核责任问题给核工业部、国家核安全局、国务院核领导小组的批复》和 2007 年《国务院关于核事故损害赔偿责任问题的批复》（国函〔2007〕64 号）。前者规定，营运人对一次核事故对全体受害人赔偿最高限额是 1800 万元。如果应赔额超过该限额，对超过部分国家将提供，最高限额为 3 亿元补偿。由于前者赔偿限额过低，为此 2007 年《国务院关于核事故损害赔偿责任问题的批复》将赔偿限额大幅提高，并将营运人分为两大类适用不同的限额。对于核电站的营运者和核燃料储存、运输及后处理的营运者对一次核事故的赔偿限额为 3 亿元人民币；其他营运者适用

---

〔526〕 按照我国《海商法》第 210 条规定，对于我国港口之间海上旅客运输中旅客人身伤亡赔偿限额由国务院交通主管部门制定，报国务院批准后施行。

1亿元人民币的限额。对于应赔总额超过限额的,则由国家提供最高8亿元人民币的财政补偿。对于非常核事故造成损害赔偿的,如果需要国家增加财政补贴的,由国务院进行评估后确定具体数额。

小 结

根据上述立法现状分析,可以看出我国大陆海上人身伤亡赔偿限额法制主要表现为两个特点:

(一)实行"内外有别"的赔偿限额标准

对大陆港口间进行海上货物运输、旅客运输和沿海作业船舶赔偿限额单独制定法律,并适用大大低于在国际海上进行同样运输及作业的船舶赔偿限额标准,其差额高达10倍以上。

通过考察,我们发现适用大陆港口间进行运输作业船舶责任限额的两个行政法规均制定于1993年,并于1994年1月1日生效。按照当时的经济发展水平、人民生活水平,赔偿限额规定是符合我国国情和海上产业状况。20多年以来,我国经济每年以10%左右的速度递增,发展水平大大提高,城市和乡村生活水平以及航运企业经济实力都有了翻天覆地的变化。这种情况下,原来制定的赔偿限额标准就大大背离了国情,也背离了法律对生命权、健康权给予同等保护的价值理念和国际上人身伤亡赔偿限额逐渐提高的趋势。[527] 我国作为世界贸易组织成员国,应该进一步加快国内法律法规与国际通行规则的接轨步伐,平等保护国内和国外当事人的合法权益。

另外,我国关于核事故赔偿限额3亿元的限额标准与国际水平差距很

---

〔527〕 各国国内法和有关国际公约均有不断提高责任限额的趋势。《1976年国际海事索赔责任限制公约》的1996年议定书大幅提高了该公约规定的限额。随着现代立法的发展,责任限额还将不断提高。

大。核事故对周围环境破坏力及对人身的伤害是巨大和深远的,3 亿元的赔偿限额与国外大多数国家规定的数十亿美元差距太大,尽管存在国家财政补偿制度,但还是无法满足对受害人的赔偿。

因此,我国应该建立常态的人身伤亡赔偿限额评估监控制度,要由专门机构(可以考虑在国务院设置海事赔偿限额监控办公室)负责监控调查赔偿限额与社会消费水平搭配程度,至少每三年根据消费物价指数增长现状提起赔偿限额调整议案,交国务院办公会讨论通过,并以行政法规形式及时调整赔偿限额。最终实现国内法律与国际公约接轨。

(二)赔偿责任限制制度有待进一步完善

我国目前海事赔偿限制立法缺乏海上污染损害赔偿责任限制、港站经营人责任限制以及岸外经营人责任制度和限制制度的规定。随着海上生产经营的繁荣发展,海上产业范围将逐步拓宽,逐渐涌现出新型赔偿责任事故,海事赔偿责任限制制度也应该逐步完善发展,以适应海上生产经营实践的发展。

第六章　海上人身伤亡赔偿的法律适用

随着世界各国海上生产经营活动交往频繁,国际性海上人身伤亡事故逐渐增加,关于海上人身伤亡赔偿制度的国际统一立法还远远不够,事故发生后,对赔偿的法律适用主要依靠冲突法来解决。

第一节　基于侵权赔偿的法律适用

基于侵权而提起的赔偿是指赔偿权利人基于加害人对受害人人身权益的不法侵害而提起的赔偿责任。对具有涉外因素的海上人身伤亡赔偿纠纷,对是否构成侵权以及赔偿责任承担等问题的解决,准据法主要通过以下几种原则确定:

一、国际条约优先原则

国际条约是国家间的明示协议,仅对缔约国有拘束力,而对非缔约国没有拘束力。在海事法律领域,世界各国为减少海上侵权法律冲突及协调相互之间利益缔结了很多国际公约和多边及双边协定,包括实体性公约和冲突法公约。国际公约在海事法律渊源中占有重要的地位。大量有关海事国际公约的存在充分表明各国对减少海事法律冲突的要求和愿望。我国参加了《1910 年统一船舶碰撞若干法律规定的国际公约》和《1992 年国际油污损害民事责任公约》,按照“条约必须遵守”的国际法原则,缔约国必须遵守其所缔结或加入的国际条约。我国《民法通则》等法律中就规定了国际条约优先的原则。国际条约优先原则已经成为条约缔约国或参加国普遍遵守的原则。虽然目前,大部分法律冲突的解决还依赖于冲突规范,但海上人身伤亡赔偿的国际统一立法是一个必然趋势。

二、国际惯例补缺原则

尽管海事方面国际条约颇多,由于受到其书面规定内容的限制等因素,仍然存在海事领域诸多复杂纠纷无法解决的现象。此外,在许多海事领域尚没有国际条约。对于没有制定出国际条约的领域或者国际条约尚无规定的有关问题,需要利用经过长期海事实践形成的国际惯例来填补空缺或加以解决。按照我国《民法通则》第 142 条及我国《海商法》第 268 条的规定,我国缔结或参加的公约优先适用,并在国内法和公约对相关事项均无规定的情况下,可以适用国际惯例。因此,国际惯例在我国处于补充法律漏洞的地位。[528]

三、侵权行为地法原则

秉承古老的“场所支配行为”原则,侵权行为依侵权行为地法过去一直在各国的立法中占据主导地位。各国坚持以行为地法作为侵权行为的准据法的依据各不相同。法国学者巴迪福认为,侵权行为之债的发生是基于法律权威性,而非债权人和债务人之意志产生的法定之债。法律要求行为人应当预见其行为后果及其责任,其目的在于维护个体权利之平衡,而这

---

〔528〕 在我国司法实践中,海事国际惯例要得到适用必须具备五个条件:一是解决争议的准据法是我国法;二是我国法律和缔结或参加的公约对该争议没有作出规定;三是存在可以适用的国际惯例;四是当事人没有明示排除国际惯例的适用;五是国际惯例的适用不违反我国社会公共利益。

种平衡的被打破恰恰是因为行为人在行为地不法行为所致。基于此,只有适用侵权行为地法才能恢复被打破的权利平衡。[529] 德国学者巴尔认为,侵权行为地法的适用体现了一国的国家司法主权,有利于维护一国的社会公共利益,便于法院及时调查取证,维护双方当事人的合法权益,而且侵权行为地法的适用也体现了法律适用的最密切联系原则。日本学者认为,侵权行为之债适用侵权行为地法的原因有二:其一,是侵害发生地遭受损害最大;其二,是有利于对加害人起到警戒作用。在 Philips v. Eyre 案中,威尔斯法官认为,“产生过错的民事自然来源于当地法,其性质应由该法决定”。在美国最高法院中,霍姆斯法官在几种情况下都表达并遵守了一个类似的原则:“尽管被诉行为不属于任何在本院有效的法律,但他引起了一种义务,像其他义务一样,是跟随行为人的债,不论在哪里发现行为人,都可以执行……但由于这一义务的唯一来源是行为地的法律,所以该法不仅决定了这一义务的存在……也同样决定了它的范围。”[530] 按照该原则规定,确定侵权行为是否成立以及如何解决赔偿适用侵权行为地法,荷兰、法国及奥地利等国的民事法律中均作了明确规定。很多国际公约也采用这一原则。[531]

关于侵权行为地的确定,理论上主要存在四种观点:第一种,是以损害发生地为侵权行为地,该观点为法国学者巴丹所坚持。第二种,以“最后事件地”和损害发生地为侵权行为地,该观点是美国法学教授比尔首先提出。法国和英国学者也赞同这一观点,认为,“对于本身就可以起诉和需要证明损害后果的侵权行为,适用‘最后事件地’法律更能体现法律的目的。”第三种,以当事人选择地作为侵权行为地。当侵权行为地涉及一个以上国家时,法院允许原告选择其中一个国家作为侵权行为地。该观点为美国的库克(Cook)和澳大利亚学者柯维恩(Conven)所赞同。

---

[529] 参见[法]巴迪福:《国际私法各论》,曾陈明汝译,台北,正中书局 1979 年版,第 255 页。

[530] Slater v. Mexican National Railroad Co. 194 U. S. 347, 1990.

[531] 如《布斯塔曼斯特法典》第 168 条规定:“侵权行为产生的债务受产生此过错或过失的当地法律支配。”

侵权行为地法是指侵权行为实施地以及损害结果发生地的法律，在海事侵权领域适用侵权行为地法是世界各国普遍遵守的共同准则。但在海上侵权领域适用侵权行为地法原则也具有一定的局限性。首先，在海上侵权领域，侵权行为地不仅存在动态连续的特点，而且还经常呈现侵权结果地、行为实施地等概念的多元化，这也会出现侵权行为地法的选择困难问题。其次，如果侵权行为发生在公海，也导致难以适用侵权行为地法原则选择准据法。另外，如果同国籍船舶在他国碰撞，且未危及侵权行为地国家利益，这时适用侵权行为地法也过于牵强。基于此，各国一般并不采用绝对的侵权行为地法原则，而是规定，当侵权行为发生在一国内水及领海时才适用。如英国、阿根廷、捷克斯洛伐克及澳大利亚都作出了相应规定。〔532〕 我国《涉外民事关系法律适用法》第 44 条也规定："侵权责任，适用侵权行为地法律……"我国《民法通则》第 146 条和我国《海商法》第 273 条也作了相同规定。

四、法院地法原则和船旗国法原则

法院地法是指审理涉外案件的法院所在地国的法律。这里的法律通常包括实体法和各国审理案件的程序法。在海事实践当中，一些程序性问题，如船舶优先权以及公海上船舶碰撞赔偿问题等都涉及法院地法的适用。由于船舶优先权具有随船特性，在实施优先权时，如果船舶登记的国籍已经变化，又如船舶在公海上发生碰撞，且碰撞船舶国籍不同，如适用船

〔532〕 英国海事法协会对该问题的回答是：船旗国法适用于确定完全发生在法院地国登记的船舶上任何事件的船舶所有人的侵权责任。对于其他发生于船上的事件的侵权责任，可以适用船旗国法但并不是绝对的。如果事件发生于法院地国的领海或内水，应优先适用侵权行为发生地法。如果事件发生于他国领海或内水，可以适用侵权行为地法，但这并不是唯一可以被适用的法律。意大利的回答是，对于公海或内水除碰撞以外其他性质的事件，均适用船旗国法。阿根廷的规定为，发生于领海或内水的侵权事件适用侵权行为地法，发生在公海的适用船旗国法，捷克斯洛伐克的回答与此相同，只是进一步强调了不考虑方便旗的因素。保加利亚的回答也与阿根廷相同。澳大利亚和新西兰回答为，如果侵权行为发生在法院的管辖范围之内，适用法院地法；如果在法院的管辖范围之外，法院仍将适用法院地法，但该行为必须是根据侵权行为地法亦属非法。

旗国法原则,难免会出现复杂的法律适用问题,适用产生优先权时的船旗国法,则会出现若干国家法律冲突问题,无疑会给案件审理带来不便。对此,各国一般采用船舶本国法或法院地法作为解决冲突的准据法。如德国规定,对于不同国籍的船舶在公海发生碰撞的,应以船舶国籍作为连接点解决法律适用问题。[533] 但这种情况下,仍然存在是适用加害船舶还是适用受害船舶国籍法的问题。而英国对于这种情况下的法律适用排除了船舶国籍法的适用,而是规定适用法院地法。我国对于此类问题也规定了适用法院地法的原则。如我国《海商法》第 273 条第 2 款规定:“船舶在公海上发生碰撞的损害赔偿,适用受理案件的法院所在地法律。”《1977 年统一船舶碰撞中有关民事管辖权、法律选择、判决的承认和执行方面若干规则的公约》第 4 条也规定,在碰撞发生在领海以外水域,则适用法院地法。法院地法原则也适用于海事赔偿责任限制问题,如英国《1894 年商船法》第 503 条承认法院地法的适用,我国《海商法》第 275 条也规定:“海事赔偿责任限制,适用受理案件的法院所在地法律。”

船旗国法,是指船舶所挂旗帜所属国家的法律。船旗国法被认为是基本的海事法律选择原则,一条普遍适用的除非在特殊情况下需要不同的解决方式时法律选择规范。[534] 由于船舶在海上从事国际运输经常处于位移之中,当船舶航行于公海时,原则上只有船旗国才可以对船舶行使其权利。将船旗国法作为法律选择冲突规范相关的法律具有明显的优势。首先,船舶所挂的是哪国的旗帜易于识别,因此也更便于确定准据法。其次,适用船旗国法能够使得有关问题获得一致的结果。将船旗国法作为解决船舶物权及抵押权的准据法在世界各国得到了确认,如英国、意大利等。[535] 我国《海商法》第 270 条及第 71 条也作出了相同规定。

---

〔533〕 参见《德国法律适用法》第 17 条第 2 款。

〔534〕 参见 S. 布雷柯斯:《国际航运中的法律选择》,侯军译,载《上海海运学院学报》1988 年版。

〔535〕 参见侯军主编:《当代海事国际私法》,上海科学技术文献出版社 1990 年版,第 242 页。

船旗国法原则在海上人身伤亡赔偿中主要适用以下情形：首先，对于同一国籍船舶之间在公海上发生的碰撞导致侵权责任，各国一般采取船旗国法作为准据法，如《布斯塔曼特法典》第289条、[536]第292条、[537]韩国《1962年涉外民事法律法令》第46条、[538]1940年《关于国际通商航行法条约》第6条、第7条[539]，以及《巴斯塔曼特法典关于国际私法的公约》第293条规定都进行了确认。[540]其次，另外，对于船舶内部人身侵权行为，无论该船舶处于公海或处于某一国家的内水或领海，多数国家都将该船舶视为船旗国的“浮动领土”，对有关侵权行为之债适用船旗国法律。最后，公海上的非合同海难救助。对于发生在公海上的非合同救助，如果双方船舶具有同一国籍，则适用共同船旗国法，如果属于不同国家船旗，则适用提出请求的船旗所属国家法律。[541] 此外，对于船舶责任限制法律适用，也有学者主张适用船旗国法原则，其理由在于能增强船舶所有人对其责任限制的可预见性。实践中，英国《1894年商船法》规定：“除法律另有规定之外……包括船舶债权及所有人责任限制，均适用船旗国法。”意大利和阿根廷等国也有类似的立法。

五、当事人有限意思自治原则

在海上人身侵权行为发生后，有关当事人双方根据意思自治原则可以

---

〔536〕《布斯塔曼特法典》第289条规定：“在领海或领空内发生的意外碰撞事件，如碰撞属于同一国籍，从该国的法律。”

〔537〕《布斯塔曼特法典》第292条规定：“在公海或其上空发生的意外或过失碰撞事件，如碰撞各方属于同一船旗国，适用该国法律。”

〔538〕韩国《1962年涉外民事法律法令》第46条规定：“船舶在公海上发生碰撞，如相撞船舶属同一注册国，运用注册国法；如果属于不同注册国，则适用加害船舶注册国法。”

〔539〕1940年《关于国际通商航行法条约》第6条、第7条规定：“同一国籍船舶之间的碰撞，如发生在内水以外，适用它们悬挂旗帜国家的法律……不同国籍的船舶之间的碰撞，如碰撞发生在内水以外，各自应受与其旗帜相应的法律规定所约束……”

〔540〕《巴斯塔曼特法典关于国际私法的公约》第293条规定：“如碰撞各方不属于同一国旗，而碰撞是出于过失，则碰撞事件应依被碰撞船舶旗所属国家的法律。”几乎所有国家的有关碰撞的冲突规范都有提到在某种情况下适用船旗国法。

〔541〕参见侯军等编：《当代国际海事法》，人民交通出版社1992年版，第63～70页。

约定适用准据法。将当事人意思自治原则引入海事侵权法律冲突领域是海事侵权法律冲突的新发展。目前采用这种原则的主要有《瑞士国际私法》立法。1987年《瑞士国际私法》在其第132条首次在侵权行为领域采用了有限意思自治原则。[542]这种当事人选择准据法的权利只限于侵权行为发生后、纠纷解决之前这段时间,但只限于当事人双方通过协议选择法院地国家的法律作为侵权行为的准据法。我国《涉外民事关系法律适用法》第44条也规定:"……侵权行为发生后,当事人协议选择适用法律的,按照其协议。"《1977年统一船舶碰撞民事责任公约》对此也有规定,该公约第4条就规定"除当事人另有协议以外……"将"除当事人另有协议"置于侵权行为地法和法院地法之前,体现了国际社会对当事人意思自治原则的重视。按照该条规定,允许当事人双方约定准据法。

第二节　基于合同赔偿的法律适用

造成受害人人身伤亡本身是一种侵权行为毋庸置疑,但由于海上生产经营关系的复杂性和相关方之间关系的特殊性,不可避免地会出现侵权责任和合同责任的竞合,本节只探讨在赔偿权利人基于合同提起赔偿情况下的法律适用规则。

一、意思自治原则

合同领域内的当事人意思自治观念,在中世纪意大利学派的学者萨利塞的著作中就已萌芽。后期注释学派的最后代表罗朱斯·库尔蒂乌斯开辟了合同选择的真正道理。他认为,合同之所以适用行为地法,是因为当

[542] 该条规定:"在侵权行为发生后的任何时候,当事人均可以通过协议方式选择适用法院地的法律。"

事人的同意,这就为当事人可以选择另外一种法律开辟了道路。[543] 16世纪,杜摩兰在库尔蒂乌斯的思想基础上,明确提出了当事人意思自治原则,从而对这方面作出了创造性的贡献。[544] 在海上人身伤亡赔偿纠纷事故中,当事人之间的合同关系纷纷复杂,既有基于劳动关系的劳务合同和雇佣合同,还有基于海上运输关系的运输合同以及基于船舶及其附属设施的租赁合同、造船合同、修船合同、船舶销售合同、托航合同等。当事人双方可以自由决定他们的合同受哪国法律支配。这一原则最先由大陆法系国家学者杜摩兰提出,也曾遭到很多人的反对和批评。尽管如此,当事人意思自治原则在解决涉外海事法律冲突问题上发挥的作用不可低估。当事人自主选择适用于海事合同的法律,有利于当事人预见法律行为后果,维护稳定和谐的海事法律关系,也有利于海事争议的快速解决。一般都在合同签订时约定合同适用的法律,各国对合同当事人双方约定的准据法都给予充分尊重。无论是成文法国家如1865年《意大利民法典》、1898年《日本法例》,还是普通法国家的判例都将当事人意思自治原则当作确定涉外合同准据法的基本原则。[545] 我国《民法通则》第145条第1款对此也作了明确规定。我国《涉外民事关系法律适用法》第41条规定,为避免适用法律上的冲突,当事人双方可以在合同签订前共同选择准据法。

当事人的意思自治也受到一定的限制,主要表现在:首先,表达方式受到一定限制。纵观世界各国立法和司法判例,对当事人选择法律的方式一般只承认明示行动,如土耳其、尼日利亚、秘鲁及中国等少数国家。也有国家如瑞士、捷克斯洛伐克有限度地承认默示选择。1964年《捷克斯洛伐克国际私法及国际民事诉讼法》第9条第1款规定:"……根据有关事项对当

---

[543] 参见[法]巴迪福:《国际私法各论》,曾陈明汝译,正中书局1979年版,第277页。

[544] 1525年,杜摩兰在对加内夫妇的夫妻财产制的咨询中,赞成对全部财产适用加内夫妇结婚时的共同住所地法即巴黎的习惯规则。他认为,应把夫妻财产制问题的准据法归属于当事人所选择的法律。参见肖永平:《冲突法专论》,武汉大学出版社1999年版,第184页。

[545] 意思自治原则于1760年由曼斯菲尔德法官在"布宾迅诉苏珊"一案引入美国。参见余先予主编:《冲突法》,上海财经大学出版社2000年版,第203页。

事人意思不存在疑问时,也可确定双方默示之法律选择。”其次,当事人可选择法律范围的限制。多数国家对此没有限制,如日本、泰国、奥地利、瑞士等国在立法中并未限制当事人选择范围。而《美国统一商法典》规定,当事人选择的法律必须与“当事人或交易之间存在合理联系或其他合理基础”。否则,该选择不被允许。[546] 最后,当事人事后选择的法律是否能够改变以前的意思。沃尔夫和诺斯赞成当事人事后选择法律,并有权变更原来所作的法律选择。[547] 而意大利最高法院在 1966 年 6 月 28 日尼西姆诉格雷斯派案中认为,合同一旦订立,当事人不能对准据法的选择进行变更。此外,当事人的意思自治,也要受到具有强制性法律和习惯的限制。如在海运合同中,强制性规定在不断增加,尤其表现在保护班轮提单运输中关于货主方面的有关规定等。

二、最密切联系原则

最密切联系原则作为法律选择的一项基本原则,其思想渊源可以追溯到萨维尼的“法律关系本座说”,是现代国际私法的一个重大发展,是对法律关系本座说的发展和传统法律选择方法的扬弃。[548] 依据该原则,法官有可能从一系列客观因素出发,如按照合同本身引用条款以及货物运送目的地等因素,找出一个最适合于该合同并与该合同有最密切联系的法律作为合同的准据法,如缔约地法、合同履行地法、旗国法、住所地法等。如美国法律规定,有关造船修船合同,双方当事人如果没有明示选择某一法律,应适用与该合同有最密切联系的国家或法律制度的法律。我国海商法在其

[546] 参见肖永平:《冲突法专论》,武汉大学出版社 1999 年版,第 192 页。

[547] 同上书,第 193 页。

[548] 萨氏认为,每一项法律关系,根据其自身的特性,都与某一法律制度相联系,而其联系所在,即是该法律关系的“本座”,要在某一法律关系上达到适用法律的一致性,就必须适用以“本座”为标志而确定的法律制度。萨氏所使用的“本座”一词,在含义上相当接近于当代冲突法中的“最密切联系原则地”一词。参见肖永平:《冲突法专论》,武汉大学出版社 1999 年版,第 199 页。

第269条也规定:“……合同当事人没有选择的,适用与合同有最密切联系的国家的法律。”

最密切联系原则作为一种法律选择原则,各国对其接受的程度和方式存在一定差异。一些国家将最密切联系原则作为基本原则规定下来,并适用于冲突法所有领域,如奥地利。[549] 一些国家将最密切联系原则作为补充性一般原则规定下来,只列举少数不适用最密切联系原则的情况,如瑞士等。[550] 一些国家将最密切联系原则仅适用于合同和侵权领域,在其他领域仍运用传统冲突规范指导法律的选择,如美国、英国、土耳其等国家。[551] 还有一些国家将最密切联系原则只适用于合同领域,不适用于侵权领域,如《希腊民法典》第25条就规定:“契约债务适用当事人自愿受制的法律。如果没有这种法律,适用按照全部具体情况对该契约适当的法律。”[552]

最密切联系原则所具有的优势显而易见,如提高了法律适用的灵活性、客观性和合理性。灵活性是最密切联系原则的主要优点,也是缺点。这种灵活性也成为法院适用其本国法的一种借口。因此,各国在采用最密切联系原则时,一般都给予必要的限制,采用方法主要有限制其适用范围、确定最密切联系地的指导原则、列举确定特定问题的最密切联系地的连结

---

〔549〕《奥地利联邦国际私法法规》总则第1条开宗明义规定:“与外国有连结的事实,在私法上,应依与该事实有最强联系的法律裁判。本联邦法规所包括的适用法律的具体规则,应认为体现了这一原则。”

〔550〕《瑞士联邦国际私法法规》第15条规定:“根据所有情况,如果案件与本法指定的法律联系并不密切,而与另一项法律的联系明显地更为密切,则可作为例外,不适用本法所指定的法律。在当事人自愿选择法律的情况下,不适用本规定。”第19条进一步规定:“当合法利益需要予以保护,诉讼显然与某外国法律有着非常密切的联系,并有必要适用该项法律时,根据法律的立法宗旨和法官的自由裁量权,可不适用本法指定的法律而适用该法律。”参见余先予主编:《冲突法资料选编》,法律出版社1990年版,第189~190页。

〔551〕如《美国第二次冲突法重述》第6条规定:“法院,除受宪法约束外,应遵循本州关于法律选择的立法规定。无此种规定时,关于准据法选择的因素包括:洲际和国际制度的需要;法院地的相关政策;在决定特定问题时,其他利害关系州的相关政策和那些州的相对利益;对公正期望的保护;对特定法律领域的基本政策;结果的确定性、可预见性和统一性;应适用的法律易于认定和适用。”参见肖永平:《冲突法专论》,武汉大学出版社1999年版,第201页。

〔552〕参见余先予主编:《冲突法资料选编》,法律出版社1990年版,第31页、第149页、第171页、第227页。

点以及实行“特征性履行”方法等。这几种方法对于防止滥用最密切联系原则都具有重要意义。具体到我们国家,笔者认为,将以上几种方法结合起来对最密切联系原则的适用加以适当限制,确保最密切联系原则更好地发挥其在法律冲突选择中的优势。

小　结

海上人身伤亡赔偿纠纷按照赔偿权利人提起赔偿的诉由不同可以分成基于侵权的赔偿和基于合同的赔偿。基于侵权提起的赔偿优先适用相关国家公约,在公海发生的侵权行为如果是同一国籍船舶则适用船旗国法,否则适用法院地法,发生在一国领水及内水的侵权行为一般按照侵权行为地法原则确定准据法。基于合同而提起的赔偿原则上尊重当事人双方对合同准据法的选择。

第七章　海上人身伤亡的社会化赔偿机制

海上人身伤亡的责任主体可以分为第一层次的责任主体和第二层次的责任主体，第一层次的责任主体主要是指对其自身行为或对其受雇人、代理人的行为或与其所有或经营的船舶和海上设施有关的事件所造成的损害赔偿责任的船舶和海上设施的所有人、经营人、承租人。针对从事海运生产经营服务的船舶、海上生产设施及其他财产和相关工作人员时刻面临海上特殊的风险和危险，人们设计出多种措施和方法以将海上人身伤亡的赔偿责任进行分散和社会化。这样一来，就出现了第二层次的责任主体，这些主体主要是对第一层次责任主体的赔偿责任的分化和继承，通常包括责任保险人、财务担保人以及社会保障和国家基金等。将海上人身伤亡赔偿责任分解和社会化的责任承担制度的体系就构成了海上人身伤亡的社会化赔偿机制。社会化赔偿通常可以分为两类，即海上责任保险赔偿和社会保障及基金。

第一节　引入社会化赔偿机制的内在原因

海上人身伤亡的社会化赔偿机制的引入分解了第一层次责任主体的

责任，强化了对受害人赔偿力度，它的引入具有深厚的理论背景和根源。

一、无过错责任的引入对海上产业利益的保护提出新的课题

随着海上生产作业活动的频繁及海上产业的发展，海上人身伤亡事故频繁发生，而且处于上升的趋势。为适应社会发展的需要和保障受害者的利益，在海上人身伤亡赔偿归责原则中引入了无过错责任。[553] 无过错责任的引入便利了受害人权益的保护。但同时，也给加害人的经济赔偿能力提出了更大的挑战。前已述及，海上生产作业是一个投入和风险都很巨大的行业，一旦发生海上人身伤亡事故，其造成的损失将是十分惨痛和巨大。无过错责任的引入加重了海上生产实体的赔偿责任，从而增加了其生产成本，严重影响了其进一步扩大再生产。当加害方是贫民或小型企业时，无过错责任将使他们陷入灾难的境地。另外，无过错原则也会妨碍海上生产作业对新科学技术的利用程度，阻碍科技理论在实践当中进一步发展。新的科技应用于实践也意味着很多不确定的风险，这些风险会带来更多的损害。而适用无过错原则就会影响理性市场主体应用新技术的积极性和主动性。

在这样的背景下，为了保障海上经营实体的发展权益，就要对传统的赔偿机制进行突破，突破那种"损害要么由加害者承担，要么由受害人自担"的狭隘眼界，突破那种把海上人身伤亡赔偿责任看作私人问题的传统观念，应该把它看作一个社会问题。既然是社会问题，就应该将风险和损

---

〔553〕 关于责任保险制度与无过错责任原则的互动关系，理论上存在两种观点：一种认为19世纪以来，企业活动频繁，损害也相应增加，企业主必须分散损害，这种情况下，责任保险制度产生。责任保险提供了无过失责任制度的实际基础，而无过失责任的适用范围之扩大促进了责任保险制度的发达。参见王泽鉴：《民法学说与判例研究》（第2册），北京大学出版社2009年版，第164页；王利明：《侵权行为法归责原则研究》，中国政法大学出版社1999年版，第132页；秦君宜：《责任保险制度对现代侵权法发展的影响》，载《经济研究参考》2004年第32卷；胡吕银：《从责任保险看侵权法之嬗变》，载《扬州大学学报》（人文社会科学版）1999年第3期。另一种观点认为，责任保险仅仅为民事责任制度的改进创造了一些积极条件。参见邹海林：《责任保险论》，法律出版社2006年版，第36页；刘桂琴：《论责任保险与侵权损害赔偿的社会化》，载《前言》2003年第3期。

失进行分散社会化由社会来承担，从而进一步保障海上生产经营秩序的稳定和谐。

二、海事赔偿责任限制制度对受害人利益保护的冲击

海上人身伤亡赔偿责任限制制度是我国《海商法》特有的制度，是对民法全面充分赔偿原则的背离，是一种特殊的赔偿责任。海上生产经营不但投资大，而且还承担着独特而巨大的风险。在这样的背景下，不对海上经营方的人身伤亡赔偿责任予以限制将会严重威胁海上行业的生存和发展，也会严重影响国内经济和国际经济的发展。可以说，海上人身伤亡赔偿责任限制制度对海上产业的保护发挥了很重要的作用。同时，该制度也冲击了对受害人利益的保护，主要表现在该制度背离了对受害人人身伤亡损失的完全充分赔偿原则。单纯提高责任限额，并不是解决受害人不能足额受偿问题的最好办法。基于此，为了填补受害人的损害，需要将这种赔偿责任分散给社会大众，让大家承担这种赔偿责任。正如有的学者认为，一个国家的立法机关或机构在确定应该由谁来承担赔偿责任时，更需要考虑的是赔偿主体的赔偿能力以及其对责任的分散消化能力。[554]

三、人命价值的提高对赔偿能力提出的挑战

随着现代海上人命安全价值理念深入人心，无论是调整海上人身安全的公法还是私法都将对人命安全的保障放在非常重要的地位。[555] 如国际

---

〔554〕 现代赔偿责任理论者的观点："立法者或法院在决定何人应当负损害赔偿责任时，政策上所考虑的不仅仅是加害人的行为在道德上是否可资非难，而更要虑的是他是否能够承担赔偿责任或他是否可以依靠责任保险制度将失分散于社会大众，由大家共同承担"。参见邹海林：《保险法教程》，法律出版社 2002 年版，第 152～156 页。

〔555〕 如在私法上因人命救助耽误航期和对货物造成损失责任的免除；船舶营运中人身伤亡赔偿请求权优先于财产损害赔偿请求权，以及在海事赔偿责任限制制度中，人身伤亡全部索赔额未能全部受偿时允许与财产损害赔偿并列按照比例受偿。参见邓瑞平：《船舶侵权行为法基础理论问题研究》，法律出版社 1999 年版。

航运界以及各个国家通过制定一系列的海上作业规则和相关的船舶航行安全规则来约束海上生产作业。[556]人命价值提高的重要要求就是对人身伤亡造成的损害做到全面充分赔偿，由于海上人身伤亡赔偿责任限制制度在一定程度上造成人身伤亡赔偿不足额现象，在这种情况下，需要加强赔偿人的赔偿能力。从法律上强制规定船舶投保责任险，将赔偿责任进一步分散社会化，客观上强化了赔偿能力。海上赔偿责任保险制度符合保险“分担社会性”的特性。[557]

四、从矫正正义到分配正义价值理念的变化

公平正义是任何一个时代的法律都要追求的价值。但是不同时代对公平正义内涵的诠释也不同，公平正义这一法律的价值追求具有时代性。法律制度的更替、补充和完善体现了法律制度公平价值理念的发展和完善。亚里士多德将正义分为改正正义[558]和分配正义。[559]改正正义或叫矫正正义，侧重于对加害人所造成损害的赔偿。分配正义更侧重于对受害人所受损害的赔偿，淡化了对加害人的惩罚性，强化了对受害人损失的弥补。传统的人身伤亡赔偿制度是以改正正义为基础的。这也与当时海上产业的脆弱性需要特殊照顾和当时时代发展的要求相符合。随着海洋高科技的发展和在海上生产作业中的推广应用，海上产业无论是在抵御风险能力

---

[556] 如1971年特种业务客船协定、1972年国际海上避碰规则、1977年国际渔船安全公约等。

[557] 分担社会性强调保险方法使少数经济单位和个人的损失分解于社会上处于相同性质的、共同组成保险集团的其余众多的被保险人身上，被保险人以有形的、数额极小的费用支出还去了生产和生活保障，即出险后得到保险金的给付。

[558] 改正正义是如果社会的一个成员侵犯了另一个成员的权利或者财产，那么改正正义就要求偿还属于受害人的财产或对他的损失予以补偿。一个人只对他所造成的损害负责，责任被视为个人之间的事情。改正正义要求责任反映行为人的所作所为，而无论行为人是谁，不考虑行为人的社会地位和个人财富。参见李清伟：《侵权行为法与保险制度的法理学——比较法研究》，北京大学1998年博士学位论文，第53页。

[559] 分配正义主要关心的是如何将权利、义务和责任分配给一个社会或群体的成员。在分配正义的视野中，侵权行为法上的责任不仅要考虑加害人的行为造成受害人损害这一事实，而且还要考虑各方当事人所处的社会地位和所具有的资格与能力。

上还是在经济承受能力上都是与传统海上产业不可同日而语的。并且随着海上人命安全价值理念的深入人心,对受害人的保护更是提高到更重要的位置。在这种情况下,法律所追求和信仰的公平内涵也应该适应现代海洋产业发展的状况,要更侧重于海上人身伤亡受害人损害的补偿和弥补。

第二节　海上普通责任保险赔偿

一、海上责任保险的产生及发展

责任保险,顾名思义就是以赔偿责任作为保险标的,是被保险人为了将自己承担的赔偿责任分解给保险人,即转嫁风险。[560]责任保险承保的民事责任既包括合同责任也包括违约责任。责任保险作为一类自成体系的保险业务,始于19世纪的欧美国家。最初以独立险种形式出现的责任保险险种是雇主责任保险,并成为保障工人阶级权益的有效手段。其他种类的责任保险起初均以附加责任的方式承保,随后才逐渐以独立险种的形式出现。[561] 责任保险具有自身独特的特点,主要表现在:第一,其标的是被保险人对第三人依法应付的赔偿责任;这里的赔偿责任具有法律性、民事性和无过错性。第二,目的是为补偿被保险人在法律上对第三人的赔偿责任,其本质是一种责任转移和分担。第三,成立保险事故必须具备两个条件,即被保险人对第三人赔偿责任具有法律上的依据和第三人赔偿申请的提起。第四,其受益范围是保险人补偿被保险人依法负有赔偿责任的赔偿金。

---

〔560〕 我国《保险法》第65条第4款规定:"责任保险是指以被保险人对第三者依法应负的赔偿责任为保险标的的保险。"关于责任保险的定义和观点,学者们虽然说法不同,但都形成了这样一个基本共识:就是当被保险人对第三方负有赔偿责任时,由保险人承担其补偿责任的一种保险。参见孙积禄:《保险法论》,中国法制出版社1997年版,第205页;汪鹏南:《现代海上保险法的理论与实践》,大连海事大学出版社2004年版,第125页;邹海林:《责任保险论》,法律出版社1999年版,第107页。

〔561〕 参见陆荣华编著:《英美责任保险理论与实务》,江西高校出版社2005年版,第235页。

虽然现代意义上的海上保险起源于12世纪末13世纪初的意大利,但海上责任保险却在英国出现并得到进一步发展壮大。[562] 之所以会出现这样的情况,主要是由于两个原因造成的:其一,当时法律责任尤其是民事赔偿责任不发达导致的。在海上保险产生后的很长一段时间里,海上保险仅仅局限于向投保人提供损失补偿。那种认为船东应该向货主、船员、乘客、碰撞船舶及码头所有人承担责任的理念还没有形成。再加上当时成文法、判例法以及海事惯例对此几乎没有规定,似乎向船东提供责任风险的保险保障就没有必要。[563] 其二,当时公共政策理论的影响。在当时看来,用保险方式补偿自己及其雇员因疏忽造成的后果是违背对"疏忽"进行惩罚而非补偿的公共政策理念的。[564] 这种态度也在一定程度上影响和限制了海上责任保险的早期发展。[565]

随着英国海上航运业的迅速发展,船舶载重量迅速猛增,船上服务的雇佣人员也同样猛增,由此便产生了许多新型社会关系和纠纷。为解决此类新出现的问题,出现了一些调整海上运输和海上保险的新立法、原则和海事惯例,船东也开始面临更多的法律责任。正是船东责任的加大和进一步确定给责任保险的产生和发展提供了现实基础。

海上责任保险首先是在船舶碰撞的海事实践中进行突破的。有证据表明,在19世纪初船舶的碰撞责任是适用保险补偿责任的。如1814年Delanoy v. Robson案的判决中这样表述:"在达拉港郡,有大量的民众通过对彼此船舶的投保……来补偿造成损失的船东应承担的赔偿责任。"这可

---

[562] 参见[英]唐纳德·欧梅、朱连·希尔(Donald O. may&Julian Hill):《OMAY海上保险单——法律与保险单》,郭国汀等译,法律出版社2002年版,第1页。

[563] See William R. A. Birch Reynardson, The History and Development of Public Insurance: the British Screen, *Tulane Law Revie*, 1991, pp. 443 - 464.

[564] 英国法院在1814年Delanoy v. Robson一案的判决时说:"通过对被保险人过错行为的结果进行补偿的保险是不合法的。"

[565] 参见[英]唐纳德·欧梅、朱连·希尔(Donald O. may&Julian Hill):《OMAY海上保险单——法律与保险单》,郭国汀等译,法律出版社2002年版,第251页。

以说是发现的最早关于海上赔偿责任的表述。在随后的1824年开始经营的英国海上保险互保公司正式将碰撞责任列入保险责任的范围。将船舶碰撞责任纳入保险赔偿范围在立法上的体现是1836年出现的"船舶碰撞责任条款"。这标志着海上责任保险就正式诞生。随后在1906年英国通过《海上保险法》明确规定了海上风险致第三人产生任何责任都可以成为海上保险标的。[566] 这样,海上责任保险就获得了法律上的正式地位。

二、海上雇主责任保险

雇主责任保险属于商业保险中劳工事故保险。在发达国家,雇主责任保险属于强制责任险。[567] 雇主通常包括船东、造船人、修船人、拖航人、码头作业主以及其从事海上生产作业的经济实体。

(一)外国法规定

1.美国法制

美国形成了比较健全的员工赔偿保险机制,包括员工赔偿基金、雇主自我保险和购买商业保险。按照美国联邦政府于1908年颁布《联邦雇员赔偿法》和大部分州颁布的自己的员工赔偿法案,雇主的责任是绝对的,但是这种责任被限定在法律规定给付数额之内。员工赔偿法在大多数州都是强制性的,即强制从事生产经营业务的雇主向所在的州政府或联邦政府缴纳一定比例的基金,当雇主所雇佣员工在从事雇主指定的业务或其他符合经营业务目的的业务时受到伤害,则由赔偿基金负责赔偿。[568] 当然,法律允许雇主通过投保商业保险转嫁责任风险。目前,美国专门设立了国家

---

〔566〕 英国《1906年海上保险法》第3条第2款及第74条。

〔567〕 雇主责任保险又称劳工意外伤害险,是指被保险人所雇用员工在受雇过程中,从事与被保险人经常业务有关的工作或者履行雇主的与工作有关的指示指令等而遭受意外或患有与业务有关的国家规定的职业性疾病,所致伤、残或死亡,被保险人根据《劳动法》及劳动合同应承担的医药费及经济赔偿责任,由保险公司在规定赔偿限额内负责赔偿的一种保险。

〔568〕 除南卡罗来纳州以及得克萨斯州以外。

赔偿委员会负责员工保险赔偿基金的监督管理。

2. 英国法制

英国雇主责任保险可以追溯到1880年，它的出现是为了应对工业化进程所带来的负面影响以及不断增长的因铁路出现所导致的事故。[569] 英国关于雇主责任保险的立法很全面，除1969年《雇主责任(强制保险)法》外，还有1971年《雇主责任(强制保险)条例》、1974年《雇主责任(强制保险)修正条例》以及1975年《近海装置系列》。英国雇主责任保险是强制性的，并交给商业保险公司经营。雇主责任保险按过失原则经营，将雇主责任分为绝对责任和过失责任，前者作为劳工保险的对象受劳工法规范，后者作为雇主责任保险的对象受雇主责任法规范。

3. 日本法制

在日本，雇主责任险是与社会保障制度的工伤保险制度交叉在一起，强制性与自愿性相结合。其雇主责任法的法律依据主要是《日本劳工法》。第二次世界大战后，日本先后制定颁布了《日本劳动者事故补偿保险法》、《日本劳动者事故保险法实施细则》和《日本劳动者事故补偿保险特别给付金支付规则》，建立了工伤保险的法律框架，随后颁布了《日本雇用保险法》《日本劳动者安全卫生法》《日本劳动保险审查官及劳动保险审查会法》《日本独立行政法人劳动者健康福利法》，进一步完善了预防和补偿的法律保障体系。在日本，雇主责任保险由两部分组成，一部分是由政府强制投保工伤保险，另一部分是商业保险机构开办的雇主责任保险。强制性雇主责任保险是依劳工法对雇员基本权益的保障，是有限的，而自愿的雇主责任保险是依民法或雇佣合同原则对超过基本保障以上部分的超额保障。强制雇主责任保险按照绝对责任原则办理，而自愿的雇主责任保险按过失责任原则经营。

---

[569] See Robert S. Marx, Compulsory Compensation Insurance, *Columbia Law Review*, February, 1925, pp. 164 - 193.

(二)内国法规定

20世纪80年代初,雇主责任险开始在国内兴办,其从开办之日起,就被误解成是涉外险,因此,当时主要以“三资企业”为主要业务对象,提供的保障主要针对雇员在受雇期间因意外导致的伤、残、死亡或者患职业病而依法或根据雇佣合同应由雇主方承担的赔偿责任。我国没有专门的雇主责任法,雇主责任险仍未成为强制保险,且只是在少数地区规定非公有制企业的雇主必须投保雇主责任保险。

三、海上碰撞责任险

碰撞责任险属于各国国内法规范的范畴,一般由各国的《海上保险法》、《海商法》和《保险法》来调整。船东为了将船舶在海上航行或因技术及其他无法控制的原因等导致与其他船舶碰撞使第三方人身财产损失的风险分解出去,通常会通过会同保险人签订合同,约定在出现这种结果时由保险人予以赔偿,从而将无法预料估计的未来经营风险进行分解。此处的无法预防及控制的原因不包括不可抗力或不可避免的意外事故,只有保险船舶有过错并且被保险人依法有责的情况才使用碰撞责任保险。[570] 而且该责任限于侵权责任,不包括合同责任和法律强制性规定要求承担的不属于碰撞责任的赔偿责任。

四、海上渗漏污染责任保险

海底石油资源开发是一项重要的海上作业活动,在从事海上石油开发过程中也经常出现石油渗漏事件。海上石油的渗漏往往会造成巨大的人员伤亡事故。如2010年4月20日,美国路易斯安那州威尼斯东南约82公里处海面的一座钻井平台因石油渗漏燃火发生爆炸并导致32人丧生。海

[570] 参见[英]唐纳德·欧梅、朱连·希尔(Donald O. may&Julian Hill):《OMAY海上保险单——法律与保险单》,郭国汀等译,法律出版社2002年版,第265页。

上人身伤亡渗漏污染责任险主要承保在进行与石油开发有关的作业时产生的污染直接或间接地造成他人的人身伤亡依法应负的赔偿责任。规范海上石油污染的公约主要有《1969 年国际油污损害民事责任公约》、[571]《1971 年国际油污损害赔偿基金公约》以及《2001 年燃油污染损害民事责任国际公约》。[572]

五、造船人责任险

造船人责任保险承保船舶及其原材料设备等在造船厂范围内加工、制造、装卸、运输保管以及船舶下水、进出船坞、停靠码头、试船或交船过程中产生的责任。

造船人的责任主要包括碰撞责任、对第三人人身伤亡的赔偿责任等。造船人对第三人人身伤亡赔偿责任险承保的是在造船人将船舶交付给船东前在建造期间对第三人人身伤害依法承担的赔偿责任,其承保区域也限于船舶建造期间的造船厂范围内,在试航以及交船期间不同吨位的船舶一般适用不同的承保区域。[573]

---

[571] 《1969 年国际油污损害民事责任公约》规定,责任人应当承担的污染损害,是指由于船舶溢出或排放油类(无论这种溢出或排放发生在何处),在运油船舶本身以外因污染而产生的灭失或损害,并包括采取预防措施的费用以及由于采取预防措施而造成的进一步灭失或损害。其 1992 年议定书更进一步明确规定,对环境损害的赔偿,除这种损害所造成的利润损失外,应限于已实际采取或行将采取的合理恢复措施的费用,预防措施所支出的费用和因预防措施而造成的进一步损失或损害。参见《1969 年国际油污损害民事责任公约》第 1 条第 6 款和《1992 年油污责任公约》第 1 条第 6 款。

[572] 《2001 年燃油污染损害民事责任国际公约》第 1 条第 9 款规定,燃油污染损害是指无论发生于何处的船上燃油溢流或排放导致的污染造成的船舶以外的损失或损害,但对环境损害(不包括此种损害的利润损失)的赔偿,应限于实际采取或将要采取的合理恢复措施的费用,以及预防措施的费用和预防措施引起的进一步损失或损害。

[573] See Raymond P. Hayden, Sanford E. Balick, Maritime Insurance: Varieties, Combination, and Coverages, Tulane Law Revie, March, 1991, pp. 329 – 330.

第三节　海上强制责任保险赔偿

一、海上强制责任保险一般理论

（一）法律特征

海上强制保险是指由法律明确规定的，强制适用于海上运输、海上资源开发及其他海上生产作业在内所有类型的责任保险。海上强制责任保险具有一般责任保险的特点外，还具有其自身的特征。

1. 法定强制性

法定性与强制性的紧密结合成为强制责任保险的首要特征。法定性是与约定性相对应的，约定性是合同的主要特征，也是契约自由的精神之一。一般商业责任保险合同允许当事人双方就标的、保费等问题进行协商确定。而强制责任保险的实施必须依法定程序，以法为依据推行，其产生的基础在于法律、法规或规范性文件，是根据国家有关法律规定，特定群体和行业参加的保险。[574]

强制性是相对于自愿性而言的。自愿性是签约自由的主要表征。契约自由在保险领域主要是通过保险合同的订立体现出来的，具体表现在当事人拥有是否订立以及跟谁订立的选择权和主动权。强制性具体表现在两个方面：首先，是对投保人的强制。一般法律都通过义务性的条款设定符合什么条件的投保人必须进行相应投保，否则进行制裁，以督促其履行投保义务。其次，是对保险人的强制。法律通过设定一定的条件，要求指定的保险人对符合条件的投保人要及时进行受保，并且不准无理拒保和退保。由此可见，此类强制责任保险从根本上是对“契约自由”理念的背叛和

[574]　现代社会中，在某些特定情形下，为满足社会进步的需求，社会对某些高度危险行为进行折中，即允许该危险行为，但行为人必须对其受害人承担绝对责任。为衡平社会文明进程中各方利益，需要引入责任保险机制对社会化损失进行合理分担。因此，以制定法形式来确立强制保险中各方权利和义务，成为政府在管理社会事务中的一种必然选择。

违反,更多体现了国家的政策和意志。在现代法治理念深入人心的现代,对于强制责任保险的法律规定必须经过科学的论证以后方能实施,以确保对私权利的最小干预。

2. 强化了对第三人利益的保护

责任保险的出现极大提高了侵权人的赔偿能力,侵权人的赔偿责任可以通过众多投保人加以分散,加害人只需要承担极小的赔偿责任。因此,法官在审理案件时更愿意判决加害人承担赔偿责任,更好地实现了填补损害的功能。〔575〕 强制责任保险更是集中体现了政府利用政策加强对无辜第三人权益保护的意旨。〔576〕

在具体制度设计上,强制保险赋予第三人的直接请求权。〔577〕 这一情况也表现,强制保险制度立法重心在于保护第三人的权益。〔578〕 从理论上讲,强制责任保险不一定必然伴随着直接诉讼制度的产生。但在实践中,那些

---

〔575〕 据此,也有学者认为,虽然责任保险协助侵权行为法更加有效地实现了填补损害的功能,但却破坏了侵权法的威慑功能(R. F. V. Heuston, R. A. Buckley, *Salmond and Heuston on the Law of Torts*, Sweet & Maxwell Press, 1992, p. 27)。还有学者认为责任保险的适用足以导致行为人注意程度的松懈,助长更多的反社会行为,危及公共利益。参见王泽鉴:《侵权行为法之危机及其发展趋势》,载《民法学说与判例研究》(第2册),北京大学出版社2009年版,第164页。

〔576〕 在"RPM Pizza, Inc. v. Automotive Casualty Insurance Co. "案中,法官 Watson 明确指出:"隐藏在 Louisiana 州汽车强制保险法律背后的立法目的在于保护那些在机动车事故中无辜的受害人,关于费用的除外责任条款违背了社会利益"。See L. Klan, "RPM Pizza, inc. v. Automobile Casualty Insurance Co. : AutomobileEXculsion and Louisiana Compulsory Insurance Law", *Tulane Law Review*, March, 1993, p. 542.

〔577〕 对于直接诉讼权的法理依据,各国学者们各有说法,其中较具有代表性的有以下几种:一是权利转移说,这是英国司法实务和学说所普遍持有的观点。该学说认为,受害第三人的直接请求权是被保险人依照责任保险合同约定所享有的权利,在符合法律规定的条件时转移给受害人。二是代位权理论,该学说认为第三人处于代位权人的地位,代位行使被保险人根据保险合同享有的权利。三是责任免脱给付说,即避免责任的推卸。责任保险的保险给付的本质在于避免加害人推卸责任。该说为日本学者仓泽康一郎主张。四是原始取得说。该学说认为,受害人在损害发生的同时,依据法律原始取得与被保险人当时所拥有的权利同等内容、完全独立的权利。参见赵晓梅:《船舶碰撞引起的油污损害的受害人直接诉讼保险人的法律问题》,载《中国海商法协会通讯》2004年第6期;陈萍萍:《油污责任保险人与油污责任人责任形式》,载《人民司法》2003年第3期。

〔578〕 在学理上,第三人即受害人对责任保险人或财务保证人的直接请求权在理论上又称为直接诉讼,它是随着责任保险的发展而产生的独特的法律制度,其目的是出于对第三人利益的保护。它的出现打破了传统的"合同相对性"原则,使受害人可以越过损害赔偿责任人直接向保险人提起诉讼请求损害赔偿。

不能获得赔偿的第三人往往被赋予针对不予赔偿决定的抗辩权，从这一点来看，强制责任保险与直接诉讼制度的结合似乎具有必然性。一定程度上可以说，直接诉讼制度是强制责任保险实施的手段和保障。[579]

3. 公共利益性

公共利益性是相对于私人利益而言的，一般的商业保险，无论是从保险人设置险种，还是从被保险人投保来看，都注意侧重于私人利益受到最小的损害。而强制责任保险主要侧重于公共利益的保护，体现了公权对私权的限制、制约和对保险领域的干涉，代表着一种新的公共政策。虽然个人利益与公共利益存在一定矛盾，但彼此却不是绝对不相容的。[580]

有学者认为，海上强制责任保险之强制性从其目的看体现在其对公共利益的保护，在目前国际经济交往尤其是海上经济合作发展国际化的现实下，其公益性更多地体现在国家、区域甚至国际社会的利益。[581]

---

〔579〕 世界各国对受害人之第三人直接请求权的规定有三种类型，分别是受害人之第三人可以有条件地请求保险人赔偿、保险人有保护受害之第三人的注意义务以及受害之第三人直接对责任保险之保险人起诉。如1992年《CLC公约》第7条第8款规定："对油污损害的任何索赔，可向保险人直接提出。在上述情况下，保险人可不问船东的实际过失或暗中参与，而得依据第5条第1款申请责任限制。此外，保险人可以抗辩油污损害是船东的有意的不当行为所造成的，但不得提出其他依据保险合同的抗辩。在任何情况下，保险人可要求船东参加诉讼。"其他如《HNS公约》《燃油公约》第7条以及《2002年雅典公约》均规定了受害人对责任保险人或财务保证人直接提起损害之诉。

〔580〕 庞德就论证了个人利益与社会利益之间存在的固有张力："丰富的经验表现，如果人类自由的自我主张的欲望遭到压制的程度超出了为保护其他社会利益所要求的合理妥协的限制，那么，其后果是十分严重的。法律是必要的险恶，法规必须把法律限制到能够表现出其足以把自由作为一种观念实现的最低限度内，所有这些都是为了一个被合理执行的合理计划的缘故而向法律压制提出的抗议"。参见[美]罗斯科·庞德：《法律史解释》，曹玉堂、杨知译，华夏出版社1989年版，第112页。

〔581〕 有学者认为："公众责任保险是以公众责任为保险标的，以承保被保险人因疏忽或过失造成他人人身伤亡或财产损失而应负的赔偿责任为目的的"。参见徐卫东：《保险法论》，吉林大学出版社2000年版，第509页。海上强制保险属于公众责任保险的范畴，其公益性反映的不仅仅是一国、一个地区的公共利益，而是整个国际社会的公共利益，具体体现为海洋环境利益、航行安全、人身权的保护。对上述三方面，国际社会提出了强制保险的要求。从表面上分析，是因为对上述三种利益造成的损害有以下共性，即被保险人的责任造成的损害后果特别严重，责任人的实际赔付能力不足，难以对受害人进行充分赔偿，但更深层次、更重要的原因则是上述问题涉及了公共利益。

4. 跨国性

海上强制保险的跨国性是指海上强制责任保险法律关系的跨国性，主要表现在其法律关系的主体、客体以及法律事实中任一或一项以上具有涉外性。如船舶碰撞导致其他国家旅客伤亡，海上石油渗漏污染他国环境或不属于任何国家的海洋利益等。这些都是海上强制责任保险跨国性的表现。海上强制责任保险具有强制性，其强制性首先体现了本国的法律意志而具有本国性。同时其也来源于国际公约的实施，也是各国意志的统一和一致的达成。

(二)海上强制责任保险其强制性存在的理论基础

对风险的控制和规避，是保险产生的最直接因素，对于为什么要采取强制性，学界主要存在以下几种观点：其一，潜在加害人经济实力不强，资产规模小，在这种情况下对风险具有强烈的排斥性。因此，为了公共利益目的必须予以强制。[582] 其二，潜在加害人对风险评估的不足。[583] 其三，判决无法执行。[584] 其四，保险人对道德风险的控制。[585] 其五，危险责任概念的迅速扩大。其六，基于公共利益的政策考量。

笔者认为，海上强制责任保险之所以需要公权力对契约自由的干预，主要是出于公共利益的政策导向，而加害人作为一个经济主体出于经济利益的考虑和对预期风险估计的不足等影响其自由投保保险的积极性的因素，在这种情况下，就需要由法律强制潜在的加害人投保保险。

(三)海上强制责任保险的价值取向

国家或国际上之所以推行海上强制责任保险，主要是考虑到强制责任保险具有特殊的功能或价值取向。

---

[582] [美]乔治斯·迪翁(Georges Dionne)、斯科特·E. 哈林顿(Scott E. Harrington)编：《保险经济学》，王国军等译，中国人民大学出版社 2005 年版，第 336 页。

[583] See Springer/Gerhard Wagner, *Tort law and liability insurance.* New York, 2005.

[584] Ibid.

[585] Ibid.

1.强制责任保险强化了保险分散风险、消化损失的基本功能。其强制性避免投保一般商业责任保险行为中存在的“逆选择”现象。[586] 强制保险的强制性将集中在个体的责任通过强制性投保分散于社会大众，做到损害赔偿社会化，降低了投保“逆选择”风险。

2.强化了对受害人的责任保障。强制责任保险的设立不但分散了投保人应该承担的赔偿责任，同时也强化了保护受害人利益的功能，使受害人对强制责任保险中保险人有直接请求保险赔偿的权利，降低了赔付成本。海上强制责任保险制度的影响已不仅仅局限于制度当事人之间，而是扩展到不特定的第三者之间，任何人都可能因受害而成为责任保险的保障对象，强制责任保险制度的影响也及于整个社会，也足以影响到整个社会的安定、发展和人类的共同生活。主要体现在：强制责任保险制度在很大程度上给受害的第三人提供了及时充分的补偿，既有利于其生活和生产的恢复，也有利于社会安定团结；强制保险制度还对海上生产作业行业产生优胜劣汰作用，激励督促企业更新设备，促进管理创新，提高安全经营能力。在一定程度上可以说，强制责任保险制度具有“社会润滑剂”的效果。

3.促进社会公益、完善社会保障救济体系的作用。强制责任保险的公益性体现在对责任人赔偿能力的增强和对受害人赔偿利益的保证。通过这种方式，其对人自身关怀的理念得以弘扬。

二、海上强制责任保险对人身伤亡赔偿的适用的正当性和合理性分析

（一）正当性基础

海上强制责任保险对人身伤亡赔偿的适用，其正当性在于海上人身安

---

[586] 所谓“逆选择”现象，是指认为自己发生这种风险的可能性很大时就投保，认为自己发生这种风险的可能性不大时就不投保的现象。

全的公共利益性。[587] 人命安全是人权的基本内容，在当今国际社会，维护和保障人权是一项基本道义原则，是否合乎人权保护要求已成为评判一个集体优劣的标准。世界各国尽管对人权的具体认识和实践存在争议，但对人身权的保护方面还是达成了共识。对人本身尊重和人身权保护理念也已深入人心，成为现代法律的基本理念。在海上生产作业领域，对人身安全更应该予以特别关注和特别保护。

人身权保护的公共利益性主要体现在受害人在无法完全受偿对社会正常生产生活秩序的威胁。随着人们物质生活水平的提高，对人身损害赔偿索赔数额也逐渐提高。世界各国尽管加强技术管理和安全管理，也为减少事故发生制定了相应国际公约，但海上作业事故仍然频繁发生并造成大量人员伤亡，仍然存在大量受害人无法完全受偿，成为一国甚至国际安全因素，威胁着社会的和平秩序。

(二)合理性限制

海上人身安全涉及众多人的利益，属于公共利益的范畴，并不是将所有涉及海上人身安全利益的领域都界定为公共利益，并实施强制责任保险的。其合理性主要体现在：第一，海上强制责任保险适用于特殊的运输对象。承运人运输任何物质都可能污染海洋环境，但其影响程度不同，属于公共利益范畴的物质包括油类物质和有毒有害物质。如《1969 年国际油污损害民事责任公约》要求对运输油类物质进行强制责任保险，《1996 年国际海上运输有毒有害物质损害责任和赔偿公约》要求运输有毒有害物质船

[587] “公共利益”这一概念在法学、政治学以及社会学中都有使用，在法学领域，它与公共权力或私人权力有着密切联系，是一个重要的概念范畴。很多学者都对这一概念进行了深入探讨，但都没有给出一个明确权威的解释。我国台湾学者陈新民认为，公共利益的“最大特别之处，在于其概念内容的不确定性”。也有学者认为，公共利益是“反映在个人利益之中的最一般、相对稳定的、不断重复的东西，是人的最强大的利益基础”。参见陈新民：《德国公法学基础理论》，山东人民出版社 2001 年版，第 182 页；颜运秋：《公益诉讼理念研究》，中国检察出版社 2002 年版，第 34 页。

舶进行强制责任保险。[588] 其次是旅客运输。从《2002 年海上旅客及其行李运输雅典公约》的修改可以看出海上旅客及其行李的运输要参加强制责任保险。第二,海上强制责任保险适用于特殊的船舶。涉及公共利益的船舶主要包括核动力船舶、运输特殊物质的船舶和运送旅客的船舶。如《1962 年核动力船舶经营人责任公约》规定核动力船舶经营人应进行强制责任保险的;《1969 年国际油污损害民事责任公约》也规定"二千吨以上散装货油的船舶"和《1996 年国际海上运输有毒有害物质损害责任和赔偿公约》所规定的"二百总吨以上的船舶"以及《2002 年海上旅客及其行李运输雅典公约》规定的旅客运输的船舶应该进行强制责任保险。第三,适用于特殊海域。海上强制责任保险其强制性来源于一国法律或国际公约的规定。只有那些规定海上强制责任保险制度的国家,或加入有关海上强制责任保险国际公约的缔约国才会执行海上强制责任保险制度。而对于既没有规定海上强制责任保险制度,又没有加入有关国际公约的国家的海域就没有履行强制责任保险的义务。

三、海上旅客人身伤亡强制责任保险赔偿

海上旅客运输中海难事故不但给旅客及其亲属带来巨大的灾难和痛苦,也给航运事业发展带来深重的灾难,甚至是破坏性的打击。在这种情势下,许多国家以及国际社会开始寻求一种新的法律制度,一方面,这种制度能够分散给海上事业带来沉重负担的巨额赔偿责任;另一方面,能够强化赔偿能力,加强对受害人损害的补偿。海上旅客人身伤亡强制责任保险

---

[588] 《1969 年国际油污损害民事责任公约》和《1996 年国际海上运输有毒有害物质损害责任和赔偿公约》要求对运输油类物质和有毒有害物质进行强制责任保险,其原因主要在于:一个是这两类物质对海洋环境破坏极大,一旦发生污染事故,对公共利益的损害后果是极其严重的。另一个是这两类物质在海上运输中占有相当的比例,发生污染事故的概率比较大。所以公权力的介入有着充分的理由,因为此处公共利益不仅具有必要性,而且具有合理性。参见张丽娜主编:《海上侵权法律制度研究》,吉林大学出版社 2009 年版,第 156 页。

制度在这种情势下逐渐被提上了议事日程。

调整旅客运输关系的公约主要是《1974 年海上旅客及其行李运输雅典公约》[589],及其《1976 年议定书》和《1990 年议定书》。[590] 该公约没有规定海上强制责任保险制度。但在 1996 年 10 月召开的国际海事组织第 74 届法律委员会上,英国提出了第 LEG74/6/1 号提案,并建议国际社会建立统一的赔偿责任保险或经济担保制度。[591] 随后国际海事组织在 2002 年 10 月至 11 月 1 日召开了第 13 次外交大会,该会议主要是讨论如何对《1974 年海上旅客及其行李运输雅典公约》进行修订以解决从事旅客运输业主更好地履行赔偿义务的问题,就是在本会上正式对海上旅客人身伤亡强制责任保险作出了明确的规定。[592]

(一)海上旅客强制责任保险适用范围

根据公约规定,海上旅客强制责任保险适用载客 12 人以上的船舶和旅客的人身。船舶无论是客船还是客货船,其登记国必须属于该公约缔约国的船舶。[593]

关于投保人,《2002 年海上旅客及其行李运输雅典公约》中规定了"carrier"和"performing carrier",即"承运人"和"实际承运人",我国《海商法》也作了类似的规定。承运人也就是与旅客签订运输契约的人,实际承

---

[589] 该公约是原政府间海事协商组织于 1974 年 12 月在雅典召开的海上旅客及其行李运输国际法律会议上通过,于 1987 年 4 月 28 日生效。此公约及其议定书于 1994 年 8 月 30 日对我国生效。见交通部于 1994 年 7 月 2 日发布的《交通部关于我国加入〈1974 年海运旅客及其行李运输雅典公约〉及其 1976 年议定书的通知》(交外发〔1994〕625 号)。

[590] 《1990 年议定书》至今尚未生效。

[591] 英国提出的第 LEG74/6/1 号提案指出尽管世界船舶吨位的 90% 由保赔集团保险,另有 5% 采用了其他担保形式,但仍有 5% 没有保险。从市场角度看,做了保险与没做保险的船舶经营人之间的竞争是不公平的,另外,在英国确实遇到了在污染方面船东无力赔偿的问题。据此,该提案要求国际社会要确保船东能够履行其可能产生的赔偿责任。

[592] 参见傅国民、叶红军:《2002 年海上旅客及其行李运输雅典公约》,载《中国海商法年刊》2002 年版,第 357 页。

[593] 根据《国际海上人命安全公约》(简称 SOLAS 公约)的规定"客船系指载客超过 12 人的船舶";"只要其载客 12 人以上,则均被视为客船"。

运人是指实际履行承运义务的人。

（二）海上旅客强制责任保险的保险标的——损害赔偿责任

在责任保险领域中，学者们一直主张只将侵权损害赔偿责任作为责任保险的标的，而排除故意侵权赔偿责任和违约赔偿责任。[594] 也有人认为，海上旅客运输承运人强制责任险之标的既包括侵权损害赔偿责任，又包括违约损害赔偿责任。[595] 笔者也支持这种观点，原因有三，第一，在海上旅客人身伤亡赔偿案件中，存在承运人合同责任和侵权责任的竞合。而不管各国采取禁止竞合还是允许竞合制度，实际都排斥了主动或被动选择违约之诉的受害人获得受偿的机会。[596] 这既不利于受害人人身权益的保护，也不符合海上强制责任保险之立法初衷。第二，符合强制责任保险之价值取向。违约赔偿责任和侵权赔偿责任在责任构成及对受害人补偿性方面存在很大的相似性，二者并无实质差别，保险作为一种分散危险，消化损失的制度，其侧重点在于损害发生后对赔偿责任的分担、受害人损害的补偿和社会公共利益的保护。因此将违约赔偿责任纳入强制责任保险符合其立

---

〔594〕 即使在责任保险最为发达的美国，其绝大多数法院的判例均将合同责任（contractual liability）排除于责任保险的承保范围之外。（Kennith5. Abraham. Insuranee Lawand Regulation, The Foundation Press1990, p. 483）

〔595〕 参见刘海燕：《海上旅客运输承运人强制保险问题研究》，大连海事大学 2001 年硕士学位论文，第 28 页。

〔596〕 合同责任和侵权责任竞合是各国所面临的共同问题，在处理责任竞合的问题上，各国的处理办法各有特点，具体来说，主要采取了三种办法：第一为禁止竞合制度。这一制度以法国为代表。法国法认为，合同当事人不得将对方的违约行为视为侵权行为，只有在没有合同关系存在时才产生侵权责任。因此，两类关系是不相容的，不存在竞合的问题。第二种是有限制的选择诉讼制度。英国法原则上承认责任竞合。英国法认为"我们法律中的基本观点是根据原告的选择，同一违法行为既可以成为合同之诉的诉因，也可以作为侵权之诉的诉因。尽管这两种诉讼形式所带来的后果可能并不完全一样，但如果认为这两种赔偿责任必然相互排斥，则是错误的。"第三种是允许竞合和选择请求权制度。这种方式以德国法为代表。德国法认为，合同法与侵权法不仅适用典型的违约行为与侵权行为，而且共同适用于双重违法行为。"判例法确认合同责任与侵权责任可以并存的观点……'不侵犯他人人身的法定义务'无人不负有，无处不存在，这并不取决于受害人和被告之间是否存在合同关系。因此，合同当事人与陌生人同样受到民法第 823 条（关于侵权行为的规定）的保护"。参见《法国民事判例选集》1922 年 1 月 2 日；《英国上诉法院判例案集》李斯特诉案第 585 页、第 587 页；《德国普通法案例汇编》第 200 页。

法原意、目的和价值取向,也符合强制责任保险制度发展趋势。[597] 第三,相关国际公约和我国相关法律规定都没有明确规定强制责任保险标的之赔偿责任限于侵权责任。我国《保险法》第49条、[598]《海商法》第218条、[599]《海商法》有关"海事赔偿责任限制"第206条、[600]第207条都没有限制违约赔偿责任作为强制责任保险之标的。[601]

(三)受害人对保险人的直接请求权

《1974年海上旅客及其行李运输雅典公约》规定了受害人对保险人直接提起索赔的制度。该公约规定,在强制保险和提供了其他财务保证的情况下,旅客就人身伤害或行李损失,对属于保险或者其他财务保证责任的任何赔偿请求,旅客均可以直接向保险人、财务保证人提起。但是,对于旅客直接请求权的理论基础是什么,在理论界却莫衷一是,主要有合同相对性减弱说、强制执行标的扩张说、债权人代位权说和法定权利说几种观点,

---

[597] 随着责任保险制度的不断完善,将违约赔偿责任纳入责任保险标的中,已成为一种趋势。我国台湾学者桂裕认为,"责任保险的标的,是故意引起的责任以外的民事赔偿责任。以被保险人因其行为、过失或特定法律关系而发生的法律上的赔偿责任为限,责任保险的标的可以是违反合同的损害赔偿责任,也可以是侵权损害赔偿责任。"英国1974年《保险法》规定:"责任保险所承保的事故,为被保险人因为对第三人承担法律上的责任而发生的经济上的不利事故,包括侵权损害赔偿责任和违约损害赔偿责任"。参见桂裕:《保险法论》(增订版),三民书局1984年版,第330页;庄咏文主编:《保险法教程》,法律出版社1986年版,第142页;Halsbury, Mugford, *Halsbury's laws of England*, Vol. 25, Butterworth, 1978, p. 349。

[598] 我国《保险法》第65条第4款规定:"责任保险是指以被保险人对第三者依法应负的赔偿责任。"依此规定,责任保险的标的应当具有以下解释上的要素:(1)被保险人承担赔偿责任;(2)被保险人对第三人承担的责任;(3)被保险人依法承担的赔偿责任,包括依照合同法、侵权法以及其他法律规定承担的赔偿责任。可见,该法律条文所涵盖的责任保险的标的也不仅仅以侵权损害赔偿责任为限。

[599] 我国《海商法》第218条规定:"对第三人的责任可以作为保险标的",我们清楚民事责任包括侵权责任和违约责任,所以,从第218条可以分析出,法律条文所涵盖的第三人的责任并不仅指侵权责任,也同样包括违约责任。

[600] 我国《海商法》第206条规定:"被保险人依照本章规定可以限制赔偿责任的,对该海事赔偿请求承担责任的保险人,有权依照本章规定享受相同的责任限制。"

[601] 我国《海商法》第207条规定"……无论赔偿责任基础有何不同,责任人均可以依照本章规定限制赔偿责任。"按照该规定,责任人的赔偿责任基础,无论是侵权责任还是违约责任,责任人都可以享有责任限制,因此可以说,无论是侵权责任还是违约责任,保险人既享有责任限制的权利,其承保的标的自然也就包括侵权损害赔偿责任和违约损害赔偿责任。

其中法定权利说目前为大多数学者坚持。笔者也支持这种学说。笔者认为,海上旅客强制责任保险制度之立法初衷在于将承运人对旅客的人身伤亡赔偿责任分散与社会化,强化承运人的赔偿能力以充分保护旅客的人身权益,使受害人在人身权益遭受侵害后能够及时全面受偿,从而维护良好的海上生产经营秩序。因此,受害旅客在人身权益遭受侵害后,直接向保险人提起索赔更利于强制责任保险制度立法目的的实现,更符合其价值取向。

(四)我国关于海上旅客运输承运人强制责任保险的立法

在我国关于海上旅客运输的法律法规中,首次明确旅客运输强制责任保险的是我国《水路运输管理条例实施细则》第 34 条的规定。该条规定:"从事旅客运输的,应办理旅客意外伤害强制险。"该条文仅仅规定了强制保险的意思,但并非完全的强制责任保险。而且,该规定针对的是内河运输,对于国际线路运输没有效力,对于投保人、保险人以及具体的操作程序和依据也都没有具体详细规定。

为解决我国海上旅客运输承运人强制责任保险立法上的空白,2002 年交通部起草了《国内水路运输赔偿责任限制、财务担保和海事赔偿责任限制制度规定》,并规定了国内旅客运输的经营人进行强制责任保险义务。该草案体现了我国对水路运输领域实施强制责任保险的初步的意愿。但由于各种各样的原因该草案未能实施。因此,目前我国关于海上旅客运输承运人的强制责任保险立法还是空白的。

四、船舶污染强制责任保险赔偿

船舶油污责任是通常情况下最容易发生的环境损害赔偿责任之一。自 20 世纪五六十年代以来,随着石油工业的发展和海上石油运输频繁,海上油污事件时有发生,不仅给海洋生态环境造成了严重污染和破坏,也时常伴随爆炸事故造成大量人员伤亡。船主所要承担的赔偿责任常常十分惊人,一次事故足以让船东破产倒闭,同时也意味着受害人的损失无法得到足额补偿。在巨大的赔偿责任面前,原有的责任保险制度失灵,在这种情况下,人们呼吁制定出一系列新规则,一方面能够要求船东必须为其油轮投保责任保险,为受害人提供更多的赔偿保障;另一方面能够降低受害人索赔成本实现快捷赔付。基于此,《1969 年国际油污损害民事责任公约》产生了,它标志着海上责任保险迈入新时代。

《1969 年国际油污损害民事责任公约》规定,在缔约国登记的运载 2000 吨以上散装油类货物的船舶,其所有人必须对其根据公约所承担的油污损害赔偿责任进行保险或取得其他财务保证。否则,各缔约国不得允许上述船舶从事营业。同时公约也对适用范围、保险或担保数额、直接诉讼制度、赔偿范围和责任限制金额作出了相应的规定。截至目前,已经有 79 个国家和地区加入了《1969 年国际油污损害民事责任公约》,我国于 1980 年 1 月加入该公约。该公约生效之后,曾多次修改,产生了相应的议定书,有《1976 年议定书》、《1984 年议定书》和《1992 年议定书》。这些议定书都逐渐提高了油污损害的赔偿责任限额,加重了责任人的赔偿责任。

《2001 年燃油污染损害民事责任国际公约》也规定了油污强制责任保险。该公约在很多方面都借鉴了《1992 年国际油污损害民事责任公约》关于责任和赔偿的规定,该公约在第 7 条规定了强制保险或其他财务担保的问题,1000 总吨以上的船舶必须进行强制保险,并规定了保险或担保数额、燃油证书、各国相互承认证书、直接诉讼、沿海船舶强制保险例外等。[602]

世界各国也制定了相应的法律确认了强制责任保险制度。如英国在其 1995 年《商船航运法》第 163 条、美国在其 1990 年《油污法》第 1016 条、加拿大在其《海事责任法》第 60 条、挪威在其 1994 年《海商法典》第 197 条、俄罗斯在其 1999 年《联邦商船航运法》第 18 章第 323 条,分别规定了

---

[602] 参见詹思敏、黄青南:《2001 年国际燃油污染损害民事责任公约简介》,载《中国海事审判年刊》2001 年。

海上油污责任的强制保险制度。

我国于2000年加入《1992年国际油污损害民事责任公约》，作为缔约国成员应该适用该公约关于“载运2000吨以上散装油类货物的船舶必须进行强制保险”的规定。我国于2010年3月1日起施行的《防止船舶污染海洋环境管理条例》第53条规定，实际载运散装油类货物1000吨以上的在中华人民共和国管辖水域航行的船舶，必须持有油污损害民事责任保险或其他财务保证证书，并对拒不投保或投保额低于我国《海商法》及参加的国际条约规定的数额的，也规定了具体的处罚措施。[603]

第四节　海上保赔保险赔偿

保赔保险是保障与赔偿保险（Protection and Indemnity Insurance）的简称，它是承保船东在经营船舶活动中应承担的，不为船舶保险所承保责任风险的保险。除3/4船舶碰撞责任外，船舶保险一般不承担船舶在营运过程中产生的责任风险。船舶责任风险主要由船东互保协会承保。

一、保赔保险的产生及发展

船舶保赔保险历史悠久，早在1885年5月，就诞生了世界第一个船舶保赔协会，即英国的不列颠尼亚（Britannia）保赔协会。这标志着船舶保赔保险的诞生。保赔保险的产生有着深刻的历史背景，其主要是为了适应海上生产经营事业的繁荣、人命安全价值的提升给船东责任带来的沉重负担以及商业保险人趋利性等这些形势需要。

在1936年英国DE Vaux v. Salvador碰撞案中，[604]法庭认为船舶碰撞责任不属于碰撞损失，因而不能向船舶保险人索赔。被保险人不得不向保

---

[603] 《中华人民共和国防治船舶污染海洋环境管理条例》第73条第1款、第2款之规定。

[604] 参见曾立新编著：《海上保险学》，对外贸易大学出版社2001年版，第79页。

险人投保碰撞责任的风险。由于当时船舶碰撞事故频繁发生,保险人为了使被保险人有所约束,在保险合同中规定只承保被保险船舶 3/4 的碰撞责任,留下 1/4 的碰撞责任由被保险人船东自己承担。

同时,随着海上人命价值观念的提升,海上关于人身保护的法律不断出现,船东责任也逐渐加大。如英国 1846 年通过的《重大事故法》(Fatal Accidents Act 1846)赋予因船东过失致人伤亡的家属享有依该法索赔的权利。1847 年批准的《港口、船坞、码头条款法》确认了港口当局对港口作业人员伤亡的赔偿责任;1880 年《雇主责任法》规定了雇佣期间雇主对雇员发生意外伤亡的赔偿责任。这一切都使船东的责任面临巨大的责任风险。船东们所面临的这些灾难性责任风险已经普遍超出了他们的承受能力,他们迫切希望采取措施化解和分散他们的责任风险并对其责任损失进行弥补。传统的保险人也意识到这种风险的灾难性,因此拒绝为船东们因碰撞或其他任何原因引起的人身伤亡责任提供保险。[605] 这不得不迫使船东们在传统保险市场之外寻求新的保障。此时有人发现 18 世纪的船舶保险协会是一种比较经济可用的团体保护形式。于是他们将船舶保险协会改造成保障协会或补充协会,用于承保传统保险人不肯承保的船东责任险。最初的船东相互保障协会(Ship-owners Mutual Protection Society)由彼得 - 廷道(Peter Tindall)创建。该协会是海上保险界第一家船东保赔协会的雏形。[606]

船舶保赔协会建立至今已有 140 多年的历史。目前,具有国际性的大中型船东保赔协会有 16 家,其中英国有 11 家,日本有 1 家,美国有 1 家,北欧有 3 家。据统计,全世界各国商船的 90% 分别参加了船东保赔协会,英

---

[605] 这一趋势在 1860 年苏格兰最高民事法庭审理的 Excelsoir Co. v. Dewar 一案中更进一步确立了这一原则。随后劳氏委员会于 1861 年在船舶碰撞责任条款中增加了一项规定,将人身伤亡损失从船壳保险单的承保范围中排除出去。1864 年英国法院在 Taylor v. Dewar 一案中更进一步确立了这一原则。参见[英]唐纳德·欧梅、朱连·希尔:《OMAY 海上保险——法律与保险单》,郭国汀等译,法律出版社 2002 年版,第 253 ~ 255 页。

[606] See Steven J. Hazelwood, *P&I Clubs-Law and Practice*, Lloyd's of London, 1989, p. 8.

国11家保赔协会吸收了世界80%的商船入会,伦敦因而成为国际船舶保赔业务的中心。随着船东保赔协会的增多,为协调各保赔协会之间的关系,1899年英国9家大中型船东保赔协会组成了"伦敦保赔协会分保集团",简称"伦敦集团"。目前,伦敦集团已经发展为拥有17名成员的国际保赔协会集团。[607] 目前,国际保赔集团成员所承保的船舶总吨位合计占世界商船总吨位的90%,我国船舶互保协会没有参加该集团。

除了保赔保险协会扩展如此迅速以外,其保赔责任范围也扩展迅速。船东保赔保险在其产生后约一个世纪的时间里,其承保责任风险一直没有大的变化,主要限于人身伤亡责任、传统保险不予承保的碰撞责任等。随着船舶建造技术与航运技术的发展,海上运输货物类型及数量也不断增加,由此出现了更多更复杂的海上灾难事故。为适应这一形势变化,船东责任也开始朝着多样化和加重化方向发展,船东保赔保险也不得不做出一些新的调整。这样就出现了新的保赔保险,如海上污染赔偿责任保赔保险、战争罢工保赔保险、抗辩保赔保险、租船人保赔保险以及多式联运保赔保险等。船东互保协会通过为会员提供保赔保险发展壮大自己。可以说,互保协会的发展历程就是一部世界海运发展的缩影史,也是船东责任变化的历史。

二、保赔保险的法律特征

(一)承保责任的补充性

保赔险的补充性在于,保赔险以船舶险为基础,只承保船舶险承保范围之外的责任。保赔保险承保的也是海上责任风险,但他承保的是商业保

---

[607] 这些成员分别是:布列塔尼亚保协、伦敦保协、纽卡斯尔保协、北英保协、标准保协、标准保协(百慕大)、汽船保协、汽船保协(百慕大)、太阳地保协、联合王国保协(卢森堡)、西英保协、加尔德保协、斯古尔德保协、日本保协、利物浦和伦敦保协、瑞典保协、船东保协(卢森堡)。参见陈诺:《保赔协会的若干知识》,载 http://www.qzr.cn/bbs/dispbbs.asp? boardid = 7&id = 2391,最后访问日期:2010年10月20日。

险人不愿意承保1/4的碰撞责任以及人身伤亡赔偿责任等海上责任。

保赔保险从其产生之日起,其初衷就是补充承保商业保险人不愿意承保的责任风险。尽管船舶碰撞责任纳入了海上责任保险的保障范围,但传统的商业保险人只肯承担3/4的碰撞责任险,他们希望被保险人通过承担另外1/4责任的方式激励其更勤于职责和保持更谨慎的态度。[608]

(二)运作方式的互助和非营利性

保赔保险尽管承保的也是海上的责任风险,但是与海上责任保险相比,海上责任保险属于商业保险,而船东互保协会是船东自发组织起来通过缴纳会费入会的方式分担船东个人依法承担的责任,其保险行为并不以营利为目的,形式主要采用封闭式的会员制,在处理内部纠纷方面主要依据协会章程、保险条款及其他约定。[609]

从运作方式来看,其互助性在早期体现为会员船东之间的相互保障,会员船东同时充当保险人和被保险人的双重身份。在早期的保赔保险合同中,保赔保险合同通常以全体船东作为保险人来签订。在这种保险中,会员船东既是保险人,又是被保险人,既可享受要求赔偿的权利,又要履行支付赔偿的义务,全体船东贯彻互助的原则,共保责任,同担风险。后来,随着保赔协会的组织和管理机构发生变化,其逐渐成为独立的法人实体,

---

[608] 虽然这种做法值得怀疑,而且后来百分之百补偿的保险也出现了,但是伦敦协会保险条款仍保留了这一规定。

[609] 按照美国学者莱斯特·塞拉蒙教授的观点,非营利性组织的非营利性主要体现在:(1)不以营利为目的,即非营利性组织不以获取利润为组织的根本宗旨;(2)不能进行利润分配,即非营利性组织允许从事一定形式的经营活动赚取利润,只是盈余收入不能在成员之间进行分红或利润分配;(3)不得将组织资产转为私人资产,即非营利性组织的资产是公益或互益资产。保赔协会显然符合上述特征,保赔协会的收入主要来自于协会会员缴纳的会费,如果当年收取的会费在理赔后还有盈余,原则上应退还给会员。尽管近些年来,保赔协会开始从事一些经营活动,如保赔协会为增强自己承担赔偿责任的能力,一般会从每年的盈余中提取一部分资金建立特别准备金,以应付可能出现的特大索赔案,再如保赔协会为了尽可能让会员少交保险费,往往将收到的保险费进行短期能见成效并比较可靠的投资,以增加收入并减少会员负担,但通常认为这并不影响其作为非营利性组织的性质。参见卓惠萍、鲁彦平:《论我国非营利性组织之营利问题》,载《山东行政学院山东省经济管理干部学院学报》2006年第6期。

其互助性主要体现为:分摊损失,共担风险;目标一致,经验共享;共抗巨灾,共享财力;素质相近,一视同仁。[610]

(三)赔偿金额对内的无限性与对外的有限性

与普通商业保险相比,船东保赔保险除对油污责任的赔偿之外,对会员船东的损失进行赔偿的金额是无最高限额性质的责任保险。另外,由于会员船东享有海商法赋予的船东责任限制,那么作为船东保险人的保赔协会自然也会享有这种责任限制权利。

三、保赔保险对海上人身伤亡的承保风险

保赔保险涉及海上人身伤亡赔偿责任的承保风险主要包括:会员船舶以外的人身伤亡或疾病、会员船舶之船员的人身伤亡或疾病、船舶碰撞责任所涉人身伤亡赔偿、油污责任所涉人身伤亡赔偿。

(一)会员船舶船员以外的其他人员及旅客的人身伤亡或疾病

会员船舶以外的人身伤亡或疾病风险,主要是指入会船舶及其雇佣人员的职业疏忽或过失行为引起入会船舶以外任何人员的受伤、生病或死亡,入会船舶对此应承担的医疗、住院或丧葬费用损失。主要包括入会船上的或与入会船有关的任何作为、疏忽或不作为所引起的旅客的人身伤亡和疾病,在船舶装卸货物或在港停泊、移泊以及其他货物作业过程中,任何从事装卸货物或其他作业人员的伤亡或疾病所引起的费用损失等。

(二)会员船舶之船员的人身伤亡或疾病

该项风险主要包括:会员船舶上,或前往或离开该船的途中的任何该会员船舶的船员的人身伤亡或疾病而支付的医疗、丧葬费用或其他费用损失。对于船舶在航行中发生意外而引起的人身伤亡,其有关损失也应由保赔协会赔偿。

---

[610] 参见汪鹏南:《论保赔保险合同的法律性质》,载《中国海商法年刊》2000年第11卷。

（三）船舶碰撞所涉人身伤亡赔偿责任

船舶碰撞不但会造成巨额财产损失，也会造成大量人员伤亡。保赔保险承保的船舶碰撞责任包括由于入会船与他船碰撞所产生的对他船人员伤、病、亡的赔偿责任。如《中国船东互保协会保险条款》关于保赔保险承保风险中关于碰撞责任险的规定："由于碰撞所产生的对下列事项或与下列事项有关的四分之四责任：……（5）人员伤、病、亡、遣返费或替换费。"[611]

（四）油污责任所涉人身伤亡赔偿责任

随着海上运输业和海上石油开发业的发展，由于石油泄漏导致的损害赔偿责任逐渐加大，不但会造成财产的巨额损失，同时也会给他人的人身安全造成严重的伤害。船舶保赔保险承保的油污责任，其中就包括负责赔偿入会船舶因排油、漏油或排出任何危险物质所引起的人身伤亡赔偿责任。其中赔偿额要不包括根据上述第（一）项和第（二）项中有关船员伤、病、亡的索赔每人每次靠港500美元和旅客伤、亡、病的索赔每位旅客500美元。[612]

第五节　社会保障与国际基金救济

一、社会保障救济

"社会保障是国家通过立法或行政措施设立的用以保证社会成员基本生活安全的综合项目，通过社会的共同努力对遭受生活危险的成员给予一定的物质利益，使其摆脱生活困境以维持生活安全的一种社会方案。"[613]

---

[611] 中国船东互保协会：《中国船东互保协会保险条款》，载 http://www.cpiweb.org/baoxiantiaokuan/3.4.jsp，最后访问日期：2010年10月20日。

[612] 中国船东互保协会保险条款第三条附则中关于免赔额的规定。

[613] 参见李清伟：《侵权行为法与保险制度的法理学——比较研究》，北京大学1998年博士学位论文，第87页。

社会保障通常包括社会保险、社会救济及民政福利等项目。具体涉及海上人身伤亡赔偿机制，社会保障发挥作用最具代表性的制度是工伤社会保险和国家无过失补偿。

(一)社会工伤保险救济

1. 工伤社会保险一般理论

工伤社会保险也叫工业伤害保险、工人伤害补偿保险或因工伤害保险。它属于社会保险的一种，是国家、社会为劳动者及其家属提供经济补偿的一种社会保险制度。该制度适用于劳动者在生产经营活动中或在规定的特殊情况下遭受意外伤害或患职业病，造成死亡、暂时或永久丧失劳动能力的情形。社会工伤保险分为普通伤害保险和职业伤害保险。前者是指自然人当不在从事职业活动中遭遇人身的伤害赔付，对此，各国均明确规定了具体的给付条件，只有符合条件的被保险人才能领取给付金。后者包括职业病，是指在工作时遭遇的伤害，各国除不规定给付条件外，其给付标准也高于普通伤害。

该保险具有普通社会保险的社会性、强制性等特征。凡法定的保险对象都必须参加保险，承保机构不得拒绝。社会工伤保险的费用一部分来源于被保险人，其余部分由被保险人所在单位以国家补助或分担。其具体运作方式主要分为两种，一种是社会保险基金式，这种制度要求企事业单位向保险机构缴纳工伤保险费，然后由保险机构支付应发的伤残抚恤金或工伤补助费，大约有2/3的实行工伤保险的国家采取这种方式；另一种是企事业主直接负责赔偿式的社会保障制度。社会工伤保险是一种以劳动者进行劳动事务过程中的职业风险为对象，具有明显的社会安全防范性质。

2. 发达国家工伤社会保险制度

西方发达国家的社会工伤保险制度成立比较早，也相对比较完善。如德国于1884年建立工伤保险制度，1885年成立工伤保险经办机构——工伤保险同业公会。英国于1897年开始实施工伤保险，并且于1946年颁布了《国民工伤保险法》,作为当时建立的国民保险法律的一部分,并成为社会保障体系的一部分。日本工伤保险制度是根据1947年制定的《工伤事故补偿保险法》而建立起来的,根据该法规定,该法目的是:当雇员在工作期间或上下班途中发生受伤、疾病、残疾或死亡时,能够得到及时的补偿和合理的照料。美国于19世纪末开始设计工伤保险模式。[614] 联邦政府只负责造船工人、港口工人、公务员的工伤补偿,各州对工伤补偿自行立法,运作模式、补偿标准也不一样。[615]

西方发达国家的工伤保险覆盖范围一般包括工业其余的劳动者,有的国家还将农民和私营业主包含在内,有的国家覆盖范围很广,而有的国家覆盖范围很有限。从其发展趋势来看,受保人范围不断在扩大。保险费负担方式主要有以下三种:第一种是由雇主负担,如瑞典、加拿大和法国;第二种是雇主和地方政府负担,如日本和美国;第三种是雇主、雇员和地方政府共同负担。

从工伤保险金支付来看,主要包括三方面的内容,一是暂时性残障补助。几乎所有发达国家都按照事故发生之前一段时间本人平均工资的一定比例进行发放。[616] 关于等待期的规定也不同,如挪威和许多东欧国家规定是从丧失劳动能力的第一天开始支付,日本规定等待期为3天。二是永久性残障补助。对这项补助金的发放是按照评级标准进行的。评价标准各国规定也不统一,如日本按照人肢体和器官的残障程度划分为14个等级,英国共划分为55种,并且残障程度不到14%的不发保障金。三是死亡遗属抚恤金。一般对遗孀中寡妇获得抚恤金条件没有限制,而对于鳏夫限制在残障人士,孩子限制在15岁或18岁以下。

---

[614] 当时,美国正处于全面私有化时期,当时的主流思想是市场是万能的,政府只能充当"守夜人"角色,越少干预越好。因此美国没有全国统一的工伤保险法。

[615] 在美国50个州中,有3个州采取社会保险模式,4个州采取工伤社会保险与商业保险并列的模式,其余的州采取由市政府制定补偿标准、商业保险承保的模式。

[616] 一般来说,大多数国家比例为本人平均工资的60%、66%、75%。

3. 我国工伤社会保险制度现状、存在问题及解决

我国工伤保险制度的发展经历了企业自管阶段、探索阶段和现在的社会化管理阶段。我国工伤保险制度是由一系列的行政法规、规章组成的，如1957年国家卫生部制定的《职业病和职业病患者处理办法》，1996年3月国家技术监督局颁布的《职工工伤与职业病致残程度鉴定标准》，1996年8月劳动部颁布的《企业职工工伤保险试行办法》及2004年实施的《工伤保险条例》等。[617] 尤其是我国2004年及2010年《工伤保险条例》的实施标志着我国工伤保险制度进入了社会化管理阶段。但我国工伤保险制度仍存在这样那样的问题。首先，工伤保险制度的立法层次较低。从法律位阶上看，我国《工伤保险条例》不过是一个行政法规，其约束力和执行力远不如全国人大及其常委会制定的法律。因此，进一步完善社会保障法律制度，我国加快制定《社会保险法》作为基本法，制定《工伤保险法》作为特别法，专门对工伤保险事物进行规制。其次，工伤保险强制性力度不够，缺乏有效制约措施。由于工伤保险条例及其配套制度缺乏对偷逃保险费行为的约束措施，实践中出现了大量损害雇员利益拒不进行投保工伤保险的行为，导致工伤保险覆盖范围窄，发挥效用小的结果。为根治这一弊病，国家应该加大对偷逃工伤保险费行为惩罚力度，确定具体的执行机构、程序及建立举报奖励制度。最后，工伤保险功能没有完全发挥出来，仍然停留在消极阶段。我国工伤保险制度仍停留在消极的工伤事故后的待遇支付阶段，没有积极发挥工伤保险的预防功能，应该鼓励企业促进安全管理，加强事故预防，建立以“安全带动保险，以保险促进安全”为原则的现代工伤保险机制。

（二）国家无过失补偿

对海上人身伤亡的国家无过失综合补偿，是指国家对因海上事故遭受

---

〔617〕 我国《工伤保险条例》经2003年4月16日国务院第5次常务会议讨论通过，自2004年1月1日起施行。

人身伤亡的受害人无论其是否为善意及第三人有无过错均进行经济补偿的制度。国家无过失综合补偿最典型的代表是新西兰的综合性政府补偿制度。

新西兰的综合性政府补偿制度是当今普通法系及全世界最激进的政府补偿制度。[618] 该制度是依据《1972 年事故赔偿法》(Accident Compensation Act of 1972)及其1982年和1991年修订法案建立并发展起来的。[619] 新西兰的政府综合补偿制度在实现人身伤亡赔偿功能方面发挥了重要的作用,其所依据的《事故赔偿法》被认为是人类侵权法立法史上伟大的创举。[620] 通过考察新西兰的综合政府补偿制度,其主要体现在以下几个特点:一是建立专门负责的赔偿机构,即国家事故赔偿委员会(National Accident Compensation Commission)。二是限于对人身伤亡的补偿,对于财产损害仍然按侵权法原则进行处理,"是只适用于在有形财产损害出现情况下减少了可以获得损害赔偿额的制度"。[621] 三是仅仅适用于因事故而遭受人身伤亡的情形。四是确立了精神损害赔偿制度。按照新西兰《事故赔偿法》1982年及1991年修订法案规定,对于受害人享受生活乐趣的丧失及疼痛和精神折磨,可以给付一次性赔偿,具体由事故赔偿委员会负责运作。五是确立了对残疾及死亡赔偿金的最高额限制制度。[622] 六是节约了受害人索赔成本。按照该制度规定,受害人可以直接向国家事故赔偿委员会提出请求,无论本身是否有过错,简化了索赔程序,节约了社会资源。

---

[618] 参见邓瑞平:《船舶侵权行为法基础理论问题研究》,法律出版社1999年版,第457页。

[619] See D. R. Harris, Accident Compensation in New Zealand-A Comprehensive Insurance System, *The Modern Law Review*, July, 1974, pp. 361 - 376.

[620] See Terence George Ison, *Accident Compensation-A Commentary on the New Zealand Scheme*, Biddles Ltd., p. 254.

[621] M. D. Bayles, *Principles Of law: a normative analysis*, D. Reidel Publishing Company, 1987, p. 227.

[622] 按照1982年及1991年修订法案规定,受伤者丧失肢体或某些身体功能永久性丧失,可以一次性地赔偿非金钱损失,对可给付的数额实行最高额限制,对一般性的伤害也规定了固定的比例范围。

通过考察新西兰的国家综合补偿制度,笔者认为,新西兰的国家综合补偿制度真正体现了人身权的优先性,体现了对人权的尊重。新西兰《事故补偿法》创设了国家征收基金来支付损害补偿的制度,深具开创性、前瞻性,在全世界范围引起轰动并纷纷效仿。随后澳大利亚和英国也引入了该制度。〔623〕

二、国际基金救济

海上人身伤亡赔偿中的国际基金救济最具有代表性的是国际海事组织的油污损害赔偿基金、国际海上运输有毒有害物质损害赔偿基金和 Cristal 基金。

国际社会及民间团体设立了油污损害赔偿基金和 HNS 赔偿基金,其目的在于克制依《1969 年国际油污损害民事责任公约》与《1996 年国际海上运输有毒有害物质的损害责任及赔偿公约》,船舶所有人对产生的损失免除赔偿责任或因财务原因无力满足受损方的赔偿要求,或者损害超出船舶所有人的责任限额时,受害人不能够充分全面实现赔偿这一弊端,对受害人进一步提供赔偿,真正实现赔偿的有效性。〔624〕 国际基金提供的是在船舶所有人责任之外的补充性赔偿,而且对受害人的赔偿也是有限制的,《1971 年国际油污损害赔偿基金公约》规定:国际基金的最高赔偿额为 3000 万 SDR,在特别情况下,不超过 6000 万 SDR;《1992 年国际油污损害赔偿基金公约》将赔偿限额提高到 1.35 亿 SDR,在某种条件下,可增加至 2 亿 SDR。基金来源于石油及有毒有害物质的进口商即收货人。

我国已经加入了《1992 年国际油污损害赔偿基金公约》,但仅适用于香港特别行政区。我国目前不加入基金公约的原因在于:我国是世界第二

---

〔623〕 澳大利亚引入了该制度,并将其扩大适用于因疾病而受害的人。英国也于 1973 年成立了皮尔森委员会,专门负责民事责任与人身伤亡赔偿,1978 年该委员会提出报告建议采纳新西兰的做法(M. D. Bayles, *Principles Of law: a normative analysis*, D. Reidel Publishing Company, 1987, p. 227)。

〔624〕 《1969 年国际油污损害赔偿基金公约》之序言及《1996 年国际海上运输有毒有害物质损害赔偿公约》序言。

大石油消费国,现在如加入基金公约,将成为基金公约的主要摊款大户。而且,我国索赔水平较低,加入公约不但不能完全享受基金带来的好处,反而因基金的利益分配机制,使我国总体利益受到损害。自2003年以来,我国已成为仅次于美国的世界第二大石油进口国和消费国。在这样的情况下,尤其是近几年随着水上石油运输量的增长,沿海油污事故频频发生。因此,建立我国自己的油污赔偿基金更符合我国的国家利益。我国《防治船舶污染海洋环境管理条例》已于2009年9月2日经国务院第79次常务会议审议通过,并已于2010年3月1日起施行。该条例大量借鉴了一些有效的国际惯例,其中之一是配套设立了船舶油污损害民事责任强制保险制度、船舶油污损害赔偿基金制度等一系列新制度。[625]

小 结

海上人身伤亡赔偿责任的社会化承担机制旨在分散海上人身伤亡的赔偿责任,强化加害人的赔偿能力,化解海上特殊风险给海上生产经营业主带来的经营危机,确保受害人得到及时全面充分的赔偿,维护稳定和谐的海上生产经营秩序。随着无过错归责原则在海上人身伤亡赔偿中适用范围的扩大和海上人命安全价值的进一步提升,这种社会化的赔偿责任承担机制将进一步得到强化和发展。

---

[625] 我国《防治船舶污染海洋环境管理条例》第54条、第56条、第73条、第74条之规定。

第八章　海上人身伤亡赔偿制度的发展趋势及我国对策

第一节　海上人身伤亡赔偿制度的发展趋势

21 世纪以来,随着海洋高科技的发展和应用,海上生产产业日益繁荣发展,行业种类更是名目繁多,海上人身伤亡事故逐渐呈现新的特点,灾难性事故种类及危害更大更广,作为解决海上人身伤亡赔偿纠纷的法律也逐渐呈现新的发展趋势。

一、更加强化对人命安全的保障

随着海洋产业的高速发展,海上产业经营主体对海上风险承受能力逐步增强,同时,现代人命安全理念也深入人心,这些都要求世界各国的海洋生产经营更加注重对人命安全的保护。这体现在海上人身伤亡赔偿制度上,主要表现在:首先,在制度设计上更加注重公平的法价值理念,逐步加重侵害人责任,在归责基础上,逐步扩大无过错归责原则适用范围,扩大赔偿权利人范围和可赔偿范围,确立人身伤亡赔偿请求权对财产赔偿请求权的优先地位等。其次,在事故预防上,国际社会制定了大量保障人命的公约,如1920年《国际海上人命安全公约》诞生后,经过了多达6次修订,每次修订都强化了对人命的救助义务和保障;制定了大量的确保航行安全的规则,突出对人身伤亡事故的预防功能,逐步侧重加害人的行政责任和加大国家对海上生产经营行业的行政管理,制定了大量技术性规则,强化对海洋运输安全的管理规范。最后,更加注重对受害人的事后赔偿,采取多种措施分散伤亡赔偿责任,加强责任人的赔偿能力,提高赔偿责任限额等。如《海事赔偿责任限制公约》1996年议定书规定的限额是《海事赔偿责任限制公约》1976年议定书的6倍。

二、从"损害转移"到"损害分散"

传统赔偿法的目的和功能是将受害人损害转移由加害人承担,这张责任承担方式更加关注加害人与被害人之间的权利义务关系,体现了对加害人行为的可责难性,标榜个人责任或自己责任。这种责任承担方式被称为损害转移。[626] 海上生产经营具有区别陆地经营的特殊性,海上生产经营实体要承受大大高于普通陆地生产经营的风险,而且一旦发生海上伤亡事故,就面临着巨额的赔偿,甚至有的经营实体会面临破产的危机,因此,为消除此种隐患,损害分散理念空降于赔偿法。在损害分散观念下,加害人通过责任分解,或将风险成本加入商品和服务成本中由消费者承担,或通过责任保险等其他措施进行分散,降低了生产经营风险,强化了加害人的赔偿能力,稳定了海上生产经营秩序,确保了海上产业的繁荣发展和对受害人进行全面充分赔偿。

三、国际统一化趋势

河流与海洋是人类文明的发祥地和生活的摇篮,自有史以来,海洋在各民族对外交往中就发挥着重要的作用。随着海洋产业的不断丰富和发

〔626〕 参见王泽鉴:《侵权行为法》,中国政法大学出版社2001年版,第8页。

展,海上生产对外交往活动越来越频繁,海上人身伤亡赔偿纠纷所涉利益主体也越来越复杂和多元化。而各国海上人身伤亡赔偿制度立法的国内化、差异化导致伤亡事故赔偿纠纷的解决陷入困境,给国际海上生产经营秩序的稳定带来严重的消极影响,也已经严重阻碍了海上生产经营的国际化步伐。基于此,国际民间组织和政府间组织一直致力于海上人身伤亡赔偿制度的国际统一,如国际海事委员会(CMI)自成立以来,先后制定公约及其修订议定书 20 多个。[627] 国际劳工组织(ILO)自成立之日起,先后拟定并通过有关海上工作人员保护及相关纠纷解决的建议 28 项。[628] 尤其是国际海事组织(IMO)自 1958 年成立之日起,通过了近 40 个公约和协定以及大量的议定书和修订案,主要是有关海上安全、海洋污染、赔偿责任等四个方面。[629]

随着海上生产经营国际化进程的加快,海上人身伤亡赔偿制度的国际统一化取得了很大的成就,但目前仍存在这样那样的困境,其原因主要在于世界各国经济发展水平存在不小的差距,而公约的制度设计又不可能照顾到所有国家的发展状况,因此,各国国家对公约的接受程度不同。另外,海上人身伤亡赔偿制度的相对政策性也影响了其国际统一化进程。比如海上油污问题具有影响面大、涉及面广及对世性等特点,而一般海事赔偿责任限制问题仅是货物进出口国及船东国双方法律关系,具有相对性。对于相对性的问题,当事方仅需依靠各自国内立法或双边协定即可解决。但笔者相信,随着海洋科技的高速发展和世界各国海上产业发展状况的趋同,海上人身伤亡赔偿的国际统一化步伐将进一步加快。

---

〔627〕 See UN, ESCAP, *Guidelines for Maritime Legislation*, United Nations, 1991, pp. 215 – 216.

〔628〕 Ibid., pp. 217 – 227.

〔629〕 如《1969 年海上油污损害民事责任国际公约》及其 1976 年、1984 年、1992 年修订议定书;《1971 年设立国际油污损害赔偿基金国际公约》及其 1984 年、1992 年修订议定书以及《1974 年海上旅客及其行李运输雅典公约》及其 1976 年、1990 年议定书、《国际海上运输有毒有害物质的损害责任及赔偿公约》《1976 年国际海事索赔责任限制公约》及其 1986 年、1996 年议定书等。

第二节　我国海上人身伤亡赔偿制度的检讨

通过上述论述可知,随着海上人命价值理念的深入人心,海上人身伤亡赔偿制的公平价值理念逐步得到强化和凸显,海上人身伤亡赔偿制度也更加侧重对受害人全面充分赔偿,海上人身伤亡赔偿的分散和社会化程度逐步提高,国际统一化进程进一步加快。而我国我国现行海上人身伤亡赔偿制度立法存在这样那样的问题,已经与目前我国海上生产经营发展状况不相适应。

一、立法不统一,存在两套赔偿体制

我国关于海上人身伤亡赔偿的法律规范既有法律,[630]也有行政法规和司法解释,[631]立法总体来说比较薄弱,尤其是对于涉外的海上人身伤亡赔偿适用1992年《关于审理涉外海上人身伤亡损害赔偿的具体规定》,对于国内海上人身伤亡赔偿适用于《海商法》、最高人民法院《关于确定民事侵权精神损害赔偿责任若干问题的解释》和我国《侵权责任法》的相关规定。而且赔偿标准的计算、赔偿范围和赔偿数额都有很大的差距,违背了人人在法律面前平等的原则,也导致在司法实践当中适用法律问题的难题。因此,应该尽快统一适用海上人身伤亡的赔偿制度,在立法上对人身伤亡赔偿事故范围、赔付标准、赔偿原则、计算方法以及相关因素作出明确具体规定,避免司法实践当中的随意性和混乱。

---

〔630〕 我国《海商法》第5章“海上旅客运输”第114条第1款、第2款关于致旅客人身伤亡的责任承担的规定;第7章“海上拖航”第162条中关于致第三人人身伤亡责任承担的规定;第8章“船舶碰撞”第167条、第168条关于互有过失船舶致第三人人身伤亡责任承担的规定;第15章“海事赔偿责任限制”第210条、第211条关于人身伤亡赔偿限制的规定。《海洋环境保护法》第91条相关规定。

〔631〕 如最高人民法院《关于审理涉外海上人身伤亡损害赔偿的具体规定》以及《关于审理人身损害赔偿案件适用法律若干问题的解释》中的相关规定。

二、在制度设计上对受害人的保护力度不够

海上人身伤亡赔偿作为一种特别的海商法制度不能背离海商法维护海上产业的繁荣发展的目的,但尊重人命安全的理念也已成为世界共识。因此,在不动摇海上人身伤亡赔偿体制的基础上,要实现对受害人的全面充分赔偿,就要进一步扩大对受害人的赔偿范围,逐步提高赔偿责任限额,通过责任保险和其他措施强化责任分散程度。而我国现行赔偿制度在设计上对受害人的保护力度不够,体现在:第一,人身伤亡精神损害赔偿金的性质存在错误认识。我国法律在涉外海上人身伤害损害赔偿中明确了"安抚费"这一名称。这同英国的"死前疼痛损失、痛苦损失及前途损失"、日本的"精神损失及抚恤金"以及美国的"精神打击"损失在名称上有少许差异,但其性质都是精神损害赔偿。名称上用"安抚"及"抚慰"掩盖了精神损害赔偿金对加害行为的惩罚性和责任归属性。从这些名称看,好像精神损害赔偿金只起到抚慰、安慰、同情、怜悯的作用,好像是道义上的义务,而不是法律要求责任人承担的赔偿责任。这种名称上的错误源于对精神损害赔偿金性质在思想认识和导向上的差错。应该用精神损害赔偿金为宜,如此方能体现出其惩罚性和法律强制性。最高人民法院《关于确定民事侵权精神损害赔偿责任若干问题的解释》第 9 条规定:"精神损害抚慰金包括以下方式:(一)致人残疾的,为残疾赔偿金;(二)致人死亡的,为死亡赔偿金;(三)其他损害情形的精神抚慰金。"由此可见,该解释将人身伤亡的精神损害赔偿金同残疾赔偿金和死亡赔偿金相混淆。残疾赔偿金和死亡赔偿金是受害人人身遭受侵害致残或死亡导致其部分或全部丧失劳动能力,由此引起其对未来收入的损失赔偿。而人身伤亡精神损害赔偿金,是人身伤亡引起肉体上的疼痛、精神上的痛苦、生活乐趣的丧失以及精神障碍等损害后果,由赔偿义务人支付给受害人的金额。它与残疾赔偿金和死亡赔偿金在性质上有根本的区别。第二,对精神损害赔偿权利人的规定不规

范。1992 年最高人民法院《关于审理涉外海上人身伤亡损害赔偿的具体规定》对赔偿权利人只规定了两种,一种是受伤致残者本人和死者的遗属。该解释对于第一种权利人用的名称是受伤致残者,而不是“全部或部分劳动能力丧失者”,客观上扩大了赔偿权利人的范围。严格来说,全部或部分丧失劳动能力者的范围和受伤致残者的范围存在交叉,但并不是对等的概念。致残必定导致全部或部分丧失劳动能力,但全部或部分丧失劳动能力不一定会致残,主要要看受害人所从事职业的性质和特点。如有的受害人受轻伤或一般伤害,如不能恢复正常功能,也可以评为残疾,但不能评为部分或小部分丧失劳动能力。关于间接受害人的范围,该解释规定的只是死者遗属有索赔权利,排除了受害人全部或部分丧失劳动能力的人的亲属,其规定的权利人的范围过于狭窄。受害人全部或部分丧失劳动能力,必然会给家庭带来经济上的压力,让家庭生活困难,难以避免精神上会经受折磨。对于受害人身体上的疼痛和精神上的痛苦,亲属看在眼里也会经受煎熬和打击。因此,他们给家人带来的痛苦和折磨并不比死者给家人带来的痛苦要少。另外,对于死者遗属的范围也没有明确规定,只是笼统地以“遗属”代称。根据司法实践,此处“遗属”应指死者近亲属为宜。第三,存在相关制度上的缺陷。关于赔偿责任限额的某些规定与国际及国外相关规定存在较大差距,与我国目前经济发展情况不适应,而且对如何逐步提高赔偿限额也没有规定。

第三节　我国应对之策

一、制定专门的海上人身伤亡赔偿法

我国关于海上人身伤亡赔偿的法律规范既有法律,也有行政法规和司法解释,立法总体来说比较薄弱,主要表现在:首先,法律规定过于笼统化、原则化、片面化,对海上人身伤亡赔偿的各个方面没有全面细致具体的规定,在司法实践当中可操作性差,导致法律适用混乱。其次,对国内和涉外

案件适用两种赔偿体制。在最高人民法院《关于审理人身损害赔偿案件适用法律若干问题的解释》实施前对国内和涉外的海上人身伤亡赔偿案件赔偿范围和计算标准存在较大差异,违背了法律对公平价值的追求。同时,对诉因的选择不同也导致法律适用和赔偿结果的不同。再次,海上人身伤亡赔偿相关法律规范中关于赔偿范围和计算标准等的具体制度也过于陈旧,跟不上我国经济社会发展的步伐,为更好地保护受害人合法权益,需要对其内容进行修改更新。最后,相关法律制度缺位,如关于精神损害赔偿的规定等。

对此立法现状,有学者建议采用司法解释的方式统一适用海上人身伤亡赔偿的规定,也有学者建议对我国《海商法》进行修订等。[632] 笔者认为,采用司法解释方式有僭越立法权之嫌疑,而且其权威性不够。鉴于海上人身伤亡赔偿具有与普通民事赔偿不同的特殊性,我国《海商法》相关规定也过于原则笼统,如果采取修订方式其成本也相当于制定新法。因此,笔者建议,在充分吸收借鉴民事人身伤亡赔偿相关规定的基础上,并充分吸收国外相关先进制度经验,由全国人大常委会制定一部专门的海上人身伤亡赔偿法,在法律位阶上受国际公约、民事普通法、海商法等的调整,属于海事特别法。在具体内容安排上,应该包括海上人身伤亡赔偿制度的一般规定(主要指适用范围、立法目的、立法原则、相关概念界定等)、赔偿主体(包括权利主体和责任主体)、具体归责原则、赔偿范围(包括精神损害赔偿)、具体每项费用计算标准和方法、赔偿机制。

二、关于赔偿范围规定的立法建议

(一)增加人身伤亡“疼痛和痛苦”赔偿

我国目前的法律中对于国内人身伤亡赔偿适用的“安抚费”等名称在

---

〔632〕 参见赵振华:《海上人身伤亡损害赔偿法律问题研究》,西南政法大学2007年硕士学位论文,第54页。

实质上并不是真正意义上的精神损害赔偿金，而是受害人人身遭受侵害致残或死亡导致其部分或全部丧失劳动能力，由此引起对其未来收入的损失赔偿。它与人身伤亡引起肉体上的疼痛、精神上的痛苦、生活乐趣的丧失以及精神障碍等损害后果，而由赔偿义务人支付给受害人的精神损害赔偿金在性质上具有根本的区别。因此，应该借鉴吸收英美国家"疼痛和痛苦"损害赔偿的相关规定，将对人身伤亡致"疼痛和痛苦"的赔偿正式纳入法律规定之中。具体立法建议：

第×××条："疼痛和痛苦"赔偿是指被侵害人由于遭受侵害导致其肉体上的疼痛和精神上的痛苦以及其亲属经受的精神上的不安和折磨。具体包括：(1)肉体上的疼痛和精神上的痛苦；(2)恐惧；(3)享受生活乐趣的丧失；(4)与家人共享生活的损失；(5)因受侵害导致寿命的不正常缩短。

第×××条："疼痛和痛苦"等级的确定由省级以上医学会组织有关专家组成"疼痛和痛苦"评估小组进行。并由人民法院根据以下情节综合裁定赔偿金额：(1)侵权人的过错程度，侵害手段、场合、方式等具体情节；(2)侵权人的获利情况、责任能力和责任态度；(3)受害的性别、年龄、身份、社会影响等；(4)受伤害的部位、伤害程度和后果等；(5)受害人经常居住地正常消费水平。

第×××条：关于"疼痛和痛苦"等级以及每个等级赔偿幅度标准由全国人大常委会另行制定法律。

第×××条：因遭受侵害导致全部或部分丧失劳动能力者本人及其亲属都有受偿权利。

(二)增加受害人聘请律师及其他索赔支出费用

在海上人身伤亡赔偿中，将受害人聘请律师的费用及其他为索赔偿所支付的必要的交通费、住宿费、伙食补助费等有限制条件地纳入赔偿项目，其积极意义在于：

首先，有利于保护作为弱者的受害人的诉讼权利。在海上人身伤亡事故中,受害人无论是在经济承受能力,还是在权利行使能力方面都是特殊的弱势群体,受害人聘请律师是法律赋予公民的权利,也更有利于保护受害人的合法权益。

其次,有利于赔偿纠纷快速解决。在司法实践当中,经常存在赔偿责任人无理拒绝和无故拖延受害人赔偿要求的情况,受害人不得已花巨额资金聘请律师,或自身花费大量时间精力进行取证、上访、告状,到最后往往花费的成本超过赔偿金,出现胜了官司赔了钱的状况。这种状况不利于赔偿纠纷的快速解决,也是受害人往往打碎牙往肚子里咽,忍气吞声放弃自身索赔权的主要原因。

最后,符合法律对公平和效益的价值追求。法律所追求的是实质的公平,如果受害人索赔成本高于受益赔偿金,会让受害人承受过大的负担,也失去了赔偿制度本身的经济效益。

具体条件和限制条件可以规定为:当赔偿责任人明确拒绝或没有正当理由的拖延承担法定的赔偿责任,且受害人不得已聘请律师维护自身权益时,受害人所支付的律师费及其他为索取赔偿支付的合理费用由赔偿责任人赔偿。

(三)确立更加科学、公平的赔付标准

对于固定年限赔付,应该在充分考虑社会经济发展水平和人们生活状况实际的基础上延长赔付年限,对残疾赔偿金和死亡赔偿金的赔付年限可以确定为按照当年人均寿命标准与受害人“定残日”或“死亡日”当年之间的年限差。对于未成年被抚养人利益损失的计算年限应该计算到未成年人能够完全独立生活那一年,建议延长计算至受害人正常大学毕业即满23岁那一年,并充分考虑被抚养人正常教育、生活支出标准。对于计算标准摒弃传统的以户籍作为分类标准的做法,统一采纳城镇人均收入水平作为计算标准。

对于一次性支付赔偿金的,应该将金钱的时间价值计算进去,充分考

虑到物价指数变动及通货膨胀等影响金钱购买力的各种因素，以确保对受害人的赔付真正做到全面充分科学。

三、建立重大海上人身伤亡事故受害人索赔国家代理制度

在海上人身伤亡事故中，受害人无论在经济实力还是在取证能力等方面与加害人相比都处于弱势地位，一旦遭受人身侵害，就面临着漫漫无期的索赔诉讼之路，不但要花费大量金钱，更要付出大量时间和精力。面对高昂的索赔成本和代价，很多受害人不得不选择息事宁人甚至忍气吞声，严重影响了对受害人损害的赔偿效果。因此，笔者建议：第一，国家海事交通行政管理部门成立海上人身伤亡事故受害人索赔代理中心，专门负责代理重大海上人身伤亡事故受害人依据有关赔偿制度规定公平处理索赔问题，其日常办公费用由国家财政予以保障，对其代理受害人处理索赔事务支出费用则由赔偿义务人承担。第二，在法律上确定该机构赔偿权利人资格，一旦受害人向该中心提出申请，即由该中心取得海上人身伤亡事故受害人提出及处理索赔事务的权利和资格。第三，在受害人因遭受侵害导致伤亡需要医疗救治时，在该中心指定的医疗机构免于预付医疗费用，其费用的结算由该代理中心负责。

四、建立海上人身伤亡赔偿责任限制监控评估机制

在上述赔偿责任限制一章中，我们通过分析我国关于赔偿责任限制的立法现状可知其特点主要是：首先，横向比较来说，我国大陆港口间海上人身伤亡赔偿限额大大低于国际进行同类作业中人身伤亡赔偿限额，其差额高达10倍之多，与国际规定相差过大，尤其是核事故赔偿限额与发达国家规定的赔偿限额更是不可同日而语。其次，纵向比较来说，适用于国内港口间作业船舶责任限额脱离目前我国经济发展状况、社会生产力水平和海上产业发展状况实际。最后，在立法上确立了按照受害人国籍不同而赔偿

限额不同的制度，严重背离了海上人身伤亡赔偿制度对公平价值的追求。

因此，笔者建议，在国务院内部设置办事机构海事赔偿限额监控办，由该机构负责监控调查赔偿限额与社会消费水平搭配程度，至少每三年根据消费物价指数增长现状提出赔偿限额调整建议交国务院办公会讨论通过，并以行政法规形式及时调整赔偿限额，从而最终实现国内法律与国际公约接轨。

五、建立海上作业人身伤亡强制责任保险制度

海上作业，包括海上运输、资源开发、工程建设以及其他作业活动中导致人身伤亡事故给海上作业主和受害人带来的深重灾难，世界各国意识到海上人身伤亡问题不仅是一个法律问题，更是一个经济问题，能否处理好这个问题关系着海上产业秩序稳定发展和社会稳定的大局。所以有必要建立一套新的法律制度来解决现实中的不足。强制责任保险以其强大的责任分散性和社会性很好地解决了海上人身伤亡赔偿制度效益价值取向（海上业主利益及海上产业利益的保护）和公平价值取向（对受害人权益的保护）的冲突。

因此，笔者建议建立海上作业人身伤亡强制责任保险制度，内容主要应包括：（1）投保人，主要适用于所有在我国领土范围内从事海上生产作业的企业、自然人、个体户、其他经济组织以及船舶所有人、经营人、承租人等。（2）投保标准及投保费组成，对于依赖于船舶进行经营的经济实体和自然人，根据所有或使用船舶的吨位或载客量确定基础投保费，对于其他经济实体和自然人按照注册资本金数额或按照从业人数确定基础投保费。同时，建立海上作业人身伤亡事故率档案制度，按照每个实体三年内人身伤亡事故发生情况确定是否加征一定比例或数额的投保费。通过这样的机制督促海上作业主加强安全生产工作，降低海上人身伤亡事故发生率。（3）代付责任及抗辩，海上人身伤亡事故发生后，责任人的保险人有根据受

害人申请直接向受害人赔偿的义务。责任保险人对受害人的申请可以援引责任人对受害人的抗辩权，但责任人的破产、解散或清盘除外；不得援引其对责任人的任何抗辩权，但责任人的故意除外；责任限制的权利不因责任人的轻率的作为或不作为而丧失。(4)投保责任的豁免，对于根据我国《防治船舶污染海洋环境管理条例》第53条的规定已经进行投保强制责任保险的船舶可以豁免投保海上作业人身伤亡强制责任保险。

六、建立海上人身伤亡受害人救助基金制度

现代海商海事法的根本目的在于维护海上生产作业主的利益，鼓励、扶持和促进海上经营事业的繁荣发展，其基本的法律价值取向侧重于效益而轻视公平。在制度设计上，不可避免地就会忽视甚至牺牲受害人利益而侧重对海上生产作业主利益的保护，其实施结果就是对受害人全面充分赔偿原则的背离。尽管世界各国和国际社会逐渐提高赔偿责任限额，但结果也不过是使赔偿限额逐渐同社会经济发展水平、社会生产力以及海上产业发展状况相适应，朝着公平价值的方向迈进了一步而已，其并没有从根本上改变海上人身伤亡赔偿制度侧重于效益而轻视公平价值的取向。在这种情况下，为使法律的公平价值和效益价值进一步统一协调，需要加强对受害人利益保护的制度和机制创新。

因此，笔者建议：

1. 建立海上人身伤亡受害人救助基金制度，对该基金采取统一管理、支出和核算。

2. 结合我国国情和财政负担能力，基金来源于四部分：(1)来源于国家和各地地方政府财政支付，这部分所占比例随着国家财政负担能力提升而逐步提升。(2)来源于国家通过发行彩票筹集，利用人们射幸心理，募集社会闲散资金。(3)来源于海上生产作业主缴纳的专项税费。具体征收对象主要有船舶所有人，经营人、承租人和其他从事海上生产作业的企业及其

他经济组织实体。征收费用可以分成两部分，一部分参照船舶吨位、载客人数、企业注册资金以及雇员人数等标准征收固定比例的费用；另一部分按照企业主在经营过程中或船舶发生人身伤亡事故率确定一个额外的费用。通过这种相区别的征收政策可以进一步促进海上作业主加强安全生产管理，减少海上人身伤亡事故发生。(4)征收基金的投资收益。

3. 委托专业投资机构对基金进行投资管理，可以将基金投资于国家债券、公募基金和少量的股票。

4. 该基金的救助因受害人申请而提起，该基金的救助对受害人是否存在过错不予审查。

5. 基金不但在经济上予以救助，而且还加强对受害人心理方面的疏导和救助。

通过这样的制度创新为海上人身伤亡受害人提供了更加充分的保障，从而最终有利于海运业平稳、快速的发展。

参考文献

一、中文类

(一)著作

[1]王利明:《侵权行为法归责原则研究》,中国政法大学出版社 1999 年版。

[2]侯军主编:《当代海事国际私法》,上海科学技术文献出版社 1990 年版。

[3]曾隆兴:《现代损害赔偿法论》,三民书局 2000 年版。

[4]张俊浩主编:《民法学原理》,中国政法大学出版社 1991 年版。

[5]何孝元:《损害赔偿之研究》,台北,商务印书馆 1982 年版。

[6]刘颖、吕国民编:《国际法资料选编》,中信出版社 2004 年版。

[7]司玉琢等编著:《新编海商法学》,大连海事大学出版社 1999 年版。

[8]韩立新编著:《海事国际私法》,大连海事大学出版社 2001 年版。

[9]李连科:《价值哲学引论》,商务印书馆 1999 年版。

[10]王泽鉴:《侵权行为法》,中国政法大学出版社 2001 年版。

[11]张文显:《二十世纪西方法哲学思潮研究》,法律出版社 1996 年版。

[12]卓泽渊:《法的价值论》,法律出版社1999年版。

[13]孙国华主编:《法理学教程》,中国人民大学出版社1994年版。

[14]王卫国:《过错责任原则:第三次勃兴》,中国法制出版社2000年版。

[15]司玉琢主编:《海商法专题研究》,大连海事大学出版社2002年版。

[16]司玉琢主编:《国际海事立法趋势及对策研究》,法律出版社2002年版。

[17]杨立新、刘忠:《损害赔偿总论》,人民法院出版社1999年版。

[18]司玉琢主编:《海商法》,法律出版社2003年版。

[19]邓瑞平:《船舶侵权行为法基础理论问题研究》,法律出版社1999年版。

[20]李仁玉:《比较侵权法》,北京大学出版社1996年版。

[21]曾隆兴:《详解损害赔偿法》,中国政法大学出版社2004年版。

[22]汪治平:《人身损害赔偿若干问题研究》,中国法制出版社2001年版。

[23]杨立新主编:《侵权法论》,吉林人民出版社2000年版。

[24]杨立新:《人身权法论》,人民法院出版社2002年版。

[25]唐德华主编:《民法教程》,法律出版社1987年版。

[26]孙森焱:《民法债编总论》,三民书局1985年版。

[27]余民才:《海洋石油勘探与开发的法律问题》,中国人民大学出版社2001年版。

[28]王作堂等编著:《民法教程》,北京大学出版社1983年版。

[29]史尚宽:《债法总论》,中国政法大学出版社1983年版。

[30]关正义主编:《海事审判实务研究》,大连海事大学出版社2006年版。

[31]梁慧星:《中国民法经济法律问题》,中国法制出版社1999年版。

[32]曾世雄:《损害赔偿法原理》,中国政法大学出版社2001年版。

[33]江伟主编:《民事诉讼法》,中国人民大学出版社 2004 年版。

[34]王泽鉴:《民法学说与判例研究》(第 4 册),北京大学出版社 1998 年版。

[35]赵劲松等编译:《碰撞与避碰规则》,大连海事大学出版社 1997 年版。

[36]曾兴隆:《损害赔偿之研究》,泽华彩色印刷事业有限公司 1988 年版。

[37]王泽鉴:《民法学说与判例研究》(第 2 册),北京大学出版社 2009 年版。

[38]王利明主编:《人格权法新论》,吉林人民出版社 1994 年版。

[39]陈新民:《德国公法学基础理论》,山东人民出版社 2001 年版。

[40]郭瑜:《海商法教程》,北京大学出版社 2002 年版。

[41]李志文主编:《海上侵权行为法基本理论研究》,大连海事大学出版社 2006 年版。

[42][古罗马]盖尤斯:《法学阶梯》,徐国栋译,中国政法大学出版社 2000 年版。

[43][美]G. 吉尔摩、C. L. 布莱克:《海商法》,杨召南等译,中国大百科全书出版社 2000 年版。

[44]张湘兰、邓瑞平主编:《海商法论》,武汉大学出版社 2001 年版。

[45]司玉琢、吴兆麟编著:《船舶碰撞法》,大连海事大学出版社 1991 年版。

[46]邹海林:《责任保险论》,法律出版社 1999 年版。

[47]张文显主编:《法理学》,法律出版社 1997 年版。

[48]孙积禄:《保险法论》,中国法制出版社 1997 年版。

[49]汪鹏南:《现代海上保险法的理论与实践》,大连海事大学出版社 2004 年版。

[50]吴焕宁主编:《海商法学》,法律出版社 1996 年版。

[51]魏文翰:《海商法讲座》,法律出版社 1965 年版。

[52]魏文达编著:《海商法》,法律出版社1984年版。

[53]张新宝:《中国侵权行为法》,中国社会科学出版社1998年版。

[54]杨树明编著:《海商法教程》,重庆大学出版社1989年版。

[55]于敏:《日本侵权行为法》,法律出版社2006年版。

[56]张既义等编著:《海商法概论》,人民交通出版社1982年版。

[57]曹明德:《环境侵权法》,中国政法大学出版社1988年版。

[58]张新宝主编:《人身损害赔偿案件的法律适用》,中国法制出版社2004年版。

[59]王利明、方流芳、郭明瑞编著:《民法新论》,中国政法大学出版社1988年版。

[60]杨立新:《损害赔偿总论》,人民法院出版社1999年版。

[61]任建新:《海商法讲义》,人民法院出版社1988年版。

[62]刘茂林:《知识产权法的经济分析》,法律出版社1997年版。

[63]王家福主编:《中国民法学·民法债权》,法律出版社1991年版。

[64]徐国平:《船舶油污损害赔偿法律制度研究》,北京大学出版社2001年版。

[65]张忠晖主编:《各国与地区海商法比较》,人民交通出版社1994年版。

[66]中国远洋运输(集团)总公司编译:《美国航运法规选编》,人民交通出版社2001年版。

[67]张俊浩主编:《民法学原理》,中国政法大学出版社2000年版。

[68]张湘兰编著:《海上保险法》,中国政法大学出版社1997年版。

[69]陆荣华编著:《英美责任保险理论与实务》,江西高校出版社2005年版。

(二)译著

[1][日]牧口常三郎等:《价值哲学》,马俊峰、江畅译,中国人民大学

出版社 1989 年版。

[2]《马克思恩格斯全集》(第 26 卷),中共中央马克思恩格斯列宁斯大林著作编译局译,人民出版社 1973 年版。

[3][苏]B. 格里巴诺夫:《苏俄民法》,中国社会科学院译,法律出版社 1984 年版。

[4][德]克里斯蒂安·冯·巴尔:《欧洲比较侵权行为法》(下册),张新宝译,法律出版社 2001 年版。

[5][英]戴维·M. 沃克:《牛津法律大词典》,李双元等译,法律出版社 2003 年版。

[6][英]丹宁勋爵:《法律的未来》,刘庸安、张文镇译,法律出版社 1999 年版。

[7][美]迈克尔·D. 贝勒斯:《法律的原则——一个规范的分析》,张文显等译,中国大百科全书出版社 1996 年版。

[8][美]E. 博登海默:《法理学:法律哲学与法律方法》,邓正来译,中国政法大学出版社 1999 年版。

[9][美]罗尔斯:《正义论》,何怀宏等译,中国社会科学出版社 1988 年版。

[10][英]唐纳德·欧梅、朱连·希尔(Donald O. may&Julian Hill):《OMAY 海上保险单——法律与保险单》,郭国汀等译,法律出版社 2002 年版。

[11][美]罗伯特·考特、托马斯·尤伦:《法和经济学》,张军等译,上海人民出版社 1999 年版。

[12][美]罗斯科·庞德:《法律史解释》,曹玉堂、杨知译,华夏出版社 1989 年版。

[13][美]乔治斯·迪翁、斯科特·E. 哈林顿:《保险经济学》,王国军等译,中国人民大学出版社 2005 年版。

[14][加拿大]威廉·台特雷:《国际海商法》,张永坚等译,法律出版社 2005 年版。

[15][德]拉萨·奥本海:《奥本海国际法》,王铁崖等译,中国大百科全书出版社 1928 年版。

[16][德]罗伯特·霍恩、汉斯·莱塞:《德国民商法导论》,楚建等译,中国大百科全书出版社 1996 年版。

[17][荷]霍尔德特、布泽克:《船舶碰撞事故案例——法庭判决与事故图解》,唐立本等译,人民交通出版社 1991 年版。

[18][德]黑格尔:《法哲学原理》,范扬、张企泰译,商务印书馆 1982 年版。

[19][苏]马特维也夫:《苏维埃民法中的过错》,彭望雍等译,法律出版社 1958 年版。

(三)论文

[1]徐孝先:《论海上人身伤亡事故赔偿》,载《海商法专题研究》,大连海事大学出版社 2002 年版。

[2]郭萍:《海上人身伤亡损害赔偿法律问题研究》,载《海商法专题研究》,大连海事大学出版社 2002 年版。

[3]李琳:《论海上人身伤害的民事责任》,上海海事大学 2006 年硕士学位论文。

[4]谢鹏程:《法律价值概念的解释》,载《天津社会科学》1996 年第 1 期。

[5]桂菊平:《论出卖人瑕疵担保责任、积极侵害债权及产品责任之关系》,载梁慧星主编:《民商法论丛》(第 2 卷),法律出版社 1997 年版。

[6]崔明峰、欧山:《英美法上的惩罚性赔偿制度研究》,载《河北法学》2000 年第 3 期。

[7]王小红:《论惩罚性民事责任》,载《法律科学》1996 年第 1 期。

[8]王利明:《惩罚性赔偿研究》,载《中国社会科学》2000年第4期。

[9]王立峰:《惩罚性赔偿的道德基础》,载《山东审判》2003年第1期。

[10]王彦、刘文彦:《精神损害赔偿问题研究》,载《河北法学》2000年第6期。

[11]杨美华、孙曙东:《精神损害赔偿的几个问题》,载《法学》1997年第11期。

[12]司玉琢、李兆良:《论船舶交通服务系统的损害赔偿问题》,载《中国海商法年刊》1990年第00期。

[13]王启庭:《各国关于精神损害赔偿的法律规定》,载《比较法研究》1989年第2期。

[14]秦君宜:《责任保险制度对现代侵权法发展的影响》,载《经济研究参考》2004年第32期。

[15]韩赤风:《精神损害赔偿制度的划时代变革——〈德国民法典〉抚慰金条款的调整及其意义与启示》,载《比较法研究》2007年第2期。

[16]江山:《广义综合契约论》,载梁慧星主编:《民商法论丛》,法律出版社1997年版。

[17][法]安德烈·蒂克:《过错在现代侵权行为法中的地位》,载《法学译丛》1991年第4期。

[18]李旭东:《我国海事赔偿责任限制相关问题的司法探求》,载《海事司法论坛》2004年第4期。

[19]余艺:《惩罚性赔偿制度研究》,西南政法大学2008年博士学位论文。

[20]贺光辉:《产品责任精神损害赔偿问题探析》,载《理论学刊》2006年第1期。

[21]刘海燕:《海上旅客运输承运人强制保险问题研究》,大连海事大学2001年硕士学位论文。

[22]汪鹏南:《论保赔保险合同的法律性质》,载《中国海商法年刊》2000年第11卷。

[23]刘桂琴:《论责任保险与侵权损害赔偿的社会化》,载《前言》2003年第3期。

[24]杨玉文等:《步入海洋世纪——人类如何应对海难》,载《人民海军》2001年11月3日,第3版。

[25]徐国平:《船舶油污损害赔偿法律制度研究》,武汉大学2004年博士学位论文。

[26]赵晓梅:《船舶碰撞引起的油污损害的受害人直接诉讼保险人的法律问题》,载《中国海商法协会通讯》2004年第6期。

[27]胡吕银:《从责任保险看侵权法之嬗变》,载《扬州大学学报》(人文社会科学版)1999年第3期。

[28]赵振华:《海上人身伤亡损害赔偿法律制度研究》,西南政法大学2007年硕士学位论文。

[29]崔刚:《海上人身伤亡损害赔偿制度比较研究》,上海海事大学2007年硕士学位论文。

[30]胡正良:《〈海商法〉修改的必要性、应遵循的原则和要点之研究》,载《海事司法论坛》2002年第4期。

[31]刘兴莉:《论我国海事侵权及船舶碰撞的法律适用——兼论我国〈海商法〉第273条的不足和完善》,载《学术研究》2000年第12期。

[32]雷旭晖:《关于海事法院受理案件范围司法解释的理解和适用》,载《人民司法》2001年第10期。

[33]陈锦虹:《海上侵权行为法归责原则研究》,大连海事大学2004年硕士学位论文。

[34]李清伟:《侵权行为法与保险制度的法理学——比较研究》,北京大学1998年博士学位论文。

(四)网络

[1]百度网:http://www.baidu.com。

[2]中国民商法律网:http://www.civillaw.com.cn。

[3]圈中人保险论坛网:http://www.qzr.cn。

[4]中国船东互保协会网:http://www.cpiweb.org。

二、外文类

(一)著作

[1] B. S. Markesinis, *The German Law of Torts-A Comparative Introduction*, Oxford Clarendon Press, 1986.

[2] B. A. Hepple, Martin Hubie Matthews, *Tort: Cases and Materials*, Butterworths Press, 1991.

[3] Donald Harris, David Campbell, Roger Halson, *Remedies in Contract and Tort*, Cambridge University Press, 2005.

[4] Vivienne Harpwood, *Modern Tort Law*, Cavendish Publishing Co., 1998.

[5] Ignacio Arroyo, *Yearbook Maritime Law* (vo. Ⅲ), Kluwer Law and Taxation Publishers, 1990.

[6] Robert Grime, *Shipping Law*, Routledge-Cavendish press, 1991.

[7] Robert Force, Martin Norris, *Law of Maritime Personal Injuries*, Thomson West Press, 2007.

[8] Nicholas J. Healy, David J. Sharpe, *Cases and Materials on Admiralty*, West Pub. Co., 1974.

[9] Thomas J. Schoenbaum, Admiralty*and Maritime Law*, west publishing Co., 1987.

[10] Jacob A. Stein, *Stein on Personal Injury Damages*, West Group,

1998.

[11] Martin J. Norris, *The Law of Maritime Personal Injuries*, The Lawyers Co-Operative Publishing Co. ,1966.

[12] Kennethe, Marsden, *The Law of Collision at Sea*, Stevens & Sons Ltd. ,London,1961.

[13] Mankabady,T*he Law of Collision at Sea*,El sevier Seience Publ ishers B. v. ,1957.

[14] Gregorios J. Timagenis, *International Control of Marine Pollution*, UK and USA law and Practice, Stevens & Sons, 1985.

[15] Michael Doyle, Kenneth G. Engerrand, Michael D. Williams, *Maritime Personal Injury*, Ctising Law Institute, 2008.

[16] Pfennigstorf, *Personal Injury Compensation: A Comparative Analysis of the Major European Jurisdictions*, Lloyd's of London Press, 1993.

[17] Hans-Christian Albrecht, Roger Heward, *Maritime Law Handbook*, Kluwer Law and Taxation Publishers, 2007.

[18] W. V. Horton Rogers, *Damages for Non-Pecuniary Loss in a Comparative Perspective*, Springer Wien Press, 2001.

[19] A. M. Tettenboen, *An Inrtoduction to the Law of Obligations*, Butterworths Press, 1984.

[20] Nicholas J. McBride, Roderick Bagshaw, *Tort Law*, Pearson Education Limited, 2008.

[21] Rogers, Winfield and Jolowicz, *On Tort*, Sweet & Maxwell, 1989.

[22] Sargentich, Gregory C. Keating, *Tort and Accident Law: Cases and Materials*, West Group, 2004.

[23] Frederick Pollock, *The Genius of the Common Law*, Colombia Univercity Press, 1921.

[24] J. D. Lee, Barry A. Lindahl, James A. Dooley, *Modern Tort Law: Liability & Litigation*, West Group, 2001.

[25] American Law Institute, *Restatement of the Law (Second)*, American Law Institute Publishers, 1995.

[26] Landes, Posner, *The Economic Structure of Tort Law*, Havard Univercity Press, 1987.

[27] Wetterstein, *Damage from International Disasters in the Light of Tort and Insurance Law*, S. N., 1989.

[28] Cooper-Stephenson, *Damages*, Captus Press, 1993.

[29] Steve Thompson, Bush Theatre, *Damages*, J. Weinberger Press, 2004.

[30] William Schwartzkopf, John J. McNamara, *Calculating Construction Damages*, Aspen Publishers, 2001.

[31] C. Kameshwara Rao, *Law of Damage and Compensasion*, Delhi Law House, 1982.

[32] Ricard A. Epstein, *Torts*, Aspen Law & Business Press, 1999.

[33] Elaine Terranova, *Damager*, Copper Canyon Press, 1995.

[34] Peter Barrie, *Personal Injury law: Liability, Compensation and Procedure*, Oxford University Press, 2005.

[35] Cass R. Sunstein, Reid Hastie, John W. Payne, *Punitive Damages*, The Univercity of Chicago Press, 2002.

[36] Alastair Hudson, New Perspectives on Property Law, *Obligations and Restitution*, Cavendish Publishing Limited, 2004.

[37] John G. Fleming, *The Law of Torts*, The Law Book Company Limited, 1992.

[38] John Cooke, *Law of Tort*, Law Press, 2003.

[39] Steven J. Hazelwood, *P&I Clubs-Law and Practice*, Lloyd's of London, 1989.

[40] Harvey McGregor, *McGregor on Damages*, *Sweet* & Maxwell, 1997.

[41] M. D. Bayles, *Principles Of law: A normative Analysis*, D. Reidel Publishing Company, 1987.

[42] UN, ESCAP, *Guidelines for Maritime Legislation*, United Nations, 1991.

[43] W. R. Bisschop, *Limitation of Shipowner's Liability and Compulsory Insurance of Passengers*, W. R. Bisschop, P. S. King, 1927.

[44] Susan Hodges, Christopher Hill, *Principle of Maritime Law*, Lloyd' s of Press, 2002.

[45] Robert Cooler Thomas Ulen, *Law and Economics*, Pearson Addison Wesley, 2004.

[46] H. Bates, Charles J. W. Benson, *Marine Environment Law*, Lloyd's of London Press, 1993.

[47] Helmut Koziol, Vanessa Wilcox, Bjarte Askeland, *Punitive Damages: Common Law and Civil Law Perspectives*, Springer Press, 2009.

[48] Allan I. Mendelsohn, *Maritime Liability for Oil Pollution: Domestic and International Law*, George Washington University, 1969.

[49] Eriling Selvig et al., *Limitation of Ship Owner' s Liability: The New Law*, Sweet & Maxwell, 1986.

[50] Dan. Dobbs, *The Law of Torts*, West Group, 2001.

[51] R. F. V. Heuston, R. A. Buckley, *Salmond and Heuston on the Law of Torts*, Sweet & Maxwell Press, 1992.

[52] M. D. Bayles, *Principles Of law: A normative Analysis*, D. Reidel Publishing Company, 1987.

[53] Christian Von Bar, *The Common European Law of Torts*, Oxford University Press, 1998.

[54] U. Magnus, *Unification of Tort Law: Damages*, Kluwer Law International, 2001.

[55] André Tunc, *International Encyclopedia of Comparative law, Torts*, J. C. B. Mohr, 1983.

[56] W. Page Keeton, William Lloyd Prosser, *Prosser and Keeton on Torts*, West Publishing Company, 1984.

[57] Michael Napier, Kay Wheat, *Recovering Damages for Psychiatric Injury*, Blackstone Press, 1995.

[58] Louis L. Jaffe, *Damages for Personal Injury: The Impact of Insurance*, Duke University School of Law, 1953.

[59] John Cooke, *Law of Tort*, Law Press, 2003.

[60] Christian Von Bar, *The Common European Law of Torts*, Oxford University Press, 1998.

[61] Cathy Okrent, *Torts and Personal Injury Law*, Cambridge University Press, 2009.

[62] U. Magnus, *Unification of Tort Law: Damages*, Kluwer Law International, 2001.

[63] Kenneth S. Abraham, *The Forms and Functions of Tort Law*, Foundation Press, 2007.

[64] James N. Fischer, *Understaning Remedies*, M. Bender Press, 1999.

[65] J. Bentham, J. H. Burns, *An Introduction to the Principles of Morals and Legislation*, Athlone Press, 1970.

(二)论文

[1] Obertson, David W., "Judge Rubin's Maritime Tort Decisions",

Louisinana Law Review, March, 1921.

[2] Stevens, Theodore F., "Erie R. R. v. Tompkins and the Uniform General Maritime Law", *Harvard. Law Review*, March, 1950.

[3] Gilbert Kodilinye, "Public Nuisance and Particular Damage in the Modern Law", *Legal Studies*, July, 1986.

[4] Morris, "Hazardous Enterprises and Risk Bearing Capacity", *Yale Law Journal*, May, 1952.

[5] David W. Robertson, "Applicability of State Law in Maritime Cases after Yamaha Motor Corp. v. Calhoun", *Tulane Maritime Law Journal*, March, 1996.

[6] Cooper-Stephenson, "Damages for Loss of Working Capacity for Women", *Saskatchewan Law Review*, July, 1978.

[7] Robert B. Acomb, "Maritime Personal Injury and Death", *Tulane Law Review*, June, 1999.

[8] Galligan, "Augmented Awards: The Efficient Evolution of Punitive Damages", *Louisiana Law Review*, Mar, 1990.

[9] A. J. Sebok, "Punitive Damages: From Myth to Theory", *Iowa Law Review*, 2007.

[10] D. G. Owen, "Punitive Damages Overview: Functions, Problems and Reform", *Villanova Law Review*, May, 1994.

[11] J. D. Ingram, "Punitive Damages Should Be AbolishedJD Ingram", *Capital University Law Review*, July, 1985.

[12] G. T. Schartz, "Deterence and Punishment in Common Law of Punitive Damages: A Comment", *California Law Review*, March, 1982.

[13] Jeffries Jr., "A Comment on the Constitutionality of Punitive Damages", *Virginia Law Review*, January, 1986.

[14] Robert S. Marx, Compulsory Compensation Insurance, *Columbia Law Review*, February, 1925.

[15] Gerald E. Meunier, Elements of Recovery in maritime injury loses, *Tulane Law Revie*, June, 1997.

[16] Sebok Anthony J., "Using Comparative Torts Materials to Teach First-Year Torts", *Journal of Legal Education*, May, 2007.

[17] Rris, "Accident Compensation in New Zealand-A Comprehensive Insurance System", *The Modern Law Review*, July, 1974.

[18] Raymond P. Hayden, Sanford E. Balick, Maritime Insurance: Varieties, Combination and Coverages, *Tulane Law Revie*, March, 1991.

[19] L. Klan, "RPM Pizza, inc. v. Automobile Casualty Insurance Co.: AutomobileEXculsion and Louisiana Compulsory Insurance Law", *Tulane Law Review*, March, 1993.

[20] William R. A. Birch Reynardson, the History and Development of Public Insurance: The British Screen, *Tulane Law Review*, 1991.

[21] Nicholas J. Paulsen, Gordon W., Marine Oil Pollution and the Water Quality Improvement Act of 1970, *Journal of Maritime Law and Commerce*, 1970.

[22] T. R. Post, "Solution to the Problem of Private Compensation in Oil Discharge Situations", *University of Miami Law Review*, 1973.

[23] Anderson, Delarue, "Liability of Charterers and Cargo Owners for Pollution from Ships", *Tulane Maritime Law Journal*, Vol. 26, 2001.

[24] J. Y. Gotanda, "Puntive Damages: A Comarative Analysis", *Columbia Journal of Transnational Law*, June, 2003.

[25] G. E. Meunier, "Elements of Recovery in Maritime Personal Injury Cases", *Tulane Law Review*, March, 1997.

[26] Jonna manning, "Reflections on Punitive Dammages and Personal Injury Liability in New Zealand", *New Zealand Law Review*, May, 2002.

[27] John Borgo, "Causal Paradigms in Tort law", *The Journal of Legal Studies*, August, 1979.

[28] Louis L. Jaffe, "Damages for Personal Injury: The Impact of Insurance", *Duke University School of Law*, 1953.

[29] Steven D. Smith, "The Critics and the Crisis: A Reassessment of Current Conceptions of Tort Law", *Harvard Law Review*, June, 1995.

[30] Mark Geistfeld, "Placing a Price on Pain and Suffering: A Method for Helping Juries Determine Tort Damages for Nonmonetary Injuries", *California Law Review*, March, 1995.

[31] John Borgo, "Causal Paradigms in Tort Law", *The Journal of Legal Studies*, August, 1979.

[32] Joseph H. King, Jr., "Pain and Suffering, Noneconomic Damages, and the Goals of Tort Law", *SMU Law Review*, July, 1984.

[33] G. S. Staring, "Contribution and Division of Damages in Admiralty and Maritime Cases", *California Law Review*, May, 1957.

[34] R. Graycar, "Compensation for Loss of Capacity to Work in the Home", *Sydney Law Review*, October, 1983.

[35] Mallor, Jane; Roberts, Barry, "Punitive Damages: Toward a Principled Approach", *Hastings Law Journal*, June, 1979.

图书在版编目(CIP)数据

海上人身伤亡赔偿法比较研究 / 刘焕省著. -- 北京：法律出版社，2019
ISBN 978-7-5197-3559-3

Ⅰ.①海… Ⅱ.①刘… Ⅲ.①海上-伤亡事故-赔偿-对比研究-世界 Ⅳ.①D993.5

中国版本图书馆 CIP 数据核字(2019)第 111383 号

海上人身伤亡赔偿法比较研究
HAISHANG RENSHEN SHANGWANG PEICHANGFA BIJIAO YANJIU

刘焕省 著

策划编辑 似 玉
责任编辑 似 玉
装帧设计 李 瞻

出版 法律出版社
总发行 中国法律图书有限公司
经销 新华书店
印刷 北京虎彩文化传播有限公司
责任校对 马 丽
责任印制 张建伟
编辑统筹 法研工作室
开本 710 毫米×1000 毫米 1/16
印张 17.5
字数 236 千
版本 2019 年 6 月第 1 版
印次 2019 年 6 月第 1 次印刷

法律出版社/北京市丰台区莲花池西里 7 号(100073)
网址/www.lawpress.com.cn
投稿邮箱/liuwenke0467@sina.com
举报维权邮箱/jbwq@lawpress.com.cn
销售热线/010-83938336
咨询电话/010-63939796

中国法律图书有限公司/北京市丰台区莲花池西里 7 号(100073)
全国各地中法图分、子公司销售电话：
统一销售客服/400-660-6393
第一法律书店/010-83938334/8335 西安分公司/029-85330678 重庆分公司/023-67453036
上海分公司/021-62071639/1636 深圳分公司/0755-83072995

书号:ISBN 978-7-5197-3559-3 **定价**:58.00 元